KB139554

로 버 트 라 이 시 의
자본주의를 구하라

로버트 라이시의
자본주의를 구하라

상위 1%의 독주를
멈추게 하는 법

로버트 라이시 | 안기순 옮김

SAVING

CAPITALISM

김영사

로버트 라이시의
자본주의를 구하라

1판 1쇄 발행 2016. 8. 12.
1판 3쇄 발행 2017. 8. 27.

지은이 로버트 라이시
옮긴이 안기순

발행인 김강유
편집 성화현 | 디자인 길하나
발행처 김영사
등록 1979년 5월 17일(제406-2003-036호)
주소 경기도 파주시 문발로 197(문발동) 우편번호 10881
전화 마케팅부 031)955-3100, 편집부 031)955-3250 | 팩스 031)955-3111

값은 뒤표지에 있습니다. ISBN 978-89-349-7464-2 03320

독자 의견 전화 031)955-3200
홈페이지 www.gimmyoung.com 카페 cafe.naver.com/gimmyoung
페이스북 facebook.com/gybooks 이메일 bestbook@gimmyoung.com

좋은 독자가 좋은 책을 만듭니다.
김영사는 독자 여러분의 의견에 항상 귀 기울이고 있습니다.

이 도서의 국립중앙도서관 출판시도서목록(CIP)은 서지정보유통지원시스템 홈페이지
(http://seoji.nl.go.kr)와 국가자료공동목록시스템(http://www.nl.go.kr/kolisnet)에서
이용하실 수 있습니다.(CIP제어번호 : CIP2016017539)

존 케네스 갤브레이스John Kenneth Galbraith를
행복하게 추억하며…….

자본주의 국가가 직면한 문제들

오늘날 많은 선진 국가에서 경제 내셔널리즘이 부상하고 있습니다. 영국은 유럽 연합을 탈퇴하기로 결정했고, 다른 유럽 국가들은 국제 무역과 이민 정책을 더욱 엄격하게 통제하고 있습니다. 미국인 대다수는 국제 무역을 더 이상 긍정적으로 생각하지 않고, 주요 미국 대통령 후보들은 무역 협정과 국제 경제 협정에 대해 부정적인 발언을 내놓고 있습니다. 아시아와 라틴 아메리카에서는 국가주의 정당이 더욱 세력을 확장하고 있습니다.

세계 경제가 국제화 기류에서 돌아서고 있는 원인은 무엇일까요? 대부분 직업 안정성이 축소되고 불평등이 확대되는 동시에 임금이 제자리걸음을 하거나 줄어들고 있기 때문입니다. 기업, 거대 은행, 거부들이 경제와 정부를 장악하는 비중이 더욱 커지고 있으며, 이 모든 현상이 격렬한 외국인 혐오와 반이민 운동의 형태로 포퓰리즘을 부추기고 있습니다.

이 책에서 나는 이러한 현상들이 서로 어떤 관계가 있고 무엇을 예고하는지 검토하고, 중요한 선택 사항을 살펴보려 합니다.

선진국 근로자들이 지난 수십 년 동안 감수해온 경제적 곤경은 국제화와 기술 이동을 중심으로 설명할 수 있습니다. 현재 저임금 해외 근로자나 컴퓨터화된 기계가 비용적으로나 효율적으로도 많은 작업을 수행하기는 하지만 두 가지 요소만으로 모든 현상을 설명할 수는 없습니다.

특히 국제화와 기술 이동에 초점을 맞추면 경제 작동 규칙에 영향을 미칠 수 있는 기업계와 금융계의 엘리트 집단으로 정치적 권력이 더욱 집중되고 있는 현상을 간과하게 됩니다. 이른바 '자유 시장'의 가치를 둘러싸고 정치 좌파와 우파가 지속적으로 논쟁을 벌이면서, 많은 선진국 시장이 수십 년 전과 다른 방식으로 형성된다는 사실과 선진국의 현행 조직이 과거와 달리 번성과 안전을 널리 공유하는 데 실패하고 있다는 사실에 쏠려야 하는 관심이 분산되고 있습니다.

기업계와 금융계의 엘리트들에게 권력이 집중되는 현상은 대기업 고위 임원의 보수가 치솟는 반면에 최근 대학 졸업생의 급여와 취업 전망이 감소하고, 많은 선진 경제에서 중산층이 누리는 고용 안정성이 수십 년 전보다 떨어지는 주요 원인입니다.

일례로 기업계와 금융계의 엘리트 집단이 특허·상표·저작권을 포함한 지적재산권을 확대하면서 조제약, 첨단 기술, 생명공학 기술, 연예산업의 생산에 관여하는 기업의 이익이 늘어나고 있는 추세입니다. 이와 같은 이익은 일반 소비자가 치르는 대가가 늘어나는 대신 창출되므로 일반 소비자의 소득에서 일정 부분이 고위 임원과 주요 주주에게 상향 재분배되는 것입니다.

시장 지배력을 충분히 장악한 많은 기업은 경쟁 환경이 정상일 때보다 시장 가격을 높게 설정하기 마련입니다. 미국에서 이러한 기업으로는 거대 식품가공사, 항공사, 인터넷 서비스 제공사, 건강보험사, 첨단기술기업 등이 있습니다. 아마존·페이스북·구글을 비롯한 첨단기술기업이 소유한 소프트웨어 플랫폼은 현재 업계 전반에서 산업 표준으로 부상했습니다. 시장 지배력을 장악하면 더욱 높은 이익을 창출하고, 일반 소비자에서 고위 임원과 주요 주주로 부의 이동을 촉진합니다.

파산법이 대기업과 금융 기관에 더욱 유리한 방향으로 바뀌고 있습니다. 미국에서 부자는 투자가 잘못되더라도 파산 제도를 이용해 재산을 보호할 수 있고, 기업은 노동계약을 철회할 수 있습니다. 하지만 학교에 다니느라 받은 융자금을 상환하기 힘든 사람이나 주요 불경기의 여파에 휩쓸려 주택 상환 대출금을 지불할 수 없는 주택 소유주는 파산법을 이용해 부채를 다시 구성할 수 없습니다. 거듭 강조하지만 이러한 현상의 이면에서도 부는 상향 재분배되고 있습니다.

이와 동시에 주요 기업과 금융 기관은 정치적 영향력을 휘둘러 대다수 근로자의 임금이 생산성 증대와 맞물려 인상되지 않도록 막고 있습니다. 무역 협정은 기업의 지적재산권과 해외 금융 자산에 대한 보호를 확대하면서도 일자리를 해외에 위탁하라고 촉구합니다. 정부 예산은 일자리 창출보다 부채 감소를 강조하는 방향으로 이루어지므로 일반 근로자의 협상력을 더욱 약화시킵니다. 안전망과 노동 보호 정책이 축소되면서 일반 근로자의 직업 불안정성은 더욱 커질 수밖에 없습니다.

기업계와 금융계의 영향력이 노조의 쇠퇴를 부채질합니다. 50년 전 제너럴 모터스가 미국 최대 고용주였을 당시만 해도 GM의 일반 근로자는 오늘날 화폐 가치로 시급 35달러를 벌었습니다. 2014년 미국 최대 고용주는 월마트였고 일반 말단 근로자는 시급으로 약 9달러를 벌었습니다. 이렇듯 임금이 뒷걸음친 주요 원인은 50년 전 GM 근로자의 뒤에는 강력한 노조가 버티고 있었던 반면에 월마트 근로자에게는 노조가 전혀 없다는 것입니다. 월마트는 노조를 결성하려는 온갖 시도를 원천봉쇄하고 있습니다. 이러한 경향은 미국 경제 전역에 나타나고 있습니다. 미국에서는 1950년대 들어 모든 민간 부문 근로자의 3분의 1이 노조에 가입해 있었지만 지금 그 비율은 7% 미만으로 줄어들었습니다.

미국 경제 전체에서 기업의 이익이 차지하는 비중은 증가하는 반면에 임금이 차지하는 몫은 계속 감소하는 현상은 전혀 의외가 아닙니다. 따라서 기업 임원, 월스트리트 트레이더, 주주 등 직접적으로나 간접적으로 이익에서 소득을 얻는 사람들은 대단히 잘 살고 있지만 주로 임금에 의존해 생활하는 사람들은 그렇지 못합니다.

한국은 확실히 미국과 달리 소수가 독점하는 자본주의까지 진행되지 않았지만 미국의 불안한 행보를 쫓아가고 있을 수 있습니다. 시장은 규칙 없이 존재할 수 없습니다. 대기업, 주요 은행, 거부가 시장 규칙에 막강한 영향력을 행사하면 시장성과는 그들에게 유리해질 테고, 결과적으로 그들이 장악하는 부와 정치적 영향력은 더욱 커질 것입니다. 이와 같은 악순환은 사회에서 거론되지 않고 제재를 받지 않으면서 더욱 빠른 속도로 진행됩니다.

한국은 경계를 늦추지 말아야 합니다. 이러한 경향은 경제에서든 정치에서든 지속될 수 없습니다. 어떤 경제도 대규모 중산층이 구매력을 발휘해 성장 속도를 받쳐주지 않고서는 긍정적인 여세를 유지할 수 없습니다. 미국이 경제 대침체에서 회복하는 속도가 매우 느리고 성과가 부실한 것은 이 때문이기도 합니다. 한편 열심히 일했는데도 몇 년 동안 임금을 올려 받지 못한 미국 유권자 상당수가 분노하고 좌절하기 시작하면서 기존 제도와 이민자 등 편리하게 화살을 돌릴 수 있는 희생양에 대항해 국수주의적 반란을 부채질하고 있습니다. 따라서 대부분의 경제 성장 이익을 소수 상층 집단에 부여하는 정치적 경제는 본질적으로 불안정합니다.

진정한 문제는 미국이 심지어 한국이 소수가 아닌 다수의 편에 서서 돌아가는 자본주의를 지향할 것이냐의 여부가 아닙니다. 모든 자본주의 국가가 당연히 그렇게 해야 합니다. 문제는 이러한 변화가 민주주의 개혁을 거쳐 일어날 것이냐, 아니면 독재적 통치로 일어날 것이냐입니다. 이것이 전 세계 국가가 앞으로 직면할 선택입니다.

2016년 8월 캘리포니아 주 버클리에서
로버트 라이시

가장이 평생 교사·제빵사·판매원·자동차 정비공으로 일해 집 한 채와 자동차 두 대를 갖추고 가정을 꾸려나갈 수 있었던 시대를 기억하는가? 나는 기억한다. 1950년대에 내 아버지 에드 라이시Ed Reich는 인근 도시의 도로변에서 상점을 운영하며 공장 근로자의 아내들에게 여성복을 팔았다. 아버지가 벌어 오는 수입으로 우리 가족은 편안하게 살 수 있었고 부유하지는 않았지만 가난하다고 느낀 적은 없었다. 생활수준도 1950년대와 1960년대에는 꾸준히 상승했다.

이것이 미국인의 일반적인 모습이었다. 미국에서는 2차 세계대전이 끝나고 30년 동안 세계에서 유례를 찾아보기 힘들 정도로 대거 중산층이 생겨났다. 경제 규모가 두 배로 커지면서 일반 근로자의 소득도 두 배로 늘어났다. 지난 30여 년간 미국 경제는 또다시 두 배가량 성장했지만 당시와 대조적으로 일반 근로자의 수입은 제자리에 머물렀다.

당시 대기업 CEO가 받는 급여는 평균적으로 일반 근로자의 20배 정도였지만 지금은 200배를 훌쩍 넘는다.[1] 그 시기에 전체 인구의 1%에 해당하는 최상위 부유층이 차지한 소득은 미국인 전체 소득의 9~10%였지만 지금은 20% 이상이다.[2]

당시 미국 경제는 국민에게 희망을 안겼다. 열심히 일하면 그에 합당한 대가가 따랐고, 교육을 받으면 사회적 지위가 올라갔으며, 무엇에든 기여를 많이 할수록 보상도 커졌다. 경제가 성장하면서 질적으로도 양적으로도 일자리가 늘어나고 국민 대부분의 생활수준이 향상되었다. 자녀의 앞날에는 부모보다 여유 있는 삶이 기다렸고 경제 게임의 규칙도 기본적으로는 공정했다.

하지만 오늘날 이러한 이야기는 공허하게 들릴 뿐이다. 경제 체제에 대한 신뢰가 급격하게 쇠퇴하고 있다.[3] 경제가 드러내는 명백한 임의성과 편파성 때문에 경제의 기본 신조를 향한 대중의 신뢰에 금이 갔다.[4] 당연히 사회에는 냉소주의가 넘쳐 난다. 경제·정치 체제가 조작되었다고 느끼는 사람도 많다.[5]

자본주의를 위협하는 존재는 더 이상 공산주의도 파시즘도 아니다.[6] 바로 현대 사회가 성장과 안정을 추구하는 데 필요한 신뢰의 지속적인 쇠퇴다. 성공할 기회를 자녀가 공정하게 누리리라고 대부분의 부모가 믿지 못하는 순간에 구성원의 자발적 협력을 기반으로 하는 사회는 와해되기 시작한다. 이때 사소한 절도·사기·부정·반동·부패 등 파멸을 불러오는 크고 작은 요소들이 빈틈을 비집고 들어온다. 경제 자원의 구심점은 서서히 생산에서 보호 쪽으로 이동한다.

그러나 우리에게는 모든 현상을 반전시켜 소수가 아닌 다수를 위해 가동하도록 경제를 재창출할 힘이 있다. 칼 마르크스Karl Marx의 생각과 달리 자본주의에는 가차 없이 경제 안정을 추구하며 불평등을 확대하는 요소가 없다. 자본주의를 지배하는 기본 규칙은 영구적이지 않으며 사람이 결정하고 실행한다. 하지만 무엇을 바꾸고 달성해야 하는지 결정하려면 먼저 어떤 현상이 어째서 발생하고 있는지 파악해야 한다.

나는 25년 동안 책을 쓰고 강연하면서, 미국을 비롯한 선진국의 일반 근로자가 잘살지 못하고 경제적으로 곤란한 지경에 점점 더 깊이 빠지는 원인을 밝혀왔다. 간단하게 표현하자면 세계화가 진행되고 기술이 바뀌면서 선진국의 일반 근로자는 대부분 경쟁력을 잃어가고 있다. 그들이 과거에 수행했던 작업은 이제 외국의 값싼 노동력이나 컴퓨터로 작동하는 기계로 더욱 저렴하게 대체할 수 있기 때문이다.

이러한 문제에 대해 내가 제시하는 해결책은 이렇다. 행동주의 정부를 세워 부유층에 부과하는 세금을 인상하고, 국민이 잘사는 데 필요한 우수 학교와 수단의 확충에 투자하고, 빈곤층에게 부를 재분배해야 한다. 하지만 정부의 크기를 줄이고 세금과 재분배를 축소하는 것이 모두에게 더욱 바람직하게 경제를 작동시킨다고 믿는 사람들은 이러한 제안에 격렬하게 반대한다.

그동안 발생해온 사회 현상에 대한 보편적인 설명은 여전히 적절하지만 매우 중요한 현상을 간과하고 있다. 경제 운용 규칙에 영향력을 행사할 수 있는 기업과 금융계의 엘리트들에게 정치적 힘이 집중되고 있다는 것이다. 물론 여전히 유용하다고 생각하지만 내가 제안했던 정부 차원의 해결책은 몇 가지 점에서 핵심을 벗어나 있다. 경제 게임의 규칙을 정할 때 정부가 담당하는 좀 더 기본적인 역할을 충분히 고려하지 않기 때문이다. 게다가 더욱 심각하게는 '자유 시장'과 행동주의 정부가 지닌 장점을 둘러싼 논쟁에 불이 붙으면서 다음 몇 가지 중요 주제에 대한 관심이 분산된다. '어떻게 시장은 50년 전과 다른 방식으로 조직되었을까?' '어째서 현재 시장 조직은 과거와 달리 국민에게 폭넓게 번영을 안기지 못할까?' '시장의 기본 규칙은 무엇이어

야 할까?'

나는 해당 주제에 대한 관심이 분산되는 것이 우연만은 아니라고 생각한다. 대기업 임원, 대기업 소속 변호사와 로비스트, 월스트리트 종사자와 그들의 정치 하수인, 수많은 부자를 비롯해 '자유 시장' 개념을 목청껏 지지하는 인물들은 자기 이익을 확보하려고 여러 해에 걸쳐 시장을 적극적으로 재조직해왔고 해당 주제가 집중조명 받지 않기를 바란다.

이러한 주제를 부각시키는 것이 내가 이 책을 저술한 의도다. 내 주장은 담백하다. 1부에서 상세히 설명하겠지만 시장의 존폐를 결정하는 요소는 재산property(소유할 수 있는 대상), 독점monopoly(시장 지배력을 허용하는 정도), 계약contract(교환할 수 있는 대상과 조건), 파산bankruptcy(구매자가 대가를 지불할 수 없는 경우에 발생하는 현상)을 지배하고 시행하는 규칙이다.

이러한 규칙은 자연스럽게 결정되는 것이 아니라 사람이 결정해야 한다. 게다가 과거 수십 년 동안 대기업·월스트리트·부자가 정치 기관에 행사하는 영향력이 커지면서 규칙은 계속 바뀌어왔다.

이와 동시에 1930년대부터 1970년대 말까지 미국 중산층과 하위 중산층이 영향력을 행사할 수 있도록 지원했던 노동조합, 소기업, 소액 투자자, 지방 정당 등 대항적 세력이 쇠퇴하고 있다. 결과적으로 거대 부자들이 재산을 더욱 증대시키려고 시장을 조직하고 있다. 따라서 시장에서는 부가 중산층과 빈곤층에서 소수 집단인 부유층으로 유례없이 큰 폭으로 상향 이동하고 있다. 이렇듯 부의 상향 분배는 시장 내부에서 발생하므로 대부분 외부에서는 감지할 수 없다.

2부에서는 이러한 사회 현상이 소득과 부의 분배에 어떤 의미가 있는지 설명한다. 근로자가 시장에서 자기 가치만큼 급여를 받는다는 실력주의의 주장은 시장이 어떻게 조직되는지와 그 조직이 도덕적으로 경제적으로 합당한지를 둘러싼 의문을 외면하고 있다. 현실에서는 힘이 있어서 게임의 규칙을 정할 수 있는 사람에게 소득과 부가 더욱 집중된다.

앞으로 설명하겠지만 대기업의 CEO와 월스트리트의 일류 트레이더와 포트폴리오 매니저는 자기 급여를 효과적으로 설정하고, 기업의 이익을 확대하는 방향으로 시장 규칙을 바꿔가면서 내부 정보를 이용해 재산을 증식한다. 그러는 사이에 일반 근로자의 급여는 앞서 설명했듯 경제적·정치적 영향력을 갖춘 대항적 세력이 사라졌으므로 전혀 오르지 않는다. 근로 빈곤층과 비근로 부유층이 동시에 부상하면서 소득과 노력은 더 이상 관련이 없다는 사실이 밝혀졌다. 결과적으로 시장 내부에서 부가 상위층으로 왜곡되어 집중되는 현상은 빈곤층과 하위 중산층에게 이전지출transfer payment(실업수당이나 사회보장금처럼 정부가 다른 경제 주체에게 반대급부 없이 지급하는 것—옮긴이)을 지급하거나 부유층에 세금을 부과하는 방법을 통해 대규모로 부의 하향 재분배를 실시하라고 요구하는 시장 외부의 목소리에 힘을 실어준다. 하지만 이러한 요구는 정부 크기를 둘러싼 자극적인 논쟁에 불을 붙일 뿐이다.

3부에서 상세히 설명하겠지만 해결책은 정부의 크기와 관계가 없다. 문제는 정부의 크기가 아니라 정부가 누구를 위하느냐다. 시장 조직 방법에 미치는 영향력을 대다수 국민이 다시 획득해야 한다. 그러려면 대항적 세력이 새로 탄생해서 경제 성장에 따른 이익을 공유하지 못한 대다수의 경제적 이해당사자를 연합할 수 있어야 한다. 현재 좌파와 우파가 '자유 시장'이냐 정부냐를 둘러싸고 펼치는 싸움은 이러한 연합의 형성을 방해하는 불필요한 외골수 행태다.

앞으로 미국에서 발생할 최대 정치적 분열은 공화당과 민주당 사이에서 일어나지 않을 것이다. 경제적·정치적 게임을 자신에게 유리하게 결정하는 대기업·월스트리트 은행·부자의 집단과 결과적으로 궁지에 몰리게 될 대다수 국민 사이에서 일어날 것이다. 이러한 수순을 뒤집는 유일한 방법은 현재 게임의 규칙에 영향력을 행사하지 못하는 대다수 국민이 조직을 형성하고 통합해서 50년 전 경제 번영을 확산하는 데 주도적 역할을 담당했던 대항적 세력을 다시 결성하는 것이다.

세계 자본주의의 중심인 미국에 초점을 맞춰 이 책을 서술하기는 했지만 내가 뜻하는 현상은 세계 다른 국가에서 실시하는 자본주의에도 차츰 공통적으로 나타나고 있으므로 다른 국가도 미국의 현상에서 유추한 교훈을 적용할 수 있으리라 생각한다.[7] 각국의 규칙에 따라 비즈니스를 수행해야겠지만 국가와 상관없이 거대 국제기업과 금융 기관이 규칙 성립에 점점 큰 영향력을 행사하고 있다. 또한 경제와 시장 규칙이 자신을 위해 작용하지 않는 현실에 직면해 무기력에 빠진 일반 국민의 늘어나는 불안과 좌절은 치명적인 민족주의 운동을 일으키고 인종차별주의와 반이민주의 정서를 부추길 뿐 아니라 전 세계적으로, 선진국에서조차, 정치적 불안정을 자극한다.

현실을 보지 못하도록 국민의 주의를 분산시키는 근거 없는 통념을 버린다면 상대적 소수가 아니라 다수를 위해 자본주의를 가동할 수 있다. 특히 미국 역사를 되돌아보면 얼마간 위안을 얻는 동시에 앞으로 나아갈 방향을 판단할 수 있다. 미국은 정기적으로 정치·경제 규칙을 재조직해 상위층에 포진한 소수 부자의 정치적 힘을 제한하면서 좀 더 통합적인 사회를 형성해왔다. 1830년대 잭슨주의자들은 일반 국민의 편에서 시장 체제가 가동하게 만들 목적으로 엘리트가 누리는 특별한 권리를 공격했다. 19세기 말과 20세기 초 진보주의자들은 반독점법을 제정해 거대 트러스트를 와해시키고, 독립적인 위원회를 결성해 독점 기업을 통제하고, 기업의 정치 후원금을 금지시켰다. 1930년대 뉴딜 정책 수행자들은 대기업과 월스트리트의 정치적 힘을 제한하는 한편 노조·소기업·소액 투자자의 대항력을 확대시켰다.

이때 문제는 경제적인 것에 그치지 않고 정치적 성격을 띤다. 정치와 경제, 두 영역은 분리할 수 없다. 내가 이 책에서 언급하는 '정치경제학'은 사회의 법과 정치 기관이 도덕적 이상과 어떤 관계가 있는지를 연구하는 학문으로 소득과 부의 공정한 분배가 주요 주제다. 2차 세계대전이 끝나고 존 메이너드 케인스John Maynard Keynes의 경제학이 강력하게 영향을 미치던 환경에서 경기를 안정하게 순환시키는 동시에 빈곤층을 돕는 수단으로 정부는 세금을 부과하고 이전지출을 지급하는 쪽으로 정책의 초점을 옮겼다.• 이러한 정책은 수십 년 동안 효력을 발휘했다. 빠른 경제 성장이 광범위한 번영을 낳으면서 자신감 넘치는 중산층을 배출했기 때문이다. 대항적 세력이 사명을 완수한

• 정치적 경제와 구별되는 학문으로서 경제학은 1890년 알프레드 마샬Alfred Marshall이 《경제학 원론 Principles of Economics》을 발표하면서 등장했다. 새 학문은 모든 생산과 교환 제도에 적용할 수 있는 추상적 변수를 밝혀내려 했고, 자원의 분배나 특정 사회의 법적·정치적 기관에는 거의 또는 전혀 관심을 기울이지 않았다. 그 후에 경제학과 사회의 기타 많은 측면에 관한 연구는 역사적으로 특수한 정치적·도덕적 관계와 제도상의 관계에서 벗어나 좀 더 보편적이고 과학적인 '법'으로 옮겨가기 시작했다. 케인스가 1936년 발표한 《고용·이자·화폐에 관한 일반 이론 General Theory of Employment, Interest, and Money》이 2차 세계대전이 끝난 후부터 1970년대 말까지 미국 경제 정책을 지배했다.

것이다. 과거에는 정치·경제 조직에 관심을 기울일 필요도 없었고, 경제적·정치적 힘이 과도하다고 우려할 필요도 없었다. 하지만 이제는 상황이 다르다.

따라서 어떤 의미에서 이 책에서는 오랫동안 염려해온 문제에 의문을 던지고 해결책을 찾아 초기 전통으로 돌아가 보려 한다. 이 책이 전달하는 낙관주의는 정확하게 과거 역사에 뿌리를 내리고 있다. 미국은 과잉 현상에서 자본주의를 여러 차례 구해냈으므로 이번에도 다시 그렇게 하리라 확신한다.

차례

1부 자유 시장, 시장을 둘러싼 오랜 논쟁과 통념

로버트 라이시의
자본
주의를
구하라

1부

THE FREE MARKET

자유 시장

시장을 둘러싼 오랜 논쟁과 통념

1장

사회의 지배적 견해

대개 무대는 소형 극장이나 강당이다. 사회자는 나를 청중에게 소개하고 나와 토론을 벌이게 하려고 초대한 사람을 뒤이어 소개한다. 그러면 우리는 정해진 주제를 놓고 5분~10분 동안 토론한다. 토론 주제는 교육, 빈곤, 소득 불평등, 세금, 임원 급여, 중산층 급여, 기후 변화, 마약 밀매 등 다양하지만 사실상 주제는 별반 중요하지 않다. 특정 조치를 취하려 하는데 정부보다 '자유 시장'에 의존하는 것이 바람직한지를 둘러싼 토론으로 어느 결에 어김없이 옮겨가기 때문이다.

이러한 종류의 토론은 내 의도와 무관하다. 앞에서 이미 언급했고 곧 설명하겠지만 나는 이런 토론이 무의미하다고 생각한다. 설상가상으로 마땅히 토론해야 하는 주제로 향해야 하는 관심까지 분산시킨다. 의도적이든 아니든 대중이 실질적 문제에 관심을 기울이지 못하게 방해하는 것이다.

우주 어딘가에 존재하고 정부가 '침범하는' '자유 시장' 개념은 많은 사람의 정신을 거의 더할 나위 없이 깊이 오염시켰다. 이 개념에 따르면 시장이 초래하는 불평등이나 불안정은 비인격적인 '시장 지배력' 때문에 자연스럽고 불가피하게 생겨난 결과다. 근로자가 받는 급여는 시장에서 근로자의 가치를 결정하는 수단일 뿐이다. 근로자가 생계를 유지할 만큼 급여를 받지 못하더라도 어쩔 수 없다. 수십 억 달러를 긁어모으는 사람은 틀림없이 그만큼 가치가 있다. 수백만 명이 직장을 잃더라도, 급여가 줄어들더라도, 생계를 유지하려고 두세 개 직업에 매달려야 하더라도, 다음 달 아니 다음 주에 몇 푼이나 벌 수 있을지 가늠하지 못하더라도 불행하기는 하지만 어차피 '시장 지배력'이 작용한 결과이므로 어쩔 수 없다.

또한 '자유 시장' 개념에 따르면 국민을 위한답시고 불평등이나 경제적 불안정을 줄이는 경제 대책을 실시했다가 자칫 잘못하면 시장을 왜곡하고, 효율성이 떨어지거나 의도하지 않았던 결과를 초래해 국민에게 오히려 해를 끼칠 위험성이 있다. 오염이나 위험한 직장 환경처럼 시장에 결함이 있고, 기본 연구를 수행하거나 심지어 빈곤층을 지원하려면 공공재가 필요하므로 정부가 개입해야 할 수도 있지만, 이러한 예는 시장이 가장 잘 알고 있다는 일반적인 규칙의 예외다.

지배적 견해가 워낙 광범위하게 퍼져 있어서 지금은 당연한 진리처럼 여겨진다. '자유 시장' 개념은 경제학 서론 강의마다 빠지지 않는 주제일 뿐 아니라 날마다 공적 토론의 대상이 되고, 서로 대치하는 입장에 서는 정치가들의 입에 오르내린다. 전형적으로 정부의 개입 정도를 놓고 토론이 벌어진다. 보수주의자는 정부의 크기와 개입 정도를 축소하고 싶어 하는 반면에, 자유주의자는 확대하고 싶어 한다. 두 입장의 견해 차이는 미국과 기타 자본주의 세계에서 파생해 끝없이 계속되는 핵심 논쟁거리로 부상했다. 일반적으로 나타나는 반응은 국민이 최대나 최소로 신뢰하는 대상이 정부냐 '자유 시장'이냐에 따라 다르다.

하지만 사회를 지배하는 견해는 자체적으로 파생된 토론과 더불어 완전히 잘못되었다. 정부의 개입을 배제한 '자유 시장'은 있을 수 없기 때문이다. '자유 시장'은 문명의 영향력이 미치지 않는 황야에 존재하지 않는다. 황야에서 벌어지는 생존 경쟁에서는 대부분 몸집이 크고 힘이 센 동물이 승리하기 마련이다. 이와는 대조적으로 문명은 규칙으로 정의된다. 규칙이 시장을 형성하고, 규칙을 만드는 것은 바로 정부다. 17세기 정치철학자 토마스 홉스Thomas Hobbes는 저서《리바이어던 *Leviathan*》에서 다음과 같이 주장했다.

> 산업의 열매는 불확실하므로 (자연에는) 산업이 차지할 자리가 없고 결과적으로 지구상에는 문화가 없다.[1] 항해가 없어서 바다를 통해 들어올 수 있는 제품도 없다. 넓고 편리한 건물도 없고, 힘을 많이 들여야 하는 물건들을 이동하고 제거할 도구도 없다. 지구의 모습에 관한 지식도 없고 시간·예술작품·문학·사회에 관한 서술도 없다. 가장 고약하게도 끊임없는 두려움과 격렬한 죽음을 맞이할 위험성이 존재한다. 그러면 인간의 삶은 외롭고 가난하고 불쾌하고 미개하고 짧다.

어떤 시장이든 정부가 게임의 규칙을 만들고 시행해야 한다. 대부분의 현대 민주주의 국가에서는 입법부·행정 기관·법원이 규칙을 만든다. 정부는 '자유 시장'을 '침범하지' 않고 시장을 만든다.

게임의 규칙은 중립적이지도 보편적이지도 영구적이지도 않다. 사회는 시대에 따라 다른 형태의 규칙을 채택한다. 부분적으로 규칙은 차츰 발전해나가는 사회 규범과 가치를 반영할 뿐 아니라, 이를 만들거나 여기에 영향을 미치는 힘을 소유한 사람의 주장을 반영한다. 하지만 '자유 시장'이 '정부'보다 바람직한지의 여부를 놓고 끊임없이 토론하느라 누가 영향력을 행사하는지, 그래서 어떻게 이익을 얻는지, 어떻게 해야 규칙을 바꿔 더욱 많은 사람에게 혜택이 돌아갈 수 있는지 등을 검토하지 못한다.

정부의 크기는 중요하지 않지만 자유 시장이 기능하는 방식은 경제와 사회에 훨씬 크게 영향을 미친다. 따라서 정부가 얼마나 세금을 부과하고 예산을 쓰는지, 어느 정도로 사회를 통제하고 지원해야 하는지 토론하면 유용할 것이다. 하지만 이러한 주제는 경제의 가장자리 영역에 속한 반면에 규칙은 곧 경제다. 이러한 규칙과 여기에 내재한 선택이 없다면 시장 체제를 갖출 수 없다. 경제역사학자 칼 폴라니Karl Polanyi가 주장했듯 '작은 정부'를 옹호하는 사람들은 실제로는 다른 정부를 지지하는 것이고, 이것은 그들이나 후원자가 선호하는 정부일 가능성이 크다.[2] 예를 들어 1980년대와 1990년대 미국에서 발생한 금융 부문의 '규제 완화'는 '재규제reregulation'라고 말하는 편이 더욱 적절할 수 있다. 재규제는 작은 정부를 지향하지 않고 다른 규칙들

• 칼 폴라니는 저서 《거대한 전환 *The Great Transformation* (1944년)》에서 시장경제와 국민국가는 인간이 만든 단일 체제로 간주해야 한다고 주장하고 '시장사회Market Society'라고 불렀다. 폴라니의 견해에 따르면, 현대 국민국가와 현대 자본주의 경제가 생겨나면서 인간 의식의 토대는 상호성과 재분배에서 벗어나 유용성과 사적 이익 추구로 바뀌었다.

을 설정해 처음에는 월스트리트로 하여금 위험하지만 수익성이 좋은 다양한 종류의 베팅에 투기하도록 허용하고, 경제력이 없는 사람에게 은행이 담보대출을 떠안길 수 있게 허용했다. 2008년 거품이 터지자 정부는 일련의 규칙을 제정해 거대 은행들의 자산을 보호하고, 거대 은행이 파산하지 않도록 지원금을 제공하고, 기반이 좀 더 허약한 은행을 인수하도록 유도했다. 이와 동시에 다른 규칙도 시행해 결국 수백만 명이 집을 잃는 사태를 초래했다. 그 후 정부는 은행이 다시 위험한 행동에 개입하지 못하게 막을 의도로 추가 계획을 추진했다.(새 규칙이 적절하지 않다고 생각한 전문가가 많기는 했다.)

우리가 주시해야 할 중대 사항은 2008년 월스트리트의 구제금융처럼 드물게 발생하는 거대 사건이 아니라 작은 규칙이 끊임없이 바뀌면서 경제 게임을 계속 변경시키는 현실이다. 물론 거대 사건도 이후의 게임 진행 방식에 매우 중대한 영향을 미친다. 월스트리트에서 실시한 구제금융의 이면에는 곤경에 처한 거대 은행들을 정부가 틀림없이 지원하리라는 뜻이 숨어 있다. 앞으로 설명하겠지만 구제금융을 받은 대형 은행은 금융 면에서 소형 은행보다 유리하고, 그 후 성장을 추진하고 금융 부문 전체를 장악하는 동력을 손에 쥐었다. 결과적으로는 자신이 원하는 규칙을 획득하는 동시에 원하지 않는 규칙을 피할 수 있는 정치적 힘을 발달시켰다.

이러한 규칙의 변화를 조사하지 못하게 막고, 누구를 위해 규칙이 바뀌는지 의문을 제기하지 못하게 막는 그릇된 통념이 바로 '자유 시장' 개념이다. 따라서 해당 개념은 규칙의 변화가 조사 대상이 되지 않기를 바라는 인물들에게 매우 유용하다. 따라서 규칙 변화에 불균형적으로 큰 영향력을 행사하고, 규칙이 설계되고 적용되는 과정에서 최대로 혜택을 입은 사람들이 '자유 시장' 개념을 가장 열렬하게 지지하는 동시에 정부보다 시장이 상대적으로 우월하다고 가장 강력하게 주장하는 것은 결코 우연이 아니다. 하지만 논쟁을 벌이기만 해도 규칙이 형성되고 변하는 방식, 그 과정에서 그들이 행사하는 영향력, 결과적으로 획득하는 힘처럼 이면에 숨은 실체를 보지 못하도록 대중의 주의를 분산시킨다. 달리 표현하자면 '자유 시장' 주창자들은 시장이 우월하다는 것, 정부와 시장에 관한 끝없는 논쟁이 중요하다는 것에 대중이 동의해주기를 바란다.

'자유 시장' 주창자들은 자신이 소유하고 거래하는 많은 자산이 무형인 데다가 형태가 복잡해지고, 자신에게 유리한 규칙이 경제의 이면에 교묘하게 숨어 있는 덕택에 혜택을 입는다. 예를 들어 자산이 토지·공장·기계처럼 유형이었던 과거 경제와 비교할 때 오늘날에는 지적재산권을 지배하는 규칙을 파악하기가 더욱 힘들다. 이와 마찬가지로 거대한 철도 트러스트와 석유 트러스트가 경제를 장악했던 과거 경제와 비교할 때, 구글·애플·페이스북·컴캐스트Comcast 같은 기업이 네트워크·플랫폼·커뮤니케이션 시스템을 장악한 현대 경제에서는 독점과 시장 지배력의 실체를 파악하기가 더욱 힘들다. 또한 과거 경제에서는 계약이 현재보다 단순해 구매자와 판매자의 입장을 분석하면 상대방이 무엇을 약속하는지 알 수 있거나 알아내기가 쉬웠다. 시기적으로는 대부분 일방 당사자가 모든 조건을 결정하는 복잡한 담보 대출, 소비자 계약, 프랜차이즈 시스템, 고용 계약 등이 출현하기 전이었다. 이와 비슷한 예로 은행업은 지금보다 단순해 고객에 따라 은행에 저축하기도 하고, 집을 사거나 사업을 시작하려고 그 저축금을 대출 받던 시절에는 금융 의무가 더욱 분명했다. 하지만 금융 도구가 더욱 정교해진 요즈음에는 누가 누구에게 무엇을 언제 왜 빚졌는지 파악하기 어려울 수 있다.

현대 자본주의에서 발생하는 모든 현상의 결과가 무엇인지 파악하기에 앞서 정부가 시장을 어떻게 조직하고 재조직하는지, 어떤 이해 당사자가 이 과정에 가장 크게 영향력을 행사하는지, 결과적으로 누가 이익을 얻고 누가 손해를 보는지 물어보아야 한다. 그러려면 무엇보다 시장 메커니즘을 상세히 살펴보아야 한다.

2장

자본주의를 구축하는
다섯 가지 구성요소

'자유 시장'을 형성하려면 다음 사항을 결정해야 한다.

- **재산**: 무엇을 소유할 수 있는가
- **독점**: 시장 지배력을 어느 정도로 허용하는가
- **계약**: 무엇을 어떤 조건으로 사고팔 수 있는가
- **파산**: 구매자가 대가를 지불할 수 없을 때 무슨 일이 발생하는가
- **시행**: 어떻게 해야 아무도 규칙을 어기지 못하게 할 수 있는가

이 사항들을 결정하기가 그다지 어렵지 않다고 생각할지 모르겠다. 예를 들어 소유권은 단순히 우리가 무엇을 만들거나 구매하거나 발명했는지, 다시 말해 무엇이 우리 소유인지를 따지는 문제이기 때문이다.

다시 생각해보자. 노예는 어떤가? 인간 게놈은? 핵폭탄은? 조리법은? 현대 사회는 대부분 이러한 대상을 소유할 수 없다고 규정한다. 우리는 토지·무선단말기·주택·주택에 들어가는 모든 물건을 소유할 수 있다. 하지만 오늘날 가장 중요한 재산 형태는 새 디자인·아이디어·발명을 비롯한 지적재산이다. 그렇다면 정확하게 무엇이 지적재산인가? 지적재산권은 얼마 동안 소유할 수 있는가?

이와 비슷하게 매매 행위는 단순히 공급과 수요의 문제로서 가격

에 대해 동의하는 것이라 생각할 수 있다. 하지만 현대 사회는 대부분 성행위·유아·투표 등의 매매를 반대한다. 위험한 약물이나 안전하지 않은 식품의 판매나 폰지 사기(찰스 폰지가 벌인 사기 행각에서 유래한 피라미드식 다단계 사기수법―옮긴이)도 허용하지 않는다. 강압과 사기에 의한 계약을 허용하지 않거나 시행하지도 않는다. 그렇다면 강압은 정확하게 무슨 뜻인가? 사기는 무슨 뜻인가?

어떤 결정을 내리느냐에 따라 시장 지배력이 발휘되는 정도, 기업의 규모가 커지고 경제적으로 막강해지는 정도, 표준 플랫폼이나 검색 엔진에 대한 지배력이 부당하게 경쟁을 억제하는 정도가 달라진다.

또한 결정에 따라 미지급 부채의 운명이 좌우된다. 대기업은 직원에게 연금을 지불해야 하는 경제적 부담을 줄이기 위해 파산 제도를 이용할 수 있다. 하지만 주택 소유자가 주택 담보대출을 줄이고 싶거나 학교 졸업생이 학자금 대출을 줄이고 싶어도 파산을 이용할 수 없다.

국민은 경찰관·조사관·검사가 설정한 우선순위, 사법절차의 결과, 정부의 규칙 제정에 참여할 수 있는 사람, 기소할 위치에 있는 사람 등 규칙 시행 방식에 대한 결정의 지배를 받는다.

이러한 결정 가운데는 결코 명쾌하지 않은 결정이 많고 시간이 흐르면서 바뀌기도 한다. 사회 가치(노예 제도)나 기술(새로운 분자 배열에 대한 특허)이 변하거나, 결정 변화에 영향을 미치는 사람(공무원과 공무원을 특정 직위에 임명하는 사람)이 달라지기 때문이다.

해당 결정은 자유 시장을 '침범하지' 않고 자유 시장을 형성한다. 결정을 내리지 않으면 애당초 시장은 존재하지 않는다. 그렇다면 누가 결정을 이끌어내는가? 규칙을 정하는 사람은 무엇을 달성하려 하는가? 규칙은 효율성(사회에서 소득과 부의 현재 분배 상태를 고려한다)이나 성장(경제 성장으로 혜택을 입는 사람은 누구인지, 환경오염 등 성장을 달성하기 위해 사회가 기꺼이 치르는 희생은 무엇인지에 따라 다르다) 또는 공정성(공정하고 온당한 사회를 구성하는 요소에 관한 지배적인 규범에 따라 다르다)을 극대화할 목적으로 만들어질 수 있다. 아니면 세 가지 요소를 합해서 만들어질 수도 있다.

민주주의가 원래 목적대로 작동한다면 선출직 공무원, 내각 관료, 판사 등은 국민 대부분이 생각하는 가치에 맞춰 규칙을 정할 것이다. 철학자 존 롤스John Rawls가 제안했듯, 공정한 규칙은 자신이 규칙으로 어떤 영향을 받는지 모르는 일반 국민의 견해를 반영한 것이다. 그러면 '자유 시장'은 대다수의 행복을 향상시키는 결과를 낳을 것이다.[1]

하지만 민주주의가 실패하고 있거나 처음부터 제대로 작동하지 않는다면 대다수 국민은 상대적으로 빈곤하고 경제적으로 불안정한 반면에 소수인 상위층은 더욱 큰 부를 장악할 것이다. 힘과 자원을 충분히 소유한 사람은 정치인·관리 기관·판사에게 영향력을 행사해 자신에게 이익이 돌아오도록 '자유 시장'을 가동할 것이다.

이것은 흔히 말하는 부패가 아니다. 미국에서 힘과 자원을 소유한 사람은 정부와 계약을 체결하는 등 구체적이고 가시적인 이익을 얻을 목적으로 공무원을 직접 매수하지는 않는다. 그 대신 선거 후원금을 기부하고 관직에서 물러나면 고소득 일자리를 마련해주겠다고 약속한다. 양측이 주고받는 가장 귀한 대상인 시장 규칙은 모든 국민에게 적용되고 중립적으로 보이지만 실제로는 조직적이고 불균형하게 특권층에 유리하다. 달리 표현하자면 경제 게임의 승자와 패자에게 지대한 영향을 미치는 요소는 독특하고 감지할 수 있는 정부의 시장 '침범'이 아니라 정부가 시장을 조직하는 방식이다.

시장 규칙이 형성되고 이에 따른 경제적 이익과 손실이 '비인격적인 시장 지배력'이 작용한 '자연적인' 결과로 포장되는 과정에는 권력과 영향력이 숨어 있다. 하지만 '자유 시장'과 '정부'의 상대적인 장점에 집중하여 토론에 집착한다면 가면을 꿰뚫고 진실을 볼 수 있을 가능성은 거의 없다.

　자본주의의 다섯 가지 구성요소를 하나씩 살펴보기 전에, 정치적 힘이 모든 요소를 어떻게 형성하는지, 정치적 힘의 주체와 행사 방식을 파악하지 않고서는 시장의 자유를 이해할 수 없는 까닭은 무엇인지 살펴보는 것이 유용하다.

소득과 부가 상위층에 집중되는 것처럼 정치적 힘도 상향 이동한다. 돈과 권력은 서로 복잡하게 뒤엉켜 있고, 권력은 시장 메커니즘에 영향을 미친다. 시장의 보이지 않는 손은 부유하고 강한 팔에 연결되어 있다.

'자유 시장'이 변하지 않고 이성적이라면서 열렬하게 옹호하는 동시에 정부가 '침범'해서는 안 된다고 강하게 반대하는 사람들이 시장 메커니즘에 불균형하게 영향력을 행사할 때가 많다. 그들은 '자유 기업'을 옹호하면서 '자유 시장'을 자유와 동일 선상에 놓고 경제 게임의 법칙을 자신에게 유리한 방향으로 조용히 바꾼다. 또한 국민 대부분의 자유를 잠식하면서 사회에 힘의 불균형이 점차 확산되고 있다는 사실을 인정하지 않은 채 시장의 자유를 찬양한다.

2010년 시민연대 대 연방선거관리위원회Federal Election Commission 사건에서 연방대법원은 수정헌법 제1조에 따라 기업에 언론의 자유가 있다고 판결했다.[1] 따라서 2002년 제정되어 기업이 정치 홍보에 쏟는 자금을 제한했던 초당적 선거 자금 개혁안Bipartisan Campaign Reform Act(흔히 매케인-파인골드법McCain-Feingold Act으로 불린다)은 헌법에 위배되어 효력을 상실했다.[2]

하지만 실질적으로 언론의 자유는 자기 의견을 남에게 전달하는 자유이고, 부자일수록 목소리가 큰 경우라면 국민 대부분의 자유는 축소되기 마련이다. 다수 의견을 낸 대법관 다섯 명은 방대한 정치 광고에 자진해서 후원금을 내는 대기업과 일반 국민 사이에 힘의 불균형이 존재한다는 사실을 인정하지 않았다. 따라서 실제로 자원이 없는 일반 국민의 목소리는 법원이 기업에 부여한 언론의 자유에 묻혔다.

20세기 첫 수십 년 동안 법원은 힘의 실체를 몰랐다. 법원을 구성하는 보수주의자들은 근로자에게 단체로 조직하고 교섭하는 권리를 보호해주려고 제정된 법을 폐기했다. 카터 대 카터석탄회사Carter Coal Company(1936년) 사건에서 다수의 대법관들은 집단 교섭이 "개인적인 자유와 사유재산을 침해하는 용납할 수 없고 헌법에 위배되는 행위이고…… 헌법 수정안 제5조의 적법 절차 조항이 보호하는 권리를 부정하는 행위"라는 의견을 냈다.[3] 하지만 근로자는 집단 교섭권이 없으므로 고용 조건을 자유롭게 협상할 수 없었다. 직업을 원하는 근로자는 경제 규칙을 지배하는 대기업이 제시하는 조건을 무조건 받아들여야 했다. 법원은 좀 더 나은 근로 조건을 획득하려고 함께 단결할 수 있는 권리보다 '개인적인 자유와 사유재산'을 우위에 두고, 힘을 소유한 사람들에게 유리한 방향으로 헌법을 해석했다. 카터 사건은 결국 기각되었지만 이면에 숨은 이념은 살아남았다.[4]

상대적으로 소수이면서 경제적·정치적 힘을 장악한 대기업과 부자는 '자유'를 사용해 게임의 규칙에 영향력을 행사해서 힘을 강력하게 다지고 확대하는 방식을 정당화한다. 그래서 선거 후원금에서 '독자지출'(개인과 단체가 특정 후보의 당선이나 낙선을 위해 지출할 수 있는 금액—옮긴이)을 점점 늘리는 동시에 종종 상대편 후보자를 겨냥해 부정적 광고 활동을 벌이는 자금을 증가시킨다. 워싱턴과 주 수도에서 로비 활동을 벌이고, 변호사와 전문가 군단을 동원해 소송을 제기하거나 소송으로 방어함으로써 법원이 자신들에게 유리한 방식으로 법을 해석하게 만들고 규칙을 제정하는 과정에서 자신의 의도를 밀어붙인다. 자신들에게 유리한 방식으로 규칙을 제정하거나 시행해주는 공무원에게는 퇴직 후 민간 부문의 고소득 일자리를 보장하겠다는 뜻을 노골적으로나마 은근히 내비친다. 게다가 자신들이 지지하는 정책은 진실하고 현명한 반면에 자신들이 반대하는 정책은 잘못되고 결점이 있다고 대중을 설득시키는 홍보 활동을 펼친다. 자신들의 입장을 정당화하는 연구를 실시하고 두뇌 집단을 육성하며, 목표 달성을 촉진할 목적으로 매스컴을 소유하거나 경제적으로 영향력을 행사한다.

이러한 환경에서 '자유 시장', '자유 기업', '계약의 자유', '자유 무역', 심지어 '자유 언론'이 우월하다는 주장에는 얼마간 회의가 일기 마련이다. 대체 누구의 자유란 말인가?

기업이 원하는 대로 사업을 추진할 수 있는 자유가 커지면 이론적으로는 모두에게 돌아가는 경제적 몫이 커질 수 있다. 하지만 최근 들어 이러한 자유가 초래한 주요 결과를 보면 대기업과 월스트리트 은행의 고위 임원과 주주에게 돌아가는 몫은 커지고, 나머지 거의 모든 국민에게 돌아가는 몫은 작아지고 있다. 일반 근로자가 직장에서 누리는 자유도 축소되고 있다. 이른바 계약의 자유는 뾰족한 대안이 없는 근로자에게는 잔인한 장난에 불과하다. 기업은 스스로 선택한 중재자를 앞세워 소원중재를 일괄 위임하는 조건을 수락하고 헌법에 보장된 재판청구권을 포기하라고 직원을 압박한다. 출근할 때부터 퇴근할 때까지 직원의 일거수일투족을 감시하고 심지어 화장실 가는 시간조차 하루 6분으로 제한하는 기업은 자유 기업의 모델일지는 몰라도 직원의 자유를 증진시키지는 못한다.

주주에게 돌아가는 수익을 극대화할 의도로 설계된 '자유 기업'은 환경을 해치고, 소비자와 타인의 건강과 안전을 위험에 빠뜨리며, 투자가를 속인다는 평판을 쌓았다. 심지어 이러한 행동이 불법일 때조차도 일부 기업은 발각되는 경우에 치러야 하는 비용보다 소득이 많다고 판단한 경우에는 차라리 법을 무시하는 쪽을 선택해왔다. BP, 핼리버턴Halliburton, 시티그룹Citigroup, 제너럴 모터스General Motors를 포함해 알았든 몰랐든 최근에 그렇게 계산하고 행동했던 기업의 명단을 보면 잠재적인 금융 수익이 충분히 높을 때는 예외 없이 기업의 힘이 개인의 자유를 침해할 것이다.

이와 마찬가지로 기업이 시장을 독점하려는 자유는 소비자의 선택권을 감소시킨다. 예를 들어 미국에서는 인터넷 서비스 제공자가 경쟁을 줄이거나 제거할 수 있으므로 인터넷 서비스 비용이 다른 부유한 국가보다 비싸다.[5] 제약회사가 가격이 좀 더 저렴한 복제약 출시를 늦추는 조건으로 생산업체에 대가를 지불해 특허권을 연장할 수 있으므로 미국의 약값은 캐나다나 유럽보다 비싸다.[6] 미국 소비자는 대부분 인터넷 서비스나 약품을 구매하도록 강요당하지 않는다는 제한된 의미로 '자유로울' 뿐이다. 소비자가 인터넷 서비스나 약품을 사용하지 않겠다고 선택할 수는 있지만 이것은 좁은 의미의 자유에 불과하다.

이와 비슷한 맥락에서 세계 경제를 '자유 무역'과 '보호주의' 중 하나를 선택하는 문제로 생각하는 사람은 거래 대상과 방법을 결정하는 힘의 중심적 역할을 간과한다. 국가마다 시장 조직 방식을 놓고 어떤 정치적 결정을 내리느냐에 따라 시장이 달라지므로 실제로 '자유 무역' 협정을 맺을 때는 다른 시장 체제를 통합하는 방식을 둘러싸고 복잡한 협상이 필요할 것이다. 예를 들어 중국과 미국은 시장 조직 방식이 매우 다르므로 미국이 중국과 '자유 무역' 협정을 체결한다고 해서 단순히 무역량이 늘어난다는 뜻은 아니다. 이때 파생되는 실제 문제로는 중국이 미국계 기업의 지적재산권을 어느 정도 보호해줄지, 중국이 미국계 투자은행의 자산을 어떻게 다룰지, 중국 국영 기업들이 미국 시장에 어떤 방식으로 접근할지 등이 있다. 다른 국가와 협상할 때 미국계 대기업과 월스트리트 은행의 이익은 미국인 일반 근로자의 이익보다 항상 앞선다. 따라서 근로자의 임금은 미국 기업의 지적 자본이나 월스트리트 은행의 금융 자산 등보다 보호 가치가 떨어지는 것으로 취급 받는다. 예를 들어 미국은 무역 상대국더러 중간임금의 절반 수준으로 최저임금을 결정하라는 조건을 요구한 적이 없다.

이러한 측면에서 생각하면 힘을 고려하지 않은 자유는 거의 의미가 없다. 미국과 기타 선진국의 경제에서 경제적·정치적 힘의 불균형이 점차 증가한다는 사실을 무시한 상태로 자유 경제를 주장하는 사람은 실제로는 자유 경제가 아니라 힘의 소유자를 지지하는 것이다.

자본주의를 구성하는 각 요소를 면밀하게 살펴보면 이러한 사실이 명확해질 것이다.

4장

새 재산

사유재산은 자유 시장 자본주의를 구성하는 가장 기본적인 요소다. 보편적인 토론에서 거론하는 사유재산은 정부나 사회주의의 재산과 대조된다. 하지만 정부가 재산권을 조직하고 시행하는 무수한 방식과 이러한 결정에 막대한 영향을 미치는 주체에 대한 토론이 빠져 있다.

사유재산은 공동 소유보다 분명히 이점이 있다. 반세기 전 미국 환경운동가 개릿 하딘Garrett Hardin은 '공유지의 비극tragedy of the commons'을 경고했다.[1] 예를 들어 개인 소유의 가축을 공동 방목장에 지나치게 많이 방목하도록 허용하면 개인은 합리적이지만 이기적으로 행동해서 결국 공동 자원을 고갈시킨다는 것이다. 다른 한편으로 방목장을 개인이 소유하는 경우에 합리적인 주인은 비료를 투입하고 관개 시설을 설치해 자원의 고갈을 피한다. 이 밖에도 많은 예가 있다. 내가 알기로는 아무도 렌트카를 세차하지는 않는다.

하지만 사적 소유와 공적 소유를 둘러싸고 논쟁을 벌이면 사유재산을 지배하는 규칙, 즉 무엇을 어떤 조건으로 얼마 동안 소유할 수 있는지에 관한 결정이 모호해진다. 또한 힘의 분배가 이루어지는 사회방식에 따라 대답이 달라지므로 이러한 의문은 분명히 정치적 성격을 띤다.

300여 년 전에는 사람이 사람을 소유하는 현상이 흔했다. 역사가 애덤 호크실드Adam Hochschild가 주장했듯 18세기 말에는 세계 인구의 4분의 3 이상이 노예나 농노의 형태로 자유를 속박 당했다. 미국과 아프리카의 일부 지역에서는 노예가 자유민보다 수적으로 훨씬 많았다.[2]

노예 제도의 근간은 노예 소유주와 상인이 노예를 재산의 한 형태로 정착시키려고 행사하는 정치적 힘이다. 미국의 공화당은 노예 소유권이 헌법으로 보장된 재산권이라고 주장하는 부유한 노예 소유주와 민주당원에 직접적으로 반기를 들면서 1850년대에 창설되었다.[3] 그리고 15년 동안 정치와 힘이 이동했다. 1865년 미국에서 수정헌법 제13조가 통과되면서 노예 제도는 금지되었고, 19세기 말에 이르러 전 세계 거의 모든 지역에서 불법으로 규정되었다. 하지만 지구상에서 완전히 사라지지는 않았다.[4] 모리타니Mauritania에서는 1981년이 돼서야 공식적으로 금지되었고,[5] 세계 여러 지역에서 불법적인 형태로 지금도 존재한다. 심지어 21세기 미국에서조차 약 10만 명의 아동이 성 매매의 대상이 되고 있다.[6]

19세기, 노예를 제외하고 가장 중요한 재산 형태는 토지였다. 하지만 토지 소유조차도 정치적 힘뿐 아니라 사회 규범의 지배를 받았다. 영국에서는 방대한 면적의 토지가 귀족의 소유로 묶여 대대로 상속되어 소작농들이 경작했다. 이와는 대조적으로 미국은 1785년 공유지불하 조례Land Ordinance를 시작으로 1862년 자영농지법Homestead Act까지 일련의 법률을 제정해 미개척지를 정치 엘리트가 아닌 잠재 정착민에게 돌아가게 만들었다.[7](대부분의 라틴 아메리카 국가에서 미개척지는 정치적 힘의 소유자에게 돌아갔다.) 하지만 미국의 백인 정착민도 정치적 힘을 행사하여 토지를 차지할 권리를 인정받았고, 군대는 원주민과 싸워서 그들에게 토지를 확보해주었다.

19세기에 땅값이 오르자 거대한 토지의 소유주들은 땅을 빌려주기만 하고서도 엄청난 재산을 모았다. 땅이 부족해진다는 이유만으로도 땅의 가치가 증가했다. 헨리 조지Henry George는 저서 《진보와 빈곤Progress and Poverty(1879년)》에서 땅값을 끌어올린 경제 발전을 이렇게 묘사했다. "사회의 이면이 아니라 전반적으로 강요되는 엄청난 쐐기다.[8] 분리선을 넘어선 사람은 우쭐해지지만 분리선에 미치지 못하는 사람은 짓눌린다." 이 책은 200만부가 판매되었지만 토지세를 상당히 무겁게 부과해 토지 소유주가 획득한 자본 이득의 대부분을 사회에 환원시키자는 저자의 제안은 무산되었다.[9]

그 후 공장과 기계의 발달로 미국과 기타 선진국의 경제가 농경 중심에서 산업 중심으로 바뀌면서 경제와 정치에 변화가 찾아왔다. 수십 년 동안 미국인 대부분은 생계를 공급해주는 재산을 더 이상 소유하지도 심지어 빌리지도 않고 고용인으로 일했다. 그리고 재산에 대해 결정적으로 중요한 의문을 품으면서 근로자들은 소유주의 '계약 자유의 원칙'에 맞서 자신의 노동력을 공장과 기계와 결합해 창출한 소득에서 더욱 큰 몫을 차지하려고 단체를 조직하는 자유를 주장하기 시작했다.

현대 기업과 기업의 소유권은 재산 체제의 일부로서 입법부·정부 기관·법원 등이 특정 결정을 내린 결과다. 기업에 투자한 사람은 투자에 따른 이익에서 자기 몫을 챙기고, 기업이 부채를 갚을 수 없을 때도 투자액을 초과한 사유재산은 보호를 받는다. 이렇게 규정한 것은 '자유 시장'이 아니라 재산과 계약의 규칙이다. 하지만 주주가 기업의 유일한 주인이므로 기업이 추구하는 유일한 목적은 주주의 투자 가치를 극대화하는 것이라는 개념은 법 조항 어디에도 없다. 2차 세계대전이 끝나고 처음 30년 동안 기업 관리자들은 투자가·직원·소비자·대중의 주장을 조화시키는 것이 자신들의 임무라고 생각했다. 실제로 대기업의 소유주는 경영 방식에 이해관계가 있는 사람 전원이다. 주주만 중요하다는 개념은 1980년대 출몰한 것으로 기업 매수자들은 주주에게 돌아가는 이익을 최대로 끌어올릴 목적으로 관리자들에게 '성과를 내지 못하는' 자산을 매각하고, 공장 문을 닫고, 부채를 더 끌어들이고, 직원을 해고하라고 요구했다.

사유재산을 지배하는 규칙은 끊임없이 논쟁거리가 되어 수정을 거친다. 노예 제도 폐지처럼 거창한 방식을 거치기도 하지만 대부분은 사소한 방식으로 진행되므로 직접적인 관계자가 아니면 변화를 거의 알아차리지 못한다. 그래서 겉보기에는 정부 규제 같지만 오히려 재산권 형성으로 이해해야 할 때도 있다. 예를 들어 1978년 이전에 항공사는 예매를 한도 이상으로 받고 나서 초과 승객의 탑승을 임의로 거부했다.[10] 항의가 쏟아지자 민간 항공위원회Civil Aeronautics Board는 좌석을 예매 승객의 재산으로 다루라고 항공사에 요구했다. 그래서 좌석 한도를 초과해 예매를 받은 항공사는 초과 승객이 자기 '재산'을 자진해서 포기할 수 있도록 온갖 회유책을 사용해 좌석을 다시 '사들여야' 했다.

자원이 희소한 경우에는 대개 재산권에 의존해 자원을 보존하고 자원이 부족할 가능성을 줄이는 기술에 투자하라고 권장하는 동시에 필요한 사람에게 자원이 돌아가도록 조치한다. 2014년 캘리포니아 주 상수도국은 가뭄 때문에 물 부족 현상이 심각해지자 물을 재산의 한 형태로 바꾸고 사용량에 비례해 요금을 부과했다. 각 가정에 반드시 필요한 물을 낮은 가격에 공급하되 사람들이 별로 신경 쓰지 않고 수영장에 물을 가득 받아 놓지 않도록 사용량에 비례해 수도 요금을 큰 폭으로 인상했다. 일반적으로 지구 자원이 부족한 문제에도 같은 접근 방법을 사용할 수 있다. 이상적으로 이산화탄소 배출권을 재산의 한 형태로 다루면 시간이 흐르면서 그 가격이 꾸준히 오르고, 오염 유발자가 배출권을 구매해서 거래할 수 있으므로 가장 필요한 곳에 사용될 것이다. 이러한 방법은 강한 유인책으로 작용해 오염 유발자는 이산화탄소 배출량을 즉시 최소화하고 앞으로 더욱 줄일 수 있는 혁신적 방법을 고안해내려 노력할 것이다. 해당 재산권을 행사하는 전제조건으로 정부는 재산권을 어떻게 어떤 기준으로 할당하고 거래할 것인지 결정해야 한다. 깨끗한 공기와 물 같은 필수품이 단순히 최고 입찰자에게 돌아간다면 소득과 부의 불공평한 차이가 결국 상당히 불공정한 결과를 낳을 수 있기 때문이다. 정부는 이러한 체제를 감시할 수 있어야 한다.

재산을 정의하는 문제는 재산이 유전물질 다발, 분자 결합, 소프트웨어의 기가비트나 더욱 일반적으로는 정보와 아이디어의 형태일 때 훨씬 복잡해진다. 이러한 종류의 재산은 특정 장소나 시기에 구애받지 않는다. 구체적으로 평가하거나 측정할 수 없다. 생산 비용은 대부분 재산을 발견하거나 첫 복제품을 제작하는 데 들어가고, 그 후에 추가로 생산하는 비용은 전혀 들지 않는 경우가 많다. 이러한 지적재산은 새로운 경제를 구성하는 주요 요소이고, 지적재산의 어떤 측면을 누가 어떤 조건으로 소유할 수 있는지를 정부가 결정하지 않으면 새 경제는 존재할 수 없었다.

'공유지의 비극'은 특히나 곤란한 딜레마를 가리킨다. 발견자와 발명자가 스스로 발견하거나 발명한 대상을 소유할 수 없고, 판매하거나 인가를 받아 돈을 벌 수 없다면 많은 사람이 애당초 발견하거나 발명하려는 노력을 기울이지 않을 것이다. 물론 보수를 받지 못하더라도 발견하는 기쁨을 누리거나 명예를 얻으려고 노력할 수도 있다. 온갖 종류의 제품을 만들어 인터넷에 무료로 공개하는 것처럼 타인이 신제품을 사용할 수 있게 하려는 순수한 의도를 품을 수도 있다. 그런데 무료로 일하면 집세를 지불할 수 없고, 경제도 전적으로 무료 노동을 기반으로는 돌아갈 수 없으므로 재산권을 어느 정도 인정할 필요가 있다.

하지만 일단 발견이나 발명이 발생했을 때 대중이 크게 혜택을 입는 것은 복제하는 정도의 비용으로 거의 무료에 가깝게 해당 발견이나 발명에 접근할 수 있을 때다. 한 제약회사가 막대한 수익을 창출하는 약품을 제조한다고 생각해보자. 많은 사람이 해당 약품을 사용해 혜택을 입을 수 있지만 정작 약품을 구매할 경제력이 없는 상황에서 제약회사가 싼 비용으로 복제 약품을 독점적으로 제조해 수십억 달러를 벌어들이는 것이 타당한가?

어떻게 적절하게 조화를 이뤄야 미래의 발명가가 발명할 의욕을 낼 수 있도록 소유권을 인정해주는 동시에 대중이 합리적 가격으로 발명을 이용할 수 있을까? 다시 한 번 강조하지만 이것은 '자유 시장'이냐 정부냐의 문제가 아니라 입법부·법원·행정 기관이 결정해야 할 문제다.

이 딜레마를 해결하는 한 가지 방법은 발명가에게 일시적인 독점권, 즉 일정 기간이 지나면 사라지는 재산권을 부여하는 것이다. 헌법 제정자들은 이 방법을 심사숙고하고 나서 의회에 특허와 저작권을 부여할 권한을 주면서 "저작자와 발명자에게 각자의 저술과 발명에 대한 독점권을 일정 기간 확보해줘서 과학과 유용한 기술의 발달을 촉진한다"라는 취지를 밝혔다.[11] 하지만 어떤 발명품이 나올지 예측할 길이 없었으므로 헌법에는 특허권을 부여할 대상이나 기간을 명시하지 않았다.

1790년 미국 최초로 제정된 특허법은 단지 "전에 알려지지 않았거나 사용된 적이 없는 유용한 기술, 제품, 엔진, 기계, 장치, 이에 대한 향상에 특허를 부여할 수 있다"고 규정하고 특허 보호 기간을 14년으로 결정했다.[12] 그 이후로 의회는 1995년 이후 출원한 특허를 시작으로 특허 보호 기간을 20년으로 확대했지만 실제 싸움은 '새롭고 유용한 것'을 둘러싸고 벌어진다.[13] 특허상표청The Patent and Trademark Office 은 사항별로 결정을 내리고 저작물에 대한 권리를 다루는 기관을 따로 두고 있다.

특허상표청의 결정에 불복하는 사람은 특별 법원에 상소할 수 있고 법원이 허용하면 대법원까지 사건을 끌고 가서 다툴 수 있다. 특허 소송은 특허권자와 해당 특허가 자신의 기존 특허를 부당하게 침해했다고 믿거나 특허를 허용하면 안 된다고 주장하는 경쟁자가 벌이는 법적 다툼으로, 발명의 내용이 과거보다 훨씬 복잡해지면서 건수와 기간도 늘어나고 있다. 21세기 들어 처음 20년 동안 특허상표청은 직원을 1만 명 가까이 고용했고,[14] 그중 대부분은 버지니아 주 알렉산드리아에 있는 본부와 특허 소송의 상소를 다루는 특별 법원을 포함한 연방 법원에서 근무한다.[15] 특허는 대부분 소프트웨어 분야에 집중해 있고 새로운 제품이나 이미 발명된 제품의 첨단 기술 문제를 다룬다. 일부 특허는 소프트웨어로 발전할 아이디어나 개념을 단순히 서술하는 것으로 출원되기도 한다. 예를 들어 아마존Amazon은 '원클릭 계산one-click checkout' 개념으로 특허를 받았다.[16] 또한 2014년 애플은 전자책에 저자의 서명을 제공하는 아이디어로 특허를 받았다.[17]

강력하고 영구적인 재산권은 투자와 혁신을 부추기지만 소비자 가격을 상승시킨다. 중요하게는 재산권자가 소유한 경제적 힘이 정치적이고 법률적인 힘으로 작용하면서 재산권을 훨씬 강력하고 영구적으로 만든다.

법률 산업의 한 분야는 특허 보호나 특허 침해에 관해 소송을 제기하는 절차를 중심으로 발달해왔다. 첨단 기술 대기업은 소규모 변호사 군단을 가동해 특허 소송을 담당하게 한다. 대기업은 방대한 발명 영역에서 자사의 소유권을 주장하려고 자주 특허를 출원한다. 2013년 의회는 의심스러운 소프트웨어 특허 문제를 더욱 신속하게 검토할 수 있도록 특허청에 권한을 부여하는 법안을 부결시켰다. 로비스트들을 동원해 해당 법안을 성공적으로 차단시킨 기업으로는 IBM과 마이크로소프트 등이 있다.[18]

거대 기술 기업은 수백만 달러를 들여 특허 포트폴리오를 구축하고 소송을 제기한다. 예를 들어 구글은 2012년 125억 달러를 쏟아 모토롤라 모빌리티Motorola Mobility를 인수해[19] 특허 1만 7,000건을 보유하게 되었고 그중 다수는 구글·삼성·애플이 벌이는 스마트폰 특허 경쟁에서 귀중한 무기 역할을 톡톡히 할 것이다. 백악관의 지적재산 고문인 콜린 치엔Colleen Chien이 2012년에 주장했듯, 구글과 애플은 제품의 연구와 개발보다 특허의 획득과 소송에 더 많이 투자하고 있다.[20]

다시 한 번 강조하지만 특허권을 둘러싼 논쟁은 '자유 시장'과 정부 가운데 무엇을 선호하느냐와 전혀 관계가 없다. 문제는 정부가 어떻게 재산권을 규정하는지, 그 과정에서 어떤 현상이 일어나는지, 결과를 결정하는 데 최대로 힘을 행사하는 주체는 누구인지이다.

일반 미국 국민은 다른 선진국 국민보다 처방전이 필요한 전문 의약품의 소비량은 적지만, 일인당 의약품 소비액은 훨씬 크다.[21] 2014년 미국인이 건강 부문에서 소비한 3조 1,000억 달러 중 약품이 차지하는 비중은 10%였다.[22] 정부는 해당 금액의 일부를 메디케어Medicare, 메디케이드Medicaid, 부담 적정 보험법Affordable Care Act에 따른 지원금으로 지불한다. 하지만 일반 국민은 세금을 통해 간접적으로 비용을 부담하고, 나머지는 할증금과 자기 부담금 등을 통해 직접적으로 지불한다.

미국에서 약품 가격이 비싼 부분적인 원인을 거론하자면 다른 국가의 정부는 약품의 도매가격을 정해놓는 반면에 미국 정부는 가격을 낮추도록 협상할 수 있는 권한을 법으로 금지하고 있기 때문이다.[23] 하지만 이보다 중대한 원인은 약품이 특허를 받는 동시에 약품의 일시적인 독점이 특허가 만료되는 시점(지금은 20년이다) 이후까지 지속되기 때문이다. 이 점에 관해서는 잠시 후에 설명할 것이다.

애당초 특허청과 법원은 자연에서 생겨난 제품에는 특허를 부여하지 않는다고 결정했었다. 따라서 초기 백신은 인체의 면역성을 키우려고 바이러스를 항체로 사용했으므로 제약회사의 사유재산이 될 수 없었다. 이는 제약회사가 새 백신을 만드는 연구에 적극적으로 투자하지 않았던 까닭이기도 하다.

하지만 1990년대 들어서면서 규칙이 바뀌었다. 제약회사는 백신과 기타 제품을 자연에서 끌어와 대량 생산하는 과정으로 특허를 받을 수 있게 되었다. 그 결과 백신에 관한 특허 출원 건수가 10배나 증가해 1만 건 이상에 이르렀다.[24] 당연히 백신 가격도 덩달아 뛰었다. 2013년 파이저Pfizer는 귀 감염에서 폐렴에 이르기까지 폐렴 구균이 유발하는 질병을 예방하려고 프리브나Prevnar 13을 개발해 독점 생산해서 거의 40억 달러에 달하는 수익을 거뒀다.[25]

여러 인명구조용 약품은 최초의 특허가 소멸하고 난 후에도 오랫동안 한 기업에서만 계속 제조한다. 부분적으로는 제약회사가 최초 약품에 사소한 변화를 주어 기술적으로 새롭게 만들었다고 주장하고, 이를 근거로 특허청이 특허를 갱신해주기 때문이다. 이때 특허청은 자신이 내린 결정이 소비자에게 어떤 경제적 부담을 안기는지 고려하지 않는다. 제약회사는 제조방법이 매우 사소하게 다르더라도 브랜드 약을 복제약으로 대체할 수 없다. 예를 들어 2014년 2월 포리스트 랩스Forest Laboratories는 알츠하이머 치료제로 널리 쓰이는 기존 알약 형태의 나멘다Namenda를 더 이상 판매하지 않고 서방정 캡슐 형태의 나멘다 XR을 생산하겠다고 발표했다. 단순히 알약에서 캡슐로 형태만 바꾸었을 뿐이지만 약품에 사소한 변화를 주더라도 약사는 특허가 만료

될 예정인 알약을 복제약으로 대체할 수 없다.[26] 이 같은 '제품 갈아타기product hopping'로 제약회사는 계속 수익을 거두지만 소비자와 건강보험사들은 큰 비용을 치러야 한다.

다른 국가에서 처방전 없이 구매할 수 있는 많은 약품을 미국에서는 처방전이 있어야만 구매할 수 있고, 제약회사는 특허권이 오래 전에 소멸된 약품도 적극적으로 광고하므로 환자들은 해당 약품을 처방해달라고 의사들에게 요청한다. 미국은 처방전이 필요한 약품을 소비자에게 직접 광고할 수 있도록 허용하는 몇 안 되는 선진국이다.[27]

미국에서 브랜드 약이든 복제약이든 국내에서 판매하는 동일한 약품을 외국 제약회사에서 좀 더 저렴하게 직접 구매하는 행위는 불법이다. 2012년 의회는 이러한 경로로 미국 국내에 반입되는 약품을 폐기하는 권한을 세관에 부여했다. 이때 의회가 앞세운 근거는 위험한 불법 복제약의 피해를 입지 않도록 대중을 보호한다는 것이었다.[28] 하지만 그 전에 10년 이상 인터넷을 통해 처방전으로 약품을 구매한 사례가 수천만 건에 이르지만 외국 약국에서 온라인으로 구매한 약품으로 인해 해를 입었다고 보고된 경우는 단 한 건도 없었다. 미국 국내에서 판매하는 동일한 약품을 외국에서 반입하는 것을 금지하는 진짜 이유는 강력하게 로비 활동을 벌이고 있는 제약회사의 이익을 보호하려는 것이다. 무엇보다 대중의 건강에 진정한 위협은 매우 비싼 약품 가격이다.[29] 전미소비자연맹National Consumers League에 따르면, 약품 가격이 매우 비싼 탓에 2012년에만 미국인 5,000여만 명이 처방된 약품을 구매하지 못했고 그중 4분의 1은 만성질환자였다.

법은 제약회사가 자사 약품을 처방하는 의사에게 금전적으로 보상하는 행위를 허용한다. 2013년 5개월 동안 의사들은 강연비와 자문비 명목으로 제약회사와 장치 제조사로부터 3억 8,000만 달러를 받았다.[30] 의사에 따라서는 50만 달러 이상을 챙기기도 하고, 직접 약품 개발에 참여했을 때는 특허권 사용료 명목으로 수백만 달러를 받았다.[31] 의사들은 설사 돈을 받더라도 자신이 내리는 처방에는 전혀 영향을 받지 않는다고 주장한다. 하지만 투자한 금액에 대해 상당한 액수의 이익을 거두지 못하는데 제약회사가 그토록 거액을 쏟아 부을 이유가 없지 않을까?

제약회사는 좀 더 저렴한 복제약의 출시를 늦추는 조건으로 생산기업에 대가를 지불한다. 이러한 관행을 뜻하는 이른바 역지불합의 협정pay-for-delay agreement은 완벽하게 합법으로 복제약 제조사뿐 아니라 최초 제조사에도 막대한 수익을 안기는데, 이때 발생하는 수익은 협정을 맺지 않았을 때보다 높은 가격을 지불해야 하는 소비자·건강보험사·정부 기관 등이 부담한다. 제약회사의 담합으로 미국 국민이 감당해야 하는 대가는 연간 35억 달러에 이르는 것으로 추정된다.[32] 유럽은 이러한 종류의 담합을 허용하지 않는 반면에 미국의 주요 제약회사와 복제약 제조사는 담합을 막으려는 시도에 맞서 싸운다.

제약회사들은 신약을 연구하고 개발해야 하므로 이익금을 추가로 거둘 수 있어야 한다고 주장한다. 하지만 이러한 주장은 제약회사가 광고와 마케팅에 연간 수십억 달러를 쏟아 붓고 단일 약품을 광고하느라 수천만 달러를 쓰는 일도 비일비재한 현실을 외면하는 것이다.[33] 그뿐 아니라 로비 활동에도 매년 수억 달러를 쓴다. 2013년 제약회사가 소비한 로비 비용은 2억 2,500만 달러로 군수업체를 능가했다.[34] 거대 제약회사들은 선거 후원금으로도 거액을 투자하는데, 2012년 3,600만 달러 이상을 기부해 미국 전체 산업에서 최대 정치 자금 기

부자로 부상했다.●35

제약회사가 자연에서 추출한 약품으로 특허를 받고, 사소한 변화를 주어 특허를 갱신하고, 처방전이 필요한 전문 의약품을 적극적으로 마케팅하고, 외국 제약회사에서 약품을 구매하는 행위를 금지하고, 특정 약품을 처방하게 하려고 의사에게 대가를 지불하고, 제약회사와 복제약 제조업체가 복제약의 출시를 늦추려고 담합하는 체제를 일반 미국인은 알 턱이 없고 이 체제를 뒷받침하는 법률상 결정과 행정상 결정도 모르기는 마찬가지다. 하지만 앞에서 설명한 대로 이러한 체제 탓에 미국인이 지불하는 일인당 약품 비용은 세계 어느 나라보다 크다. 여기서는 정부가 역할을 담당하느냐 마느냐가 중요하지 않다. 정부가 없으면 특허는 존재하지 않을 것이고 제약회사는 신약을 생산하도록 장려 받지 못할 것이다. 문제는 정부가 시장을 형성하는 방식이다. 이러한 결정에서 거대 제약회사가 불공평하게 큰 발언권을 장악한다면 나머지 대중은 터무니없이 큰 대가를 치러야 한다.

미술·음악 작품에 적용되는 저작권도 마찬가지다. 비용을 거의 들이지 않거나 무료로 작품을 재생할 수 있는 길을 열어놓는 동시에 창작자들에게 창작하는 고통을 감내할 수 있을 정도로 적절한 유인책을

● 제약 산업계가 정치 후원금으로 직접 쓴 금액은 실질적으로 1980년대 이전에 소비한 금액보다 월등히 많지만 로비·소송·정책 입안자에게 영향을 미치려고 소비한 금액에 비하면 여전히 적다. 제약 산업계가 쓰는 비용은 모두 합치더라도 앞으로 거두리라 예상되는 이익금보다 훨씬 적다. 기업은 스스로 추구하는 목표를 달성하는 데 필요한 정도만 소비하기 때문이다. 또한 나중에 설명하겠지만 대항적 세력이 쇠퇴하면서 제약회사들은 원하는 것을 헐값으로 획득할 수 있다.

사용하려면 재산권을 어느 선까지 인정해줘야 하는지가 관건이다. 하지만 창작자들은 대개 저작권을 소유하게 되는 대기업이나 기업 합동의 형태로 너나 할 것 없이 더욱 많은 권리를 원하고 결국 손에 넣는다. 결과적으로 창작자들은 수익을 더욱 많이 얻는 반면에 나머지 대중은 창작자보다 큰 대가를 지불하면서도 창작품에 접근할 수 있는 기회가 적다. 게다가 창작자는 손에 넣는 이익이 늘어나면서 다음에 행사할 수 있는 정치적 영향력도 커진다.

미국이 설립되었을 때만 해도 저작권은 '지도·해도·서적'에만 해당됐고, 저자의 출판 독점권을 14년간 보호하고 한 차례 갱신을 허용해서 최고 28년까지 보장했다.[36] 저작권 최대 보호 기간을 1831년 들어 42년까지 늘리고, 1909년 들어서는 56년까지로 다시 증가시키고는 이 기간을 반세기 동안 유지했다. 그러다가 의회는 1962년 초 저작권 최대 보호 기간을 11번이나 연장했으며 1976년 들어서는 저자 사후 50년으로 늘렸다. 심지어 창작자는 저작권 보호 기간을 갱신해달라고 요청할 필요도 없었다. 기업에서 나온 창작물은 75년간 저작권이 유효했다.(이러한 변화는 소급 적용되어 새 법이 발효된 1978년 기업 저작권의 보호를 받는 창작물이라면 종류를 불문하고 추가로 19년을 보호받았다.[37])

1998년 의회는 기업 소유주의 경우에 저작권 보호 기간을 20년 추가해서, 처음 발표한 때부터 95년까지로 늘렸다. 1988년 저작권 보호 기간 연장법Copyright Term Extension Act은 기본적으로 미키Mickey와 관계가 있으므로 워싱턴 정계에는 미키마우스 보호법Mickey Mouse Protection Act으로 알려졌다. 월트 디즈니가 1928년 만든 미키 캐릭터는 전형적으로 창작자 사후 75년까지 저작권이 유효하므로 2003년이 되면 공공 영역으로 진입하고 플루토Pluto와 구피Goofy 등도 잇달아 공유 창작물이 될 예정이었다. 그러면 디즈니가 거두는 수익은 크게 감소할 터였다. 따라서 디즈니는 다수의 20세기 영화와 연주 악보에 대한 저작권을 보유한 타임 워너Time Warner, 사망한 작곡가인 조지 거슈윈George Gershwin과 이라 거슈윈Ira Gershwin의 상속인과 함께 저작권 보호 기간을 20년 더 연장할 목적으로 의회에 로비 활동을 벌였다. 결국 창작자들은 목적을 달성했다. 저작권은 대부분 2023년 들어 종료될 예정이지만 그 전에 연장될 것이 거의 확실해 보인다.[38] 더욱이 저작권은 이제 컴퓨터 프로그램을 포함해 거의 모든 창작물에 해당하고, 최초 창작물에서 파생했을 수 있는 모든 작품에 대한 권리를 소유주, 오늘날에는 대개 대기업에 부여한다.

결과적으로 미키마우스와 기타 디즈니 만화 캐릭터뿐 아니라 슈퍼맨과 딕 트레이시Dick Tracy처럼 20세기에 등장한 많은 우상, 〈바람과 함께 사라지다〉와 〈카사블랑카〉 같은 보물급 영화, 거슈윈의 〈랩소디 인 블루Rhapsody in Blue〉와 밥 딜런Bob Dylan의 〈바람을 맞으며Blowin' in the Wind〉 같은 위대한 음악의 홍수, 포크너Faulkner와 헤밍웨이의 작품을 포함한 문학 걸작 등 20세기에 탄생한 많은 창의적 결과물의 저작권 보호 기간은 20년이 추가로 연장되었다. 다시 설명하자면 그 결과 기업이 거두는 이익은 증가하는 반면에 소비자가 지불해야 하는 비용은 늘어나고, 대중이 작품에 다가갈 수 있는 길은 좁아졌다. 예를 들어 아마존닷컴에서 구매할 수 있는 책 중에 1980년대 책보다 1880년대 책이 더욱 많은 까닭은 더 오래 전에 출간된 책일수록 누구든 자유롭게 재출간할 수 있기 때문이다.

시장을 재조직한다고 하더라도 이미 이 세상 사람이 아닌 월트 디즈니나 거슈윈 형제에게서 더욱 왕성한 창의성을 끌어내지는 못할 것이다. 사후 50년이 아닌 사후 70년이 되어서야 자기 작품이 공유 저작물로 바뀐다고 해서 현재 생존하는 작가와 예술가에게 유인책으로 작용할지는 의문이다. 얄궂게도 애당초 디즈니는 오랫동안 대중에게 노출되었던 알라딘·인어공주·백설공주 같은 고전과 캐릭터에 집중해 많은 창작물을 만들어냈다. 하지만 공공 영역의 범위는 훨씬 작아졌다.

그러는 동안 대기업은 보호 기간이 늘어난 자사 저작권에서 파생하는 권리를 거머쥐려고 법정에서 맹렬히 다투면서 자사의 순이익과 경제적 영향력을 증대시킨다. 이것은 대기업이 이미 소유한 것에 매우 근접한 아이디어를 생각해낸 컴퓨터 프로그래머를 포함해 개인 창작자가 뛰어넘을 수 없는 장애물이다. 결과적으로 일반 대중은 대부분 실패하지만, 큰손들은 시장을 정의하는 결정에 엄청나게 많은 자금을 쏟아 부을 수 있으므로 거듭 승리한다.

정리하자면 시장 경제를 구성하는 가장 기본적인 요소인 재산은 무엇을 어떤 조건으로 소유할 수 있는지에 관한 정치적 결정의 지배를 받는다. 지적재산권의 내용이 미묘하고 복잡할 뿐 아니라 대기업의 부와 정치적 영향력이 증가하므로 이러한 정치적 결정은 부와 힘을 확대하고 단단하게 다지는 성향을 보인다. 경제 게임에서 승자는 발군의 실력을 발휘하지만 나머지 대중은 정치적 영향력이 없고 그 결과를 알지 못하므로 자주 패배한다. 우리가 '자유 시장'과 '정부' 중 무엇을 선호하느냐를 놓고 논쟁을 벌이는 동안 게임은 계속 진행되고 승리는 축적된다.

5장

새 독점

시장 경제를 구성하는 둘째 요소인 독점은 첫째 요소인 재산의 직접적인 결과다. 사업가가 창업하는 위험을 감수하려면 시장 지배력이 어느 정도 필요하다. 경쟁사에 경쟁 우위를 빠르고 쉽게 빼앗길 가능성이 있다면 어떤 기업도 투자하려 하지 않을 것이다. 따라서 시장 지배력이 어느 정도 있는 것이 바람직한지에 관한 문제는 지적재산권을 포함해 재산에 관한 규칙이 제시하는 문제와 비슷하다. 강력한 시장 지배력은 투자하고 혁신을 추구하는 데 강력한 동기를 부여하지만 소비자 가격을 높이는 부작용을 부른다. 게다가 정치적 힘으로 바뀔 수 있어서 힘을 소유한 사람에게 유리한 방향으로 시장을 더욱 왜곡시킬 가능성이 있다. 그렇다면 '최고'의 균형은 무엇일까? 일반적으로 이러한 결정은 행정 기관이 시행하고 검사와 법원이 해석하는 반독점법에 묻힌다.

다시 한 번 강조하지만 근본적인 쟁점은 '자유 시장'과 정부 중에서 무엇을 선택하느냐와 전혀 관계가 없다. 특정 기업이나 기업 무리가 행사하는 시장 지배력이 '과도한지' 판단해야 한다. 이때는 이러한 결정을 내리고 결정에 영향을 미치는 방식이 중요하다. 최근 들어 많은 기업이 폭넓게 경제를 지배할 수 있는 까닭은 지적재산권의 영역을 확장하거나, 규모의 경제가 결정적으로 중요한 곳에서 자연독점의 소유권을 확대하기 때문이다. 또는 같은 시장에서 타기업을 인수 또는 합병하거나, 업계 표준으로 부상한 플랫폼과 네트워크에 대한 통제권을 획득하거나, 자사의 지배력과 통제권을 확대할 심산으로 라이선스 계약을 사용하기 때문이다. 이런 경제적 힘은 앞에서 나열한 관행을 허용하도록 정부의 결정에 영향력을 행사한다.

이러한 모든 경제 현상은 소기업의 사업을 방해한다. 혁신적인 소기업을 지향하는 미국의 인습적인 경제관은 현실과 매우 다르다. 지적재산권, 네트워크 효과, 자연독점, 고비용 연구와 개발, 잠재적인 경쟁사에 대항해 소송을 벌이는 변호사 군단, 로비스트 집단 등은 시장에 새로 진입하는 기업에 가공할 장애물로 작용한다. 미국에서 창업 비율이 최근 들어 현저하게 둔화된 것도 주로 이 때문이다. 2014년 5월 브루킹스연구소Brookings Institution가 발표한 연구 결과에 따르면 1978년부터 2011년에 이르는 기간에 새 거대 기업들이 통제권을 획득하면서 창업 비율은 절반으로 줄어들었다.[1] 창업 비율의 감소 현상은 경기 순환을 초월한다.[2] 1990년대 말과 2000년대 초 경기가 팽창했을 때도, 2001년과 2008년부터 2009년까지의 기간에 불황이 닥쳤을 때도 창업 비율의 하향 경향에는 전혀 변화가 없었다. 아울러 어느 정당이 백악관을 차지하거나 의회를 통제하는지도 관계가 없다.

(〈표 1〉 참조)[3]

　새로 부상한 대기업이 지속적으로 시장을 장악할 수 있을지는 결코 확실하지 않다. 물론 대기업이 막대한 손실을 입기 전에 인수하기는 하겠지만 월등한 아이디어로 무장한 신규 기업이 진입해 대기업의 시장을 잠식할 가능성이 있다. 대기업이 거느린 변호사 군단이 신규 기업의 공격을 저지하고 입법부에 포진한 협력자들이 공격을 싹부터 잘라버리려 하겠지만, 반독점법을 적극적으로 시행하는 주체가 법정 다툼에서 승리하여 대기업의 시장 점유를 무산시킬 수도 있다. 이때 대기업에 위협을 가하는 주체는 해당 시장을 빼앗으려는 다른 대기업일 확률이 높다.

│ 표 1 │ 시간이 흐를수록 미국 경제의 기업 친화 경향은 감소한다

미국의 기업 진입과 기업 퇴출의 비율(1978년~2011년)

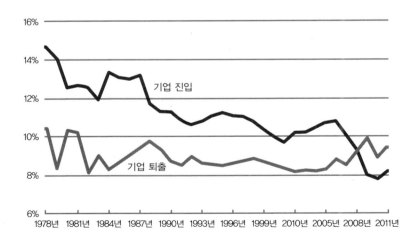

출처: 미국 센서스국, 사업 동력 통계(Business Dynamics Statistics, BDS), 저자의 계산.

새로 부상하는 대기업은 자사의 이익을 사용해 경제적·정치적 힘을 노련하게 굳혀왔으므로 입지가 현저하게 강력하다. 그들이 새 경제의 중추 세력이고 대가를 치르는 것은 일반 대중이다.

2014년까지 미국은 선진국 중에서 광대역 사용료가 가장 비싸지만 속도는 가장 느린 국가 중 하나로 꼽혔다는 사실을 생각해보라.[4] 미국에서 인터넷 평균 최대 접속 속도는 홍콩이나 한국보다 거의 40% 느리다. 심지어 수많은 저소득 가정은 경제적 여유가 없어 고속 인터넷을 갖추지 못한다.[5] 국민 대다수가 인터넷을 사용하려면 지역 케이블 독점 회사에 의존할 수밖에 없으므로 인터넷 사용료는 매우 비싸고 서비스는 열악하다.[6] 케이블 회사는 광섬유 케이블보다 속도가 느린 관을 지하에 매립했다. 광섬유 케이블의 사용 비율로 순위를 매기면, 미국은 스웨덴·에스토니아Estonia·한국·홍콩·일본 등 대부분의 선진국에 뒤지고, 인터넷 접속 속도는 세계 28위이며 인터넷 사용료는 23위이다.[7]

스웨덴의 스톡홀름 시민의 100%는 매달 약 28달러로 가정에서 고속 인터넷 서비스를 이용한다. 스톡홀름 시는 광케이블을 구축하고 민간 사업자에 임대했다. 그 결과 사업자 사이에 경쟁이 치열해지면서 사용 가격이 낮아지고 사양이 높아졌다. 해당 프로젝트를 실시한 결과, 빠른 속도로 비용을 회복하고 2014년에는 시에 수백만 달러의 수입을 창출했다.[8]

미국의 도시가 스톡홀름 시처럼 할 수 없는 이유는 무엇일까? 재력이 풍부하고 정치적 영향력이 막강한 케이블 사업체들 때문이다. 그들은 새로 부상한 독점 기업의 예로서 자사의 독점권을 유지하려고 시에 연간 수백만 달러에 이르는 비디오 프랜차이즈 수수료를 지불하고, 시가 다른 조치를 취하지 못하도록 변호사들과 로비스트들에게도 수백만 달러를 쏟아 붓는다. 여기에 그치지 않고 광케이블 설치를 금지하는 법률을 시행하도록 20개 주를 압박했다.[9] 2011년 세계 최대 케이블 기업인 리버티 글로벌Liberty Global의 회장 존 멀론John Malone은 미국의 인터넷 대용량 접속에 관해 언급하면서 "케이블이 현재 상당한 독점 대상이 되고 있다"라고 인정했다.[10] 2014년까지 미국인의 80% 이상은 인터넷으로 대용량 유선 데이터에 접속하려면 지역 케이블 회사에 의존할 수밖에 없었다.[11] 케이블 회사는 치열한 경쟁을 벌일 필요가 없으므로 광네트워크를 구축하는 데 투자하거나, 소비자에게 자사 서비스를 더욱 저렴하게 제공하려는 의욕이 없다.[12]

테네시 주 채터누가Chattanooga 시는 이러한 경향에 거슬러 광네트워크를 자체적으로 구축했다. 복 받은 채터누가 시민은 일반적인 고속 광대역 연결로는 다운로드 받는 데 30분이나 걸리는 2시간짜리 영화를 1분도 안 되는 시간에 다운로드 받을 수 있다. 하지만 대체로 케이블 회사들은 이러한 움직임에 저항한다. 2014년까지 미국 최대 케이블 회사 중 하나인 컴캐스트는 시 소유 시설을 상대로 제기하는 소송 건수를 배로 늘렸고, 공영 서비스의 가치에 흠집을 내려고 수백만 달러를 광고비로 투입한다.[13]

2014년 컴캐스트는 미국 최대 케이블 텔레비전과 고속 인터넷 서비스 공급업체였고, 2위는 타임 워너였다. 컴캐스트는 타임 워너의 인수 금액으로 450억 달러를 제시했다. 두 기업이 합병하면 컴캐스트는 미국 광대역 서비스 시장의 35%를 차지하고, 미국 최대 상위 20개 도시 중 16개 도시의 시장을 획득할 것이었다. 인수를 제안한 직후 컴캐스트 소속 임원들과 로비스트들은 워싱턴 D.C.로 몰려가 합병 기업이 고속 인터넷 서비스에 투자하는 자금을 늘릴 수 있도록 관리 기관과 규제 기관을 설득했다. 대응정치센터Center for Responsive Politics에 따르면 2013년 컴캐스트는 로비 활동에만 거의 1,900만 달러를 써서 거대 방위산업체인 보잉이나 록히드 마틴Lockheed Martin을 능가했다. 여기서 유일하게 확실한 사실은 소비자가 선택할 수 있는 사항은 줄어드는 반면에 지불해야 하는 비용은 늘어난다는 것이다.

다시 한 번 강조하지만 여기서 쟁점은 '자유 시장'이냐 정부냐가 아니다. 다른 기업은 케이블을 신설하는 데 경제적 유인책을 받지 못하므로 케이블을 먼저 구축하는 기업이 무조건 독점권을 획득한다. 실제 문제는 독점을 조직하는 방식이다. 앞에서 설명했듯 스톡홀름 시는 민간 부문에서 경쟁을 부추겼다. 하지만 미국에서는 컴캐스트와 기타 케이블 회사들이 경쟁을 거의 또는 전혀 벌이지 않으면서 영향력을 강력하게 확대하고 있다. 케이블 광대역은 전화회사의 전화선을 업그레이드한 DSL, 차세대 무선 인터넷, 구글이 일부 도시에 공급하고 있는 초고속 광네트워크 같은 경쟁 상대에 맞부딪칠 수 있다. 하지만 어떤 대안도 당분간 널리 보급될 가능성이 없고 대부분의 도시는 구글 광네트워크를 설치할 돈도 기술도 부족하다. 간단히 말하자면 케이블 회사들은 케이블을 도시 안에서만 작동하는 게임으로 유지하고 싶어 한다.

컴캐스트를 비롯한 케이블 회사들은 매년 수백만 달러를 써서 선거 후원금을 기부하고 로비 활동을 벌인다.[14](2014년 컴캐스트는 로비 활동 자금액을 보고한 기업과 기관 중 13위였고, 선거 후원금의 지출액으로는 28위였다.) 또한 사업과 관련한 결정을 내리는 정부 관리들에게 고소득 일자리를 제공한다. 예를 들어 2002년 미국 연방통신위원회Federal

Communications Commission 회장이었던 마이클 파웰Michael Powell은 퇴직하고 나서 케이블 산업의 로비 회사에 수장으로 취임했다.[15] (미국 케이블 통신협회National Cable and Telecommunications Association는 2014년 로비 활동 소비액으로 12위를 기록했다.[16])

또한 컴캐스트는 공무원의 최대 '회전문revolving door(전관예우에 가장 가까운 표현으로 고위 공직자가 정부청사를 떠나자마자 곧바로 같은 문을 드나드는 현상—옮긴이)' 중 하나다. 2014년 자체 로비스트 126명 중 104명은 컴캐스트에 입사하기 전에 정부에서 근무한 전력이 있다.[17] 예를 들어 미국 연방통신위원회 위원이었던 메레디스 애트웰 베이커Meredith Attwell Baker는 2011년 컴캐스트가 NBC 유니버설을 인수하는 입찰에 응할 수 있도록 승인하는 안에 찬성표를 던진 지 4개월 만에 컴캐스트로 직장을 옮겼다.(베이커는 뒤이어 해당 업계의 로비 조직으로 이직했다.[18]) 컴캐스트의 사내 로비스트 집단에는 전 미국 연방통신위원회 위원은 물론이고 상원의원과 하원의원의 비서실장 몇 명이 들어 있다.[19]

그렇다고 해서 로비스트들이 불법 행위를 저지른다는 뜻이 아니다. CEO들은 로비스트들이 주주의 이익을 최대로 늘려 주리라 믿고 있으며, 그러한 목적을 달성하는 수단은 가능한 한 정치적 발판을 마련하고, 규모가 크고 능력이 탁월한 법률 팀과 로비 팀을 꾸리는 것이다. 해당 업계는 맹렬하게 로비 활동을 벌여 기업에 최대 이익을 안기는 것이 로비스트의 역할이라 생각한다. 따라서 자사에 우호적인 인물이 의회에 진출할 수 있도록 선거 자금을 최대로 지원하고, 전직 정부 관리들에게 일자리를 제의한다. 공무원은 공익 추구가 자신들의 의무라고 인식하고 있기는 하지만, 눈앞에 보이는 조직적인 이해 집단의 이익을 대중의 이익으로 간주할 때가 많다. 크고 돈이 많은 조직일수록 유능한 변호사와 전문가를 거느리고 영향력을 행사하면서 대중에게 무엇이 유리한지 주장한다. 이러한 조직에서 일했거나 앞으로 일할 가능성을 타진하고 싶은 관리라면 이 같은 주장에 특히나 귀가 솔깃하기 쉽다.

'자유 시장' 체제에서는 새로 부상한 독점 기업의 경제적·정치적 힘이 서로 공생하며 확대된다.

미국 거대 생물공학 기업인 몬산토Monsanto는 미국 농부가 심은 콩의 90% 이상과 옥수수의 80% 이상에 대해 주요 유전 형질을 소유하고 있다.[20] 몬산토의 독점은 정교하게 전략을 수립한 결과로서 씨앗에서 자라는 콩과 옥수수가 아니라 유전자 변형 씨앗과 제초제에 대해 특허권을 취득했다. 제초제와 제초제 저항성 씨앗은 원래 농부의 시간과 돈을 절약해주는 제품이었지만 해당 제품을 구매하는 농부에게는 혹처럼 조건이 붙는다. 제초제 저항성 씨앗에서 자라는 콩과 옥수수는 자체적으로 씨앗을 생산하지 못하므로 농부는 파종할 때마다 씨앗을 새로 구매해야 한다. 게다가 파종하고 나서 씨앗이 남더라도 보관했다가 다음에 사용하지 않겠다고 약속해야 한다. 다시 말해 일단 거래를 시작하면 영원히 몬산토산 씨앗을 구매해야 한다는 뜻이다. 몬산토는 시장 지배력을 확고하게 다질 목적으로 판매상이 경쟁회사의 씨앗을 판매하지 못하게 금지하고, 씨앗을 취급하는 소형 업체들을 대부분 인수한다.[21]

시장 사정이 이렇다 보니 미국에서 상업용 농작물을 재배하는 농부는 대부분 15년도 채 지나지 않아 몬산토 제품에 의존하기 마련이다.[22] 결과적으로 첫째, 씨앗 가격의 인상률이 생활비 인상률을 훨씬 초과하고 있다. 2001년 이후 몬산토는 옥수수와 콩의 씨앗 가격을 2배 이상 인상했다.[23] 1 에이커의 땅에 심는 콩 씨앗의 가격은 1994년부터 2001년까지의 기간에 325%, 옥수수 씨앗의 가격은 259% 올랐다.[24] 둘째, 농부가 심는 씨앗의 유전적 다양성이 급격하게 감소하고 있다. 이렇게 되면 병이 돌거나 기후가 변할 때 영구적은 아니더라도 여러 해 동안 수확물 전체가 손상을 입을 확률이 커진다.[25] 셋째, 변형된 유전 형질이 인간의 먹이사슬에 광범위하게 영향을 미친다.[26]

몬산토는 점점 증가하는 경제적 힘에 비례하여 정치적 힘을 확보하면서 자사에 유리하게 시장 규칙을 바꾸고 결과적으로 경제적 힘을 더욱 키운다. 1970년에 제정된 식물품종보호법Plant Variety Protection Act을 시작으로 일련의 법정 소송을 거치면서 유전자 변형 씨앗에 대한 지적재산권을 한층 견고하게 보호받고 있다.[27] 몬산토는 의회와 일부 주가 유전자 변형을 표시하라고 요구하고 생물의 다양성을 보호하려고 한 수많은 시도를 성공적으로 물리쳤다.[28] 게다가 유전자 변형 씨앗의 수입을 금지하려는 타국의 움직임을 차단할 목적으로 워싱턴 정계에 정치적 영향력을 행사한다.

몬산토는 변호사 집단을 고용해 시장 지배력을 확보하려 노력한다. 소속 변호사들은 다른 기업을 상대로 특허 침해 소송을 제기하고, 다음에 심으려고 씨앗을 남겨둔 농부들을 고소한다.[29] 또한 과학자들이 독자적으로 씨앗을 연구하지 못하게 하고, 이러한 연구가 자사의 특허권을 침해한다고 주장한다.[30] 몬산토가 엄청나게 강력한 시장 지배력을 행사하므로 반독점법 시행의 표적이 되리라 생각할 수도 있다. 하지만 2012년 몬산토는 종자 산업의 지배 상태에 관해 2년에 걸쳐

실시된 법무부 독점 금지부서의 조사를 성공적으로 마무리 지었다.[31]

다른 거대 농업 기업과 비교해 몬산토가 두드러지는 점은 로비에 투자를 많이 하는 것으로, 2013년에만 거의 700만 달러를 썼다.[32] 몬산토의 과거와 미래의 직원들은 식품의약국과 농무부에서 자주 고위 직책에 오르고, 농업 정책을 수립하는 의회 위원회를 구성하며, 의회 지도자와 백악관에 자문을 제공한다.[33] 몬산토 소속 로비스트로는 전직 하원의원 빅 파지오Vic Fazio와 전직 상원의원 블랜치 링컨Blanche Lincoln이 있다. 대법관 클래런스 토마스Clarence Thomas도 몬산토에서 변호사로 일한 적이 있다. 새 독점 기업과 마찬가지로 몬산토는 경제적 힘을 전략적으로 사용해 정치적 힘을 획득하고 이를 통해 시장 지배력을 확보한다.

새로운 독점 기업들이 구사하는 전략은 경제적·정치적 지배력을 통합하려는 것이다. 그들은 주요 특허권을 획득하고 나서 거액을 쏟아 부어 특허권을 보호하고 다른 기업을 특허권 침해로 고소한다. 게다가 의무적인 라이선스 계약을 사용해 잠재적 경쟁사가 자사 제품군 전체를 사용하도록 요구하고 고객이 경쟁사 제품을 사용하지 못하게 차단해서 실질적으로 업계 표준을 설정한다. 그리고 우세한 판결, 유리한 법, 반독점 소송을 취하하거나 경쟁사에 불리한 행정 처분 등을 사용하여 경제의 전체 부문으로 표준을 확대한다.

몬산토가 생산하는 유전자 변형 씨앗이 한 가지 예이고, 첨단 기술 분야에도 이러한 예는 넘쳐난다. 구글·애플·페이스북·트위터·아마존·알리바바 등 첨단 기술 기업은 세계적인 표준이자 네트워크 플랫폼으로 자리 잡아 가는 시스템에 대해 특허권을 획득하려고 분주하게 움직인다. 표준이나 플랫폼은 사용자가 많을수록 더욱 유용해지므로 나머지 사람들도 채택하지 않을 수 없다.

예를 들어 애플이 생산해 나날이 인기를 끌고 있는 아이폰이나 기타 하드웨어를 갖고 싶다면 그 소프트웨어를 사용해야 한다. 다른 개발자들이 애플 장비에 사용할 애플리케이션을 가동할 수 있더라도 대개는 애플에서 판매하는 소프트웨어가 더욱 원활하게 돌아간다. 애플 하드웨어에서는 구글의 크롬 브라우저보다는 애플의 무료 브라우저인 사파리Safari가 빨리 작동한다. 사파리는 애플 하드웨어에서 자동적으로 선택되어 작동하는 유일한 브라우저다. 애플이 자체 소프트웨어를 가동시키는 가속 니트로 자바스크립트Nitro JavaScript 엔진에 다른 소프트웨어 개발자가 접근할 수 없게 막기 때문이다. 애플은 소비자가 제품을 원활하게 사용할 수 있게 하려고 자체 소프트웨어를 하드웨어에 완벽하게 통합시켰다고 주장한다.[34] 하지만 이보다는 애플이 온전히 통제권을 발휘해 아이폰과 기타 하드웨어만큼이나 소프트웨어도 소비자에게 표준이 되기를 원하기 때문으로 이해해야 한다.

1990년대 들어 연방 정부는 마이크로소프트를 제소하면서, 실질적인 업계 표준을 만들 목적으로 인기 있는 윈도우 운영체제를 자사 인터넷 익스플로러 브라우저와 불법으로 묶었다는 근거를 제시했다.(마이크로소프트는 자사의 응용 프로그램 인터페이스를 다른 기업과 공유하겠다고 동의하는 조건으로 소송을 마무리 지었다.[35]) 그렇다면 정부는 지금도 그때처럼 애플을 반독점법 위반으로 고소할까? 그럴 것 같지 않다. 애플은 기술상으로는 다른 기업의 소프트웨어가 애플의 하드웨어에서 작동할 수 있도록 허용한다. 하지만 만약을 대비해 막강한 변호사 군단을 거느리고 기술 관련 소송에서 수단과 방법을 가리지 않고 승소할 만반의 준비를 갖추고 있다. 구글·페이스북·마이크로소프트·아마존과 더불어 애플도 워싱턴에 로비스트 군단을 포진시킨 것은 결코 우연이 아니다.(정치 자금 감시단체인 대응정치센터의 발표에 따르면 2013년 로비 활동으로 애플은 337만 달러,[36] 아마존은 345만 6,000달러, 페이스북은 643만 달러, 마이크로소프트는 1,049만 달러, 구글은 1,580만 달러를 썼다. 2014년까지 구글은 미국 기업 가운데 로비 활동을 가장 적극적으로 펼쳤다.)

2012년 연방통상위원회Federal Trade Commission 산하 경쟁국의 실무진은 구글이 검색 시장을 지배하는 현상을 분석한 160쪽짜리 보고서를 위원회 위원들에게 제출하면서 '고객과 혁신에 실제적으로 피해를 초래하는 행위'에 대해 구글을 상대로 소송을 제기하라고 조언했다.[37] 위원회 위원들이 실무진의 조언을 받아들이지 않는 것은 이례적이지만 이 사례에서는 구글을 고소하지 않기로 결정했다. 위원들은 이유를 설명하지 않았지만 구글의 정치적 영향력이 점점 증가하고 있기 때문일 것이다.[38] 이와는 대조적으로 유럽의 반독점 담당 규제관들은 2015년 구글을 상대로 소송을 제기했다.

애플의 모바일 하드웨어와 관련 소프트웨어든, 구글의 검색 엔진과 콘텐츠든, 아마존의 쇼핑 플랫폼이든, 알리바바의 쇼핑 거래든, 각 기업이 거두는 막대한 수입은 표준 플랫폼을 소유하는 것에서 발생한다. 표준 플랫폼을 사용하면 신기술 도입자가 직접 개발한 애플리케이션·서적·비디오·콘텐츠 등을 더욱 쉽게 소개할 수 있다. 하지만 진정한 힘과 이익을 거머쥐는 대상은 플랫폼을 사용하는 신기술 도입자가 아니라 플랫폼 소유주다. 게다가 소유주의 힘과 이익이 증가할수록 플랫폼에 의존하는 신기술 도입자가 유리한 조건으로 가격을 협상해 자기 몫을 확보할 수 있는 힘이 감소한다. 이렇듯 새롭게 부상한 독점 기업들은 제품의 판매량이 늘어나도 들이는 비용이 거의 없으므로 잠재적 경쟁 기업들이 시장에 진입하지 못하게 차단하거나 인수하면서 이익을 거머쥐고 법적·정치적 영향력은 물론 시장 통제권을 거의 완벽하게 장악한다.

몇 안 되는 거대 기업들은 이러한 네트워크 효과(어느 특정 상품에 대한 수요가 다른 사람들에게 영향을 주는 효과—옮긴이)로 보상을 받는다. 자사의 네트워크가 커질수록 데이터 수집량이 늘어나고 사업을 추진하는 효율성이 증가하는 동시에 이를 통해 획득하는 영향력도 증가한다. 소비자들이 결과에 만족할 수도 있지만 어떤 혁신이 억제당하고 방해를 받는지, 그렇지 않은 경우보다 비용을 얼마나 더 치르는지, 어떤 게임 규칙이 표준 플랫폼 소유주에게 유리한 방향으로 바뀌어가고 있는지 파악할 길이 없다.

예를 들어 2014년 기준으로 전국 신문, 네트워크 텔레비전, 보도자료 수집 단체 등 미국 국내 유수한 언론 조직의 이용률은 50% 미만으로 추락한 반면에 대부분의 미국인은 뉴스를 보려고 제일 먼저 구글과 페이스북을 찾았다.[39] 버즈피드BuzzFeed 등 새로 출범한 언론사일수록 시청자나 독자를 끌어 모으려고 구글이나 페이스북의 플랫폼에 의존한다.[40] 이로써 구글과 페이스북은 대단히 중요한 네트워크에 대해 유례없이 강력한 경제적·정치적 힘을 거머쥐었다. 그러는 사이 놀랍게도 아마존은 제품을 구매하려는 모든 미국인 소비자의 거의 3분의 1이 처음 들르는 사이트로 부상했다.[41] 지난 10년 동안 웹사이트의 수가 폭발적으로 증가하고 있지만 페이지뷰page view(인터넷을 통해 특정 인터넷 사이트에 들어온 접속자가 둘러 본 페이지 수—옮긴이)는 이전보다 훨씬 집중되는 경향을 보인다. 2001년 미국 전체 페이지뷰에서 상위 10위 웹사이트가 31%를 차지한 반면에 2010년 들어서는 75%를 차지했다[42]. 그러니 영향력이 커질 것은 불을 보듯 분명하지 않은가?

2014년에 이미 미국 전체 서적 판매량의 절반을 소화한 아마존은 미국 국내 4위 출판사인 아셰트Hachette(알려진 정보에 따르면 총수입의 30%가 아닌 50%를 전자책 판매에서 창출한다)에서 좀 더 유리한 조건을 받아내려고 해당 출판사가 출간한 서적의 유통을 지연시키거나 중단시켰다.[43] 아마존은 자사의 이러한 행위가 정당하다고 주장하면서, 아셰트가 전체 전자책 판매량의 60%를 아마존을 통해 판매하며, 종이책보다 전자책의 판매로 더욱 많은 수입을 올리고 있으므로 아마존이 보상을 받을 만하다고 설명했다.[44] 서적 출판 산업에 막강한 영향력을 행사하는 아마존은 2007년 출시한 킨들 단말기의 시장 점유율을 높일 목적으로 자사가 판매하는 모든 책에 손실을 전가했다. 출판 시장을 충분할 정도로 차지하자 아셰트와 거래할 때처럼 자사가 원하는 조건을 출판사에 밀어붙일 수 있었기 때문이다. 결국 아마존은 아셰트가 전자책의 가격을 자체적으로 정할 수 있다고 동의했지만 출판사가 협조하지 않는 경우에는 아마존의 영향력을 가차 없이 행사하겠다는 의지를 출판 업계에 과시했다.[45]

보더스Borders를 포함한 대형 소매 서점이 이미 사라진 시장에서 반스 앤드 노블Barnes & Noble은 위태로울 지경으로 약해졌고, 그보다 작은 서점 수천 군데는 문을 닫았다.[46] 게다가 아마존은 자체적으로 책도 출간한다. 아마존이 출판사를 문 닫게 만드는 데는 얼마나 걸릴까? 종이책을 사서 보는 대신에 클라우드에 있는 거대한 디지털 도서관에서 다운로드 받으려면 몇 년이나 걸릴까? 다시 말해 아마존이 막강한 영향력을 소유하고 이를 마구 휘두를 때까지는 몇 년이 걸릴까?

　두 말할 필요 없이 아마존은 소비자에게 돈을 절약해주고 온라인 쇼핑의 편리성을 누리게 해준다. 아마존의 플랫폼을 사용하면 더욱 많은 저자가 독자에게 책을 직접 판매할 수 있다. 하지만 아마존은 서적 판매상과 아마도 출판사에 사망선고를 내리는 데 기여하므로 저자를 포함해 출판계 관계자 모두에게 경제적 영향력을 미친다. 아마존이 요구하는 가격에 저자가 동의하지 않는 경우에는 자신의 작품을 잠재 고객에게 판매할 다른 경로가 거의 사라질 수 있다. 이렇게 아마존은 구글과 페이스북이 뉴스 시장의 목을 조르는 것처럼 아이디어 시장을 제한할 것이고, 이것은 몬산토가 생산하는 씨앗이 식품 공급의 생물적 다양성을 감소시킨 것과 같다.

　더욱이 아마존의 경제적 힘이 증가할수록 정치적 영향력도 증가한다. 따라서 아마존은 정부가 시장 형성 방식에 대해 결정을 내릴 때 탁월한 능력을 발휘해 자사에 유리하게 영향력을 행사한다. 2012년 아마존은 법무부에 은밀하게 압력을 넣어, 불법으로 전자책 가격 인상에 공모했다는 혐의를 들어 애플과 5개 주요 출판사를 상대로 소송을 제기하게 만들었다. 하지만 2014년 법무부는 아마존이 출판사로부터 더욱 유리한 조건을 얻어내려고 술책을 쓸 때는 함구했다.(아마도 순수하게 우연의 일치겠지만 2014년 9월 〈뉴욕타임스〉의 비츠Beats 블로그가 지적했듯 아마존은 아셰트가 발행한 책 두 권을 매우 다른 방식으로 다뤘다. 캔자스의 석유재벌인 코크 형제의 이야기를 다룬 다니엘 슐만Daniel Schulman의 《위치타의 아들들Sons of Wichita》은 배송에 2주~3주가 걸린 데 반해 공화당 하원 예산위원회 위원장인 폴 라이언Paul Ryan이 쓴 《성공으로 향하는 길The Way Forward》은 단 이틀 만에 독자에게 배송되었다.[47]) 다른 국가는 서점과 출판사를 보호하는 법을 제정해두었다. 예를 들어 프랑스에서 서적 판매상은 신간을 정가에서 5% 이상 할인해 판매할 수 없으므로 결과적으로 전국 어디에서 사든 온라인에서 사든 책값은 거의 같다.[48] 프랑스 정부는 책을 전기·빵·물과 함께 '필수품'으로 분류한다.[49]

하지만 미국은 아마존이 형성한 매우 다른 종류의 시장을 향해 돌진하고 있다. 아마존의 연간 로비 지출액은 2008년 130만 달러에서 2012년 250만 달러로 증가했고 2014년 400만 달러로 계속 늘어났다.[50] 2013년에는 자사의 존재감을 정부에 더욱 부각시키면서 급기야 CEO인 제프 베조스Jeff Bezos가 유서 깊은 워싱턴 포스트를 인수하기에 이르렀다.[51]

과거 독점 기업은 생산을 통제했지만 신흥 독점 기업은 네트워크를 통제한다. 과거 독점 기업은 반독점법에 발목이 잡혀 무릎을 꿇을 때가 많았지만, 신흥 독점 기업은 반독점법을 무력화시킬 만큼 막강한 영향력을 소유했다.

미국 전체 은행 자산에서 최대 5개 월스트리트 은행이 차지하는 비율은 2000년 약 25%에서 2014년 들어 약 45%까지 증가했다.[52] 이 은행들은 기업 공개를 실질적으로 차단하고, 상품의 가격 책정에 주요한 역할을 담당하고, 미국과 외국에서 발생하는 주요 기업 합병과 인수에 개입하고, 대부분의 파생 상품 거래와 기타 복잡한 금융 상품의 판매를 추진했다. 거대 월스트리트 은행들은 금융 보수와 상여금을 최대 규모로 지급하고, 매우 유능한 인재를 영입하고, 거액의 투자를 지휘하면서 미국 경제 전체를 통틀어 가장 급속하게 성장하는 금융 부문을 효과적으로 통제했다. 그래서 1980부터 2014년까지의 금

융 부문 성장률은 전반적인 경제 성장률을 6배나 앞섰다.[53]

다시 한 번 강조하지만 경제적 힘과 정치적 힘은 공생한다. 금융 부문에 대해 지배권을 획득한 거대 은행은 정치적으로 훨씬 강력해진다. 그들은 공화당과 민주당을 가리지 않고 선거 후보자에게 선거 후원금을 대는 주요 기부자다. 초당적 성격의 대응정치센터가 발표한 내용에 따르면, 2008년 대통령 선거에서 당시 후보자였던 버락 오바마와 민주당 전국위원회Democratic National Committee에 선거 후원금을 제공한 산업 집단 전체에서 금융 부문은 4위를 차지했다.[54] 월스트리트에서 받은 후원금은 적수인 공화당 대통령 후보 존 매케인이 930만 달러였던 데 비해 오바마는 이보다 훨씬 많은 약 1,660만 달러였다.[55] 골드만 삭스Goldman Sachs 직원들은 단일 기업체 직원으로는 최대로 오바마에게 선거 후원금을 기부했다.[56] 이와는 대조적으로 2012년 대통령 선거에서는 주로 미트 롬니Mitt Romney에게 기부했다.[57]

또한 월스트리트는 공화당과 민주당 행정부의 경제 요직에 인물을 추천하고, 경제 부문 공무원들이 워싱턴을 떠날 때는 고소득 일자리를 제의한다. 빌 클린턴과 조지 워커 부시 행정부에서 재무부 장관으로 일했던 로버트 루빈Robert Rubin과 헨리 폴슨Henry Paulson, Jr.은 골드만 삭스에서 사장으로 재직하다가 워싱턴으로 진출했으며, 루빈은 공직을 마치고 다시 월스트리트로 돌아갔다.[58] 루빈이 뉴욕 연방준비은행 총재로 지목한 티모시 가이트너Timothy Geithner는 버락 오바마 밑에서 재무장관을 지내는 동안 월스트리트에 실시한 구제금융을 지휘했고 오바마 행정부를 떠나서는 역시 월스트리트로 돌아갔다.[59] 전직 공화당 원내총무였던 에릭 캔터Eric Cantor는 여러 해 동안 의회에서 월스트리트를 강력하게 지지했다. 하원 금융서비스위원회의 위원으로 월스트리트를 감독하면서 월스트리트에 구제금융을 실시하고, 세금을 감면해주고 지원금을 지급하며, 도드-프랭크 금융개혁법을 희석하려 분투했다.[60] 또한 하원의원을 사임한 지 2주 만인 2014년 9월 월스트리트의 투자은행 모엘리스 앤드 컴퍼니Moelis & Company에 부사장이자 상무이사로 취임하면서 기본 초봉 40만 달러, 초기 현금 배당금 40만 달러, 주식 100만 달러를 받았다.[61] 캔터는 해당 기업에서 워싱턴 담당 부서를 이끌면서 짐작하건대 의회에 접근하여 자사에 유리한 조건을 계속 이끌어내는 일을 할 것이다.[62] 그는 이렇게 설명했다. "나는 이곳 CEO인 켄Ken을 한동안 알고 지냈고…… 그가 이끄는 기업이 성장하고 성공하는 과정을 지켜보았다."[63] 그는 정확히 그랬다. 두 사람은 여러 해 동안 함께 사업을 추진했다. 워싱턴에서 월스트리트로 뻗어 있는 닳고 닳은 길은 명쾌한 적이 거의 없었고, 공생 관계를 형성하는 기존 문화는 대부분 불투명하다.

1929년 주식 시장이 대폭락하자 거대 은행들이 지나치게 위험한 베팅을 하지 못하게 할 취지에서 많은 법과 규칙이 등장했다. 하지만 2008년 금융계가 거의 붕괴되는 사건이 발생하기 전까지 수십 년 동안 거대 은행들은 의회와 대통령위원회를 설득해 해당 법과 규칙을 폐지시키면서 덩치를 더욱 늘리고 훨씬 많은 수익을 거둬들였다. 게다가 위험한 베팅을 멈추지 않아 2008년 금융 위기를 촉발시키고 납세자가 낸 세금으로 구제금융을 받고 나서도, 위기가 확산되는 것을 막으려고 제정된 새 규칙을 막강한 영향력을 휘둘러 희석시키면서 덩치와 영향력을 훨씬 크게 키웠다.

월스트리트를 움직이는 거대 조직들은 그동안 내내 서로 결탁하여 자신에게 돌아오는 이익을 확대해왔다. 예를 들어 2014년 3대 사모

투자 기업인 콜버그 크래비스 로버츠Kohlberg Kravis Roberts, KKR, 블랙스톤 그룹Blackstone Group, 텍사스 퍼시픽 그룹Texas Pacific Group, TPG이 기업을 인수하려고 표적 기업의 가격을 내리는 데 결탁했다는 혐의를 받고 기소 당하자 이 문제를 해결하는 조건으로 정부에 3억 2,500만 달러를 지불했다.[64] 증거에 따르면 블랙스톤 그룹의 사장 해밀턴 제임스는 어떤 기업에 눈독을 들이고 KKR의 조지 로버츠에게 이렇게 제안했다.[65] "우리 회사는 당신 회사에 등을 지지 않고 함께 일하고 싶습니다. 우리가 힘을 합하면 누구도 막을 수 없지만, 서로 등을 지면 많은 손해를 볼 수 있습니다." 이 발언에 로버츠는 "동감한다"고 대답했다.

월스트리트 거대 은행이 더욱 커다란 규모로 결탁한 사례로는 현재까지도 조사를 받고 있는 이른바 리보Libor 조작 사건을 들 수 있다. 리보(런던 은행 간 금리London interbank offered rate의 약자)는 주요 은행이 돈을 빌려줄 때 적용하는 금리로 국제 금융 거래에서 수조 달러에 달하는 대출금에 대한 기준 금리로 작용한다.[66] 증거에 따르면 은행들은 실질적으로 시장을 예측할 수 있는 내부 정보를 습득하고 나서 리보를 조작해 국제 금융 도박에 베팅했다.[67] 리보 조작 사건은 원래 영국에 본사가 있는 바클레이스Barclays 은행에서 시작됐지만 바클레이스 단독으로는 할 수 없는 일이다.[68] 실제로 바클레이스는 모든 주요 은행이 같은 방식과 이유로 리보를 고정시킨다고 항변했다.

월스트리트에서 부상한 신흥 독점 기업들은 자사에 이익을 돌리려고 금융 시장을 조작한다. 다시 한 번 강조하지만 그에 따른 대가는 나머지 국민이 치르고 있다.

미국 경제에서 규모 면으로 거의 상위 5위를 차지하는 의료 부문도 상황은 비슷하다.[69] 부담 적정 보험법이 발효되기도 전에 건강보험사는 물론 병원과 병원 시스템은 합병을 통해 덩치를 더욱 키우기 시작했다. 건강보험사는 오랜 세월에 걸쳐 강력한 정치적 인맥을 형성해왔다. 1945년에는 의회를 설득해 반독점법 예외조항을 얻어내서, 주 보험 담당관이 통제할 수 없으리라는 가정에 따라 자신들이 가격을 고정하고 시장을 배분하고 보험 조건을 담합했다.[70] 하지만 1980년대에 이르자 주의 규제를 벗어날 정도로 덩치가 커지면서 소수의 거대 전미 기업으로 합병해 많은 주를 아우르며 운영되고 있다. 그러면서 정부에 대해서는 훨씬 강력한 영향력을 장악했다.

게다가 합병한 보험사는 의료비 상환금을 결정하는 문제를 둘러싸고 병원을 상대로 더욱 큰 협상력을 구사할 수 있었다. 이에 대응해 병원들도 보험사에서 상환금을 더욱 많이 받아낼 수 있도록 거대한 병원 체제로 합병하기 시작했다. 결과적으로 소비자의 선택사항은 점차 줄어들고 의료비는 계속 증가했다. 1992년에는 평균 크기의 도시에 병원이 4군데 있었지만 2014년에는 2군데로 줄었다.

병원과 보험사는 합병을 통해 한 덩어리로 뭉쳐 훨씬 강력한 영향력을 확보했다. 의회가 부담 적정 보험법을 발효하기로 고려하는 시점에서, 워싱턴 정계에 미치는 입김이 워낙 셌던 두 집단은 해당 법률로 거대 보험사와 거대 병원 체제에 돌아가는 이익이 확실하게 증가하도록 힘을 썼다. 그들은 상정된 법안을 지지하면서 다음과 같은 조건을 붙였다. 국민 전체가 보험에 가입하되 공공 선택권을 행사해 메디케어 같은 공공 보험에 가입하지 말고 민영 보험을 선택해야 한다는 것이었다. 이 조건을 통해 그들이 거두는 수익은 수천억 달러에 달한다. 직접적으로든 간접적으로든 그 대가는 나머지 국민이 지불한다.

반독점법이 과거 독점 기업과 달리 신흥 독점 기업을 효과적으로 억제하지 못하는 까닭은 무엇일까? 부분적으로는 거대 경제력을 소유한 집단에 정치적 영향력이 지나치게 많이 돌아가지 않게 하려는 반독점법 본연의 목적을 망각했기 때문이다.

시장에는 경제 체제를 망가뜨리지 않으면서 경제적 힘을 집중시킬 수 있는 정도를 결정할 규칙이 필요하다. 하지만 '정확하고' 분명한 답은 없다. 여기에 결정적인 영향을 미치는 요인을 열거하자면, 가격을 인상하려는 신흥 독점 기업의 힘에 대항하는 대형 기업의 효율성을 가늠하고, 타기업의 혁신을 억누르려는 신흥 독점 기업에 대항해 공동 플랫폼과 표준으로 혁신을 달성해 균형을 유지하고, 다양한 집단에 경제적 힘을 적절하게 분배하는 것이다.

더욱 기본적인 요소도 작용한다. 선출직 관리와 그들이 임명하거나 승인한 검사·법무장관·판사에 경제적 힘이 집중되고 그들이 시장의 규칙에 대해 내리는 결정에 신흥 독점 기업이 영향력을 행사하는 것이다.

이 책에서는 더 이상 거론하지 않겠지만 경제적 힘이 집중되어 생겨난 정치적 영향력은 의회가 미국 최초로 반독점법을 제정했던 19세기 말에 초미의 관심사였다. 앞에서 설명했듯 당시에 해당 분야는 '정치경제'로 불렸고 과도한 권력은 정치와 경제를 모두 훼손시킬 수 있었다. 이 시기는 앤드루 카네기Andrew Carnegie, 존 록펠러John D. Rockefeller, 코넬리어스 밴더빌트Cornelius Vanderbilt를 포함한 '강도 귀족robber baron'이 주름잡던 시대로 그들이 운영하는 제강공장, 석유 굴착장치와 정제공장, 철도 등이 미국 공업력의 토대를 쌓았다. 강도 귀족들은 자신의 지배적 위치를 위협하는 경쟁상대를 업계에서 몰아내고 민주주의를 유린했다. 공직에 앉힐 후보자 명단을 나름대로 작성하고 뻔뻔스럽게 공직자들을 매수했으며 심지어 심복을 시켜 돈 자루를 고분고분한 의원들의 책상에 올려다놓기까지 했다. 밴더빌트는 "내가 법을 신경 쓸 필요가 있겠는가? 내게 권력이 있는데 무슨 걱정인가?"라고 호령하며 악명을 떨쳤다.[71] 1868년부터 1896년까지 내각 각료를 역임했던 73명 중 48명은 철도 기업에서 일했거나, 로비 활동을 벌였거나, 철도 기업 이사회에 속했거나, 그것도 아니면 친척이 철도 기업과 연루되어 있었다.[72]

대중은 당시에 '트러스트'라고 불렸던 합병을 통해 강도 귀족들이 막대한 경제적·정치적 힘을 획득하는 현상을 깊이 우려했다. 위스콘신 주 대법원의 수석 재판관 에드워드 라이언Edward G. Ryan은 1873년 위스콘신 주립대학교 졸업생들에게 이렇게 경고했다. "이 나라의 기업은 경제를 정복할 뿐 아니라 정치적 힘을 장악할 목적으로 전례 없이 막대한 자본을 소유한 방대한 기업 합병을 추진하며 거침없이 전진하고 있습니다.[73] 기성세대에서는 전적으로 불거지지 않더라도 여러분 세대에는 다음과 같은 의문이 제기될 것입니다. '무엇이 사회를 지배할 것인가, 부인가 사람인가? 무엇이 사회를 이끌 것인가, 돈인가 이성인가? 누가 공직을 채울 것인가, 교육받고 애국적인 자유인인가 아니면 기업 자본에 의존하는 중세시대 농노 같은 존재인가?'"

고삐 풀린 경제적·정치적 힘이 내포한 두 가지 위험성은 대중의 의식과 분명히 관계가 있었다. 월스트리트는 둘을 유착시키는 접착제였다. 민중주의 혁신가인 메리 리스Mary Lease는 1890년에 농민동맹Farmers' Alliance을 편들며 이렇게 주장했다. "월스트리트가 국가를 소유하고 있다. 현 정부는 더 이상 국민의, 국민에 의한, 국민을 위한 정부가 아니라 월스트리트의, 월스트리트에 의한, 월스트리트를 위한 정부다."[74] 반독점법은 신흥 합병 기업의 경제적·정치적 힘의 사악한 연결고리를 부수는 수단으로 여겨졌다. 헨리 데마레스트 로이드Henry Demarest Lloyd는 유명한 저서 《부와 민주 체제의 대립Wealth Against Commonwealth(1894년)》에서 이렇게 주장했다. "자유는 부를 창출하고, 부는 자유를 파괴한다. 새로운 경제 발전의 불길이 주위에서 타오르고, 경쟁이 경쟁을 죽이고 기업은 국가보다 커졌다. (······) 우리 시대의 적나라한 문제는 재산이 하인이 아닌 주인이 되어가는 것이다."[75]

오하이오 주 공화당 상원의원 존 셔먼John Sherman이 1890년 미국을 위협하는 공업력 집중 현상에 대항하는 법을 제정하자고 동료 의원들에게 촉구했을 때는 경제적 힘과 정치적 힘을 구분하지 않았다. 두 형태의 힘은 구분할 수 없다고 생각했기 때문이다. 셔먼은 이렇게 열변을 토했다. "정치적 힘이 생산·교통수단·생활필수품의 판매에 제왕처럼 군림하도록 허용해서는 안 된다."[76]

국민이 대책을 요구하는 가운데 셔먼이 발의한 반독점법이 52대 1로 상원을 통과하고 반대 없이 신속하게 하원을 통과했으며 1890년 7월 2일 벤저민 해리슨Benjamin Harrison 대통령의 서명을 받았다.[77] 그런데 반독점법은 초반에 공교롭게도 노동조합에 대항하는 무기로 쓰였다. 보수주의 검사들과 법관들이 셔먼법을 노조에 맞서는 수단으로 해석했기 때문이다. 하지만 1901년 진보시대Progressive Era에 들어서면서 대통령들은 의회가 의도한 대로 셔먼법을 사용해 경제적·정치적 힘의 결탁을 깼다. 테디 루스벨트Teddy Roosevelt 대통령은 '사악한 거부들malefactors of great wealth'을 혹독하게 비판하면서 "그들은 자신이 억압하는 근로자도, 자신이 존재를 위태롭게 만드는 국가도 개의

치 않는다"고 말했다.[78] 그러면서 해리먼E. H. Harriman이 북서부에서 운송업을 장악하려 세운 거대한 노던 증권회사Northern Securities Company에 대항할 목적으로 셔먼법을 사용했다. 나중에 루스벨트가 설명했듯 소송은 "미합중국을 통치하는 실체는 해리먼이 세운 거대 기업이 아니라 정부가 될 것이라는 사실을 모두에게 알리는 역할을 담당했다."[79] 반독점 소송은 듀폰DuPont과 아메리칸 타바코American Tobacco Company에 대항하는 수단으로도 쓰였다.[80] 1911년 윌리엄 하워드 태프트William Howard Taft 대통령은 록펠러가 세우고 전국에 방만하게 뻗어 있던 스탠더드 오일Standard Oil 제국을 해체시켰다.[81] 우드로 윌슨Woodrow Wilson 대통령은 1913년 자신이 쓴 저서 《신자유 The New Freedom》에서 과도한 경제적·정치적 힘의 위험한 결탁을 비슷한 표현을 써서 설명했다. "나는 독점 기업이 자제하리라 예상하지 않는다. 이 나라에 미합중국 정부를 소유할 만큼 세력을 키운 사람이 있다면 그들이 나라를 소유할 것이다."[82]

하지만 그 후 반독점법은 정치적 힘에 대한 관심을 잃기 시작했다. 1920년대 공화당 출신 대통령들은 이미 기업에 매수되었으므로 정부를 소유할 정도로 커진 경제적 합병을 그다지 우려하지 않았고 오히려 거대 기업들의 은혜에 의지했다. 1929년 주식 시장이 대폭락하고 나서 프랭클린 루스벨트Franklin D. Roosevelt 대통령조차도 경쟁하지 말고 협력하라고 기업들을 독려했다.(1938년 루스벨트가 법무부 독점금지 담당 국장으로 임명한 서먼 아놀드Thurman Arnold가 반독점 소송을 무더기로 제기할 때까지는 그랬다.[83]) 2차 세계대전이 끝나고 반독점법은 거의 전적으로 소비자 복지에 초점을 맞춰 대기업이나 합병 기업이 시장 지배력을 획득해 상품 가격을 과도하게 인상하지 못하게 막았다. 거대 독점 기업인 AT&T 벨 시스템AT&T Bell System이 1984년 해체된 원인도 정치적·법적 영향력이 위협적이었기 때문이 아니라 경쟁을 저해하고 상품 가격을 지나치게 높였기 때문이다.[84]

   미국에서 반독점법이 제정되었던 첫 도금시대Gilded Age와 비슷하게 현재 우리도 부와 권력이 넘치는 도금시대를 새로 맞이했다. 오늘날 경제적 힘이 집중되면서 생기는 정치적 영향력은 당시 못지않게 중대하고, 현대의 반독점법이 이러한 현상에 대응하는 데 실패하는 원인은 경제적 힘의 행사와 분명히 관계가 있다. 새 도금시대를 사는 우리는 최초의 반독점법이 추구했던 원래 목적을 기억하고 해당 법을 과감하게 시행해야 한다.

6장

새 계약

자본주의의 세 번째 구성요소는 계약이다. 계약은 구매자와 판매자가 다른 상품에 우선해서 특정 상품을 제공하겠다고 약속하는 행위다. 재산과 시장 지배력이 자본주의의 중심에 놓여 있다면 계약은 자본주의의 생명선으로 거래를 성사시키고 시행하는 수단이다. 그런데 재산과 시장 지배력도 그렇지만 계약은 저절로 발생하지 않는다. 신용에 대한 평판이 중요하기는 하다. 하지만 약속은 자동적으로 지켜지는 것이 아니고 계약에는 자기 강제적 요소가 없다. 모든 교환 체계에는 무엇을 사고팔 수 있는지, 어떤 상황이 사기나 강압인지, 당사자가 약속을 지킬 수 없는 경우에 어떤 일이 일어나는지를 규정하는 규칙이 필요하다. 민주주의 국가에서 이러한 규칙은 입법 기관·정부 기관·법원이 결정한다.

다시 한 번 거론하지만 '자유 시장' 대 정부를 둘러싼 논쟁은 이러한 규칙의 제정 방식과 결정에 가장 큰 영향력을 행사하는 주체를 감춘다. 오랫동안 지속해온 해당 논쟁은 두 가지 핵심 문제를 감춰서 결과적으로 첫째, 현재 규칙이 실제로 누구를 위해 시행되는지, 둘째, 일반 대중을 위해 시행되려면 규칙이 어떠해야 하는지 파악하고 토론하지 못하게 막는다. 오늘날에는 인터넷에서 실시간으로 재생하는 텔레비전 시리즈나 채권형 펀드의 채권처럼 실체가 없는 거래 대상이 많으므로 근본적인 규칙 제정 과정을 파악하기가 매우 어렵다. 게다가 신흥 기술 기업들은 대리모 임신을 목적으로 자궁을 빌리는 등 황당한 윤리적 문제가 뒤따르는 서비스를 만들어내기도 한다. 지구 반대편에 살고 있어 서로 만날 일이 없는 구매자와 판매자를 연결하기도 한다. 이러한 변화가 일어나면서 거래 대상을 둘러싼 문제가 새롭게 대두되고 있다. 정보가 복잡하고 풍부한 까닭에 역설적으로 사기나 강압을 정의하기가 더욱 힘들고, 거래가 틀어졌을 때 누가 잘못했는지 결정하고 손실을 공정하게 분배하기가 더욱 힘들어졌다. 따라서 오늘날 벌어지는 현상은 새 계약의 모든 측면에 대해 정치적 영향력을 행사하는 길을 열어놓았다.

사회 규범도 한몫한다. 예를 들어 의약·온라인 커뮤니케이션·운송 분야가 발달하면서 인간 장기·혈액·대리임신·성 매매가 수월해지고 있다. 그렇다고 해서 이러한 판매 행위가 합법이라는 뜻은 아니다. 미국은 장기 매매를 법으로 금지한다.[1] (금지 시기는 1984년으로 거슬러 올라간다.[2] 당시 버지니아 주 의사인 배리 제이콥스H. Barry Jacobs는 주로 가난해서 자신의 장기를 팔고 싶어 하는 사람들에게서 신장을 구매해 가격을 치를 수 있는 사람들에게 유통시키는 계획을 발표했다. 이 소식을 들은 대중은 겁에 질렸고 의회는 제이콥스의 계획을 중단시켰다. 일부 다른 국가도 이와 비슷한 조치를 취했다.) 한편 멕시코·태국·우크라이나·인도와 마찬가지로 미국에서는 혈액을 팔 수 있지만 캐나다와 영국에서는 불가능하다.[3] 대부분의 미국 주에서는 돈을 받고 자궁을 빌려줄 수 있지만(2014년 기준 대리임신 비용은 2만~3만 달러였다),[4] 대부분의 유럽 국가에서는 불가능하다.(영국은 대리모에게 경비를 제공하는 선까지만 허용한다.)

1999년 스웨덴은 성 매매를 더 이상 불법 행위로 규정하지 않고 따라서 매춘부를 범죄자로 다루지 않기로 결정했다. 하지만 돈을 지불하고 성 행위를 하는 것은 여전히 불법으로 묶었다. 스웨덴 경찰의 보고에 따르면 그 후 돈을 지불하고 성 행위를 하는 것이 여전히 합법인 덴마크로 수천 명이 몰려드는 반면에 스웨덴으로 유입되는 여성의 수는 급감했다.

일부 국가가 신체 부위·혈액·자궁·성 행위 등의 매매를 금지하는 주요 이유는 그렇지 않으면 빈곤층이 위험하고 모멸적인 방식으로 부유층에게 착취당할 가능성이 있기 때문이다. 부유층이 자신의 신장이나 혈액을 파는 경우는 거의 없고 부유층 여성은 대부분 자신의 자궁을 빌려주거나 매춘 행위를 하지 않는다. 연구 결과에 따르면 매춘부는 대개 빈곤층 가정 출신이고, 십대 초반에 성인 남성에 의해 성 행위 거래를 강요당한다.[5] 여기에는 취약성도 개입한다. 또한 미국은 합법적 약품이라도 현명한 결정을 내릴 수 없을지 모르는 구매자에게 판매되는 것을 우려한다. 2012년 거대 제약회사인 글락소스미스클라인GlaxoSmithKline은 벌금으로 30억 달러를 지불하는 동시에 성인용으로만 승인 받은 항우울제를 18세 이하 아동에게 선전하는 행위를 중단하겠다는 조건을 받아들이면서 법무부와 합의했다.[6] 또한 성 기능 장애를 개선하는 것을 포함해 애당초 허가 받지 않은 목적으로 다른 두 항우울제를 강매하는 행위, 처방 약품의 매상을 끌어올리려는 행위, 의사에게 선물·자문계약·강연료를 제공하거나 스포츠 행사 티켓을 선사하는 행위를 중단하겠다고 약속해야 했다.

거래 가능 여부를 결정하는 규칙은 사회를 구성하는 다양한 집단의 지위와 힘을 반영한다. 예를 들어 파우더 코카인은 엘리트 계급이 많이 선택하지만 크랙 코카인은 빈곤층이 주로 사용한다. 두 종류의 코카인은 똑같이 금지 약물이지만 2010년 이전만 해도 크랙 코카인 사용자의 형량은 파우더 코카인 사용자보다 100배나 무거웠다. 이것은 비폭력 약물 사범으로 체포된 아프리카계 미국인의 투옥 기간이 폭력 사범으로 체포된 백인과 같은 부분적인 이유다. 2010년 의회는 공정형량법Fair Sentencing Act을 제정해 크랙 코카인과 파우더 코카인의 사용에 따른 형량 차이를 18대 1로 줄였다.[7]

사회 전체에 미치는 손해도 고려해야 한다. 캐나다와 대부분의 유럽 국가에서는 손쉽게 총을 사거나 팔 수 없지만 전미총기협회National Rifle Association는 미국인이 속사포까지도 구매할 수 있는 '권리'를 확실하게 누리도록 부단히 노력한다.[8] (하지만 지대공 미사일이나 원자 폭탄까지는 손을 뻗지 않았다.)

이와 비슷한 예로 미국에서는 투표권을 사고팔 수 없다. 선거 운동에 자금이 공급되는 방식을 어렴풋하게나마 알고 있는 사람이라면 국가가 이 원칙을 얼마나 철저하게 지키고 있는지 의심을 품을 수는 있지만 법적으로는 그렇다. 20세기 이전에는 정부 관리에게 로비하는 계약은 로비가 공공 정책을 거스른다는 이유로 시행할 수 없었다.[9] 1874년 트리스트Trist 대 차일드Child 사건에 따르면, 전직 외교관으로 정부에 받을 돈이 있었던 트리스트는 의회에 압력을 가해 지출을 승인 받으려고 차일드를 고용했다. 하지만 의회의 승인을 받았는데도 로비 보수를 지불하지 않자 차일드는 트리스트를 고소했다.[10] 대법원은 트리스트와 차일드가 맺은 계약이 부패를 유발할 수 있다는 근거를 들어 인정하지 않았다. 당시 법원은 이렇게 주장했다. "만약 나라의 대기업들이 이러한 행동을 직업으로 삼는 승부사를 고용해 일반법을 통과시켜 자사의 사적 이익을 증진시키려 한다면, 생각이 올바른 사람들은 윤리의식에 따라 고용주와 고용인이 부패에 물들었고 고용은 수치스러운 행위라고 본능적으로 비난할 것이다."[11] 이러한 논리는 86년이 지난 이후의 대법원에 깊은 인상을 주지 못한 것이 분명했다.[12] 대법원은 수정헌법 제1조에 따라 기업은 사람이고 원하는 수만큼 로비스트를 고용할 권리가 있다고 판결했기 때문이다.

사회가 당사자끼리 특정 거래를 하지 못하도록 금지시키더라도 거래는 불법 암시장에서 성사될 수 있다. 1920년대 금주법은 오늘날 마리화나의 매매를 금지하는 것처럼 악평이 자자한 실패작이었다. 불법계약은 폭력이나 폭력 위협을 통해서만 시행될 수 있으므로 암시장은 본질적으로 위험하다.(암시장 개념은 매매를 무조건 금지시키는 것보다 열렬한 구매자를 끌어들이면서도 대중에게 해가 최소로 돌아가는 방향으로 규제를 가하는 것이다.)

한편 기술의 발달로 새 제품과 서비스가 지속적으로 생산되면서 판매 대상에 대해 추가적으로 의문이 생겨난다. 계약노예 제도는 불법이지만 학생이 대학 학자금으로 돈을 미리 끌어다 쓰고 미래에 벌어들일 수입을 저당 잡히는 경우는 어떠한가?[13] 바가지요금을 청구하는 행위는 불법이지만 우버Uber(스마트폰 앱으로 승객과 차량을 이어주는 서비스—옮긴이) 운전사가 궂은 비바람을 뚫고 차를 운행하고 나서 정상 운임의 8배를 청구한 경우는 어떠한가?[14] 현재 극초단타 주식 매매는 주식 시장 거래 전체의 절반 이상을 차지하지만, 극초단타 거래자가 대부분의 투자자는 이용할 수 없는 초고속 커뮤니케이션 시스템을 고안해 다른 사람보다 한 발 빠르게 주식 거래에 대한 자료를 받아 이익을 챙기는 것은 공정한가?[15]

이제 정치적 힘이 거래 대상과 거래 방법을 결정하는 추세다. 예를 들어 1934년 제정된 증권 거래법Securities Exchange Act에 따르면, 주식 가격에 영향을 미칠 가능성이 있는 정보를 다른 투자자보다 일찍 입수할 수 있는 사람이 내부 정보를 받아 주식을 매매하는 행위는 불법이다.[16](해당 법률은 이 관례를 구체적으로 금지하지는 않았지만 법원은 그렇게 해석했다.) 비공개 정보를 입수해 거래하는 행위는 내부자에게 특혜를 주고, 제보 받은 사람에게 이로운 방향으로 주식 시장을 조작하며, 다른 투자자를 기만하는 것이기 때문이다. 여러 해 동안 증권 거래법 담당관, 연방 검사, 판사는 불법 내부 거래자를 정의해오면서 주식을 매매할 때 사용한 정보의 출처에 대해서는 비밀을 유지할 의무가 있지만, 개인적 혜택에 대한 대가로 그 의무를 어긴 사람이라는 사실을 아는 투자자를 여기에 포함시켰다.[17]

그렇지만 정보가 거의 순간적으로 퍼지고, 거액을 쏟아 부으면 다른 사람보다 한 발 앞서 정보를 입수할 수 있는 세상에 살면서 내부자 거래를 정의하는 것은 물론 단속하는 것도 어렵다. 2014년 헤지펀드 기업인 레벨 글로벌 인베스터스Level Global Investors가 델 컴퓨터Dell Computer 직원에게 입수한 내부 정보를 토대로 델 컴퓨터 주식을 공매해 5,400만 달러를 벌고 난 뒤, 공동 설립자인 앤소니 치아슨Anthony Chiasson은 정보의 출처가 어디인지, 정보 누설자가 어떤 이익을 얻었는지 모른다고 주장했다.[18] 아울러 치아슨의 변호사는 비공개 정보가 '증권 시장에서 법적 화폐'이므로 월스트리트 트레이더들은 자신들이 사용한 내부 정보의 출처를 거의 모른다고 덧붙였다. 어쨌거나 치아슨은 기소 당했다. 하지만 2014년 12월 상소법원은 치아슨의 유죄 판결을 번복하면서 치아슨이 정보의 출처를 알지 못했거나 제보자가

'상당한 혜택substantial benefits'을 대가로 받았다는 증거가 없으므로 무죄라고 판결했다. '인맥이 중요하다'는 월스트리트에서 통용되는 비공식적인 법을 법정이 공식적으로 인정한 셈이었다. 예를 들어 한 기업의 CEO가 골프 친구에게 어떤 기업의 동향에 관한 비공개 정보를 주었고, 헤지펀드 매니저가 귀띔을 받아 큰돈을 벌었더라도 해당 행위는 완벽하게 합법이다.

비공개 정보는 월스트리트에서 '법적 화폐'이므로 월스트리트가 벌어들인 수입의 상당량은 일반 투자자들이 입수할 수 없는 정보를 사용해서 획득했을 가능성이 있다. 내부자는 자신에게 유리한 방향으로 시장을 형성한다. 그렇다면 의회가 내부자 거래를 억제하도록 법을 바꿀까? 국회의원과 대통령이 당선되는 데 필요한 선거 자금의 상당액을 월스트리트가 계속 제공하는 한 그럴 가능성은 거의 없다. 미국과 대조적으로 유럽은 비공개 정보에 따른 거래 행위를 불법으로 규정한다. 특정 정보가 아직 공개되지 않았다는 사실을 거래자가 알거나 알아야 할 이유가 있다면 해당 정보는 사용할 수 없다는 뜻이다.

경제적 효율성을 추구하는 것이 유일한 목표라면 내부자 거래를 금지시킬 이유가 거의 없고, 유럽처럼 엄격하게 정의할 이유도 없다. 비밀이든 아니든 입수 가능한 모든 정보에 빨리 적응할수록 금융 시장은 훨씬 효율적으로 돌아가기 때문이다. 앞서 언급했듯 극초단타 매매는 돈의 향방을 다른 사람보다 한 발 빠르게 알아 움직이는 거래자들에게 커다란 이익을 안겨주기는 하지만 시장을 훨씬 효율적으로 가동시킨다. 모든 거래자가 동등하게 입수할 수 없는 정보를 토대로 성사되는 거래를 모조리 금지시킨다면 시장 효율성은 사라질 것이다. 하지만 무게 중심을 변형시킨 주사위를 사용하는 것 같은 체계적 불평등은 불공정한 행위로 인식되며 금융 시장에서 소형 투자자의 신뢰를 약화시킨다. 따라서 내부 정보가 월스트리트의 '법적 화폐'라는 사실을 알고 나면 불쾌할 사람이 많을 것이다.

내부자가 비공개 정보를 토대로 거래하는 경우에 혜택을 받지 못하는 것은 소액 거래자만이 아니다. 기업이 후원하는 연금 펀드를 통해 급여의 일부를 주식 시장에 투자하는 고용인도 손해를 보기는 마찬가지다.[19] 예를 들어 펀드가 고용인에게 통상보다 높은 수수료를 부과하고 여기서 발생한 잉여금을 다른 금융 서비스에서 할인 형태로 기업에 리베이트를 제공하기 때문이다. 이때 기업이 직원과 정보를 공유하지 않는 것은 이해관계에 충돌을 불러오므로 사기 행위나 마찬가지다. 그런데도 이러한 관례는 완벽하게 합법이다. 다시 한 번 강조하지만 근본적인 문제는 자유 시장이냐 정부냐가 아니라 정부 관리가 시장 조직 방법을 어떻게 결정하느냐, 어떤 외부 집단이 결정에 영향력을 행사하느냐다. 최근 수십 년 동안 발생한 사례를 보면 대기업·월스트리트 은행·부자가 어느 때보다 커다란 영향력을 행사하고 있다.

예를 더 들어보자. 법은 강압에 의한 계약을 허용하지 않는다는 입장을 오랫동안 유지하고 있다. 계약 당사자가 자기 의지에 거스르는 계약을 맺도록 강요당해서는 안 된다는 것은 도덕적 원칙이기도 하다. 어느 누구도 약속을 지키도록 강요당해서는 안 되고, 법은 이렇듯 강압에 의한 계약을 시행하지 않을 것이다.

하지만 강압을 어떻게 정의할 것인가? 대기업이 지적재산권을 통해 시장을 단속하고, 표준이나 네트워크 플랫폼을 사용하고, 변호사와 로비스트 군단을 활용해 시장을 통제하면 구매자와 판매자에게는 별다른 대안이 없다. 이러한 환경에서 체결하는 계약은 본질적으로 강압적이거나 강압적으로 보인다. 게다가 오늘날 계약은 직원·차용자·고객에게서 유의미한 선택을 차단하는 조건이 줄줄이 달릴 때가 많다. 하물며 대기업은 조건이 확실히 충족되도록 정치적·법적 영향력을 행사한다.

최근 흔하게 목격하는 계약 규정은, 계약 당사자가 기본 권리를 거부당했다고 주장하거나 계약에 불만을 품었을 때 법원에 소송을 제기하지 않고 기업이 선택한 중재자를 접촉해서 그 판단을 받아들이라는 것이다.[20] 이러한 문구를 표준 계약에 집어넣은 대기업에 명백하게 유리한 규정이다. 최근 연구에 따르면 고용 차별을 호소하는 직원이 문제를 해결한 비율은 법정에 갔을 때가 50%~60%인 데 반해 중재자에게 갔을 때는 21%에 불과했다.[21]

이와 비슷한 예로, 인기 있는 다수의 인터넷 사이트는 무언가 잘못되었을 때 개인으로든 집단으로든 사이트 소유주에게 소송을 걸지 못하도록 금지하는 서비스 조건을 걸고 사용자에게 동의하라고 요구한다. 일부 사이트에서 사용자는 이와 같은 조건을 받아들이겠다고 확인하는 아이콘을 클릭해야 한다. 게다가 사용자는 해당 조건 조항을 거의 읽지 않거나 설사 읽더라도 달리 선택할 여지가 없다. 어떤 사이트는 링크만 걸어놓아서 사이트를 사용하기만 하면 조건에 동의하는 것으로 간주한다. 결과적으로 많은 사용자는 자신에게 있으리라 추측했던 법적 권리를 스스로 포기했다는 사실을 나중에야 깨닫는다. 예를 들어 소비자가 호텔 숙박비를 담합했다면서 일부 호텔과 온라인 여행사를 상대로 소송을 제기하자, 인기 있는 인터넷 여행사 트레블로시티Travelocity를 대변하는 변호사들은 사이트 사용자가 소송을 제기

하지 않겠다고 사전에 '동의'했다고 주장해서 회사를 성공적으로 변호했다.[22]

이러한 조항으로 인해 소기업도 자사와 계약을 맺은 대기업이 산업을 독점한다고 주장할 수 없으므로 계약 조건을 받아들일 수밖에 없다. 캘리포니아 주 오클랜드에 있는 소형 레스토랑 이탈리안 컬러스Italian Colors의 소유주가 아메리칸 익스프레스를 상대로 소송을 제기하면서 카드사가 독점력을 남용해 레스토랑에 지나치게 높은 수수료율을 적용한다고 주장하자, 아메리칸 익스프레스는 원고가 자신이 서명한 계약에 명시되어 있는 의무 중재 조항을 위배했다고 반격했다.[23] 해당 사건은 대법원까지 갔고 2013년 법원의 모든 공화당 지명자를 포함해 대법관의 과반수가 아메리칸 익스프레스의 손을 들어주었다.[24] 반대의견을 낸 케이건Kagan 대법관이 주장했듯 법원의 결정은 소기업을 난처한 입장에 빠뜨리고 거대 독점 기업의 숨통을 틔어주었다. "독점 기업들은 계약의 정당성을 주장하려고 독점권을 휘둘러 피해자에게서 모든 법적 청구권을 효과적으로 박탈한다."[25]

'동의합니다' 칸에 표시한 구매자는 사생활 보호권까지 포기할 수도 있다.[26] 아이클라우드iCloud에 개인 자료를 저장해달라고 애플에 요청하는 소비자는 다음 서비스 조건에 먼저 동의해야 한다.

> 본인은 자기 계정의 비밀과 보안을 유지하고, 자기 계정이나 이를 통해 일어나는 모든 활동에 대해 단독으로 책임을 진다.[27] (……) 애플 측이 타당한 기술과 적절한 관리를 제공했다면, 애플의 승인을 받지 않고 규칙을 따르지 않아 발생하는 어떤 손실도 애플은 책임지지 않는다.

달리 표현해보자. 해커가 아이클라우드에서 공개되면 안 되는 당신의 사진들을 뒤져 전 세계에 배포한다면 몹시 난처할 것이다. 그래도 애플은 책임이 없다. 사실 애플이 제시하는 서비스 조건에 동의할 필요가 없으므로 우리에게는 선택권이 있었다. 하지만 사실 서비스 모두 동일한 조건을 요구하므로 선택권은 없는 것이나 마찬가지다.

새 계약은 협상력이 대체로 같은 두 당사자가 협상한 결과가 아니라, 동의를 요구할 힘이 있는 거대 기업에서 나온다. 담보대출 신청자는 약자를 이용하는 대출 관행을 증언하려고 법정에 가는 권리를 박탈당하더라도, 대출 자격을 갖추려고 은행에서 요구하는 산더미 같은 조건에 일일이 서명해야 한다. 저소득 대출자는 자신이 조건을 수락했는지조차 거의 알지 못한 채로 제때 상환하지 못하면 두 자리의 수수료율과 이자율을 적용받는다는 조건에 동의해야 한다. 학자금 융자를 받으려는 학생은 특정 청구권을 포기할 수밖에 없다. 소형 프랜차이즈 가맹점은 조건을 위반한 경우에 모기업이 새 주인에게 높은 가격으로 가맹점을 되팔 목적으로 의무조항을 자세히 기술해놓은 계약서에 서명해야 한다.

과거에 주와 연방의 입법자는 취약한 소비자·고용인·대출자를 보호할 목적으로 대기업과 금융 기업이 요구할 수 있는 특정 계약 조건을 제한하려 했다. 하지만 최근 들어 기업과 은행의 정치적 압력을 받으면서 이러한 움직임은 한풀 꺾였다. 예를 들어 일부 주의 입법자들이 저소득 대출자가 이용하는 개인대출에서 대출 기관이 청구할 수 있는 이자율을 높이자 결과적으로 할부대출의 현재 이자율이 36%까지 증가했다.[28] 대출자가 급여일 이전에 100달러~500달러를 미리 끌어다 쓰고 몇 주 안에 상환하겠다고 약속하면서 연리 300% 이상을 지불해야 하는 경우도 흔하게 발생한다. 시티그룹에서 이러한 유형의 대출을 제공하는 주요 대출 기관인 원메인 파이낸셜OneMain Financial은 결과적으로 엄청난 수익을 거두고 있으므로, 시티그룹을 비롯한 대출 기관은 주 입법부 선거에 돈을 쏟아 붓는다.[29] 노스캐롤라이나 주 의원인 릭 글레이지어Rick Glazier는 이자율 상한선 인상에 반대하면서 〈뉴욕타임스〉를 통해 이렇게 말했다. "법을 바꿀 필요가 단연코 없다. 이는 특정 이익 집단이 자기 이익을 증가시키려는 시도로써 내가 여태껏 목격한 중에서 가장 파렴치하다."[30]

한편, 대기업의 직원은 경쟁 기업에서 근무하는 것을 금지해서 미래의 직업 전망을 축소시키는 경쟁 금지 조항에 서명해야 하는 경우가 많다.[31] (캘리포니아 주와 노스다코타North Dakota 주는 제한된 상황을 제외하고는 이러한 조항을 요구하지 못하도록 금지한다.) 직원들의 직업 전망은 고용주가 경쟁사와 스카우트 금지 협정을 맺으면서 더욱 축소된다. 예를 들어 2014년 한 연방 판사는 실리콘밸리의 기술 기업들이 다른 기업의 엔지니어들을 스카우트하지 않기로 담합하는 방식으로 자사 직원의 이익을 거스르는 '포괄적인 음모'에 가담했다는 사실을 발견했다.[32] 법원 문서를 보면 2005년 구글이 애플의 엔지니어 집단을 고용하려 하자 애플의 CEO 스티브 잡스는 "그들 중 단 한 명이라도 채용하면 전쟁도 불사하겠다"고 엄포를 놓았다.[33] 구글은 뒤로 물러섰을 뿐 아니라 애플에서 직원을 스카우트하려 했던 채용 담당자를 잡스의 요구대로 해고했다.[34] 경쟁 금지 조항과 스카우트 금지 조항을 지지하는 사람들은 직원들이 고용주와 동일한 협상력을 행사한다고 주장하지만 실제로는 그렇지 않다.

대기업이 판매 대상뿐 아니라 법으로 인정받고 시행할 수 있는 계약을 결정하는 규칙에 대해 불균형한 영향력을 행사하는 경우에 상대적으로 힘이 없는 사람들에게는 선택권이 없다. 이러한 의미에서 '자유시장'은 자유롭지 않을 뿐 아니라 실질적인 대안을 제공하지 않는다.

7장 ————

새 파산법

1984년 애틀랜틱시티에서 트럼프 플라자Trump Plaza가 문을 열던 날
도널드 트럼프Donald Trump는 짙은 색 얇은 코트를 입고 카지노 바닥에
서서 자신의 투자로 아마도 전국에서 가장 멋진 건물을 세운 업적을
축하했다.[1] 30년이 지나 트럼프 플라자가 문을 닫자 1천 명에 가까운
직원들이 일자리를 잃었다.[2] 그러는 동안 트럼프는 트위터에 자신은
"애틀랜틱시티와 전혀 관계가 없다"고 쓰면서 "기가 막힌 타이밍"에
투자에서 빠져나왔다며 자기 능력을 과시했다.[3]

　미국에서 부자들은 베팅을 잘못해 손해를 크게 입을 상황을 일찍
감지하고 돈을 챙겨 빠져나온다. 법은 유한책임과 파산 제도를 통해
그들을 보호한다. 하지만 일자리를 찾아 애틀랜틱시티 등으로 이사하
고 그곳에 집을 사고 직장에 맞춰 기술을 습득한 근로자는 아무 보호
도 받지 못한다. 일자리는 사라지고, 자신이 보유한 기술은 갑자기 쓸
모없어지고, 주택 가치가 폭락하면서 궁지에 빠진다. 파산법은 사람
들이 새로 출발할 수 있도록 설계되었다. 하지만 현재에는 정치적 영
향력을 행사해 자기 필요에 맞게 파산법을 재단할 수 있는 대기업·월
스트리트·부자만이 새로 시작할 수 있다.

　시장을 구성하는 넷째 구성요소는 파산이다. 파산은 다른 시장 규
칙이 그렇듯 상충하는 목표 사이에서 균형을 잡는 것이다. 계약에서

중요한 것은 지불해야 할 대가를 지불하지 못하는 문제를 다루는 구조다. 구매자·채무자·대출자가 지나치게 쉽게 곤경에서 벗어나면 앞으로 부여되는 의무에 소홀할 수 있고 이렇듯 부주의한 행동은 전염될 수 있다.(이러한 도덕적 해이는 거대 월스트리트 은행도 물들일 수 있다.) 하지만 부채를 상환할 수 없는 사람들을 교도소에 가두거나 처벌하면 그들이 돈을 벌어 채무를 변제할 길을 막을 가능성이 있다.

  이러한 현상은 나라 전체에서도 일어난다. 부채가 과도한 국가는 더욱 깊은 나락으로 떨어질 수 있고 사회 전체를 심각한 경제적·사회적 위기로 밀어 넣을 수 있다.(많은 역사가는 1차 세계대전이 끝나고 독일에 과도한 배상금을 요구한 것이 나치 독일의 부상을 부추겼다고 주장한다.) 19세기 말 미국의 거대 철도회사들이 부채를 상환할 수 없는 매우 깊은 수렁에 빠지자 채권자들은 철로를 뜯어내 고철로 팔아버리겠다고 위협했다.[4] 영리한 사업가들은 채권자들이 부채액을 줄여주어 회사를 계속 돌아가게 해주면 수익이 창출되어 부채의 전부는 아니더라도 대부분 상환 받을 수 있으므로 결국 철로를 고철로 파는 것보다 낫다고 판단했다.

  파산은 대부분의 자본주의 경제가 채택하는 제도로, 파산 판사의 감시 아래 채무자들에게 상환 가능한 수준으로 부채를 줄여주는 동시에 손실을 채권자 천체에 평등하게 분배해 균형을 꾀한다. 파산의 핵심은 채무자와 채권자, 채권자들 사이에서 희생을 분담하는 것이다. 파산 제도에서는 온갖 종류의 문제에 대해 결정을 내려야 하는데 그 결정은 법원 판결, 기관의 지시사항, 법률의 하위조항에 숨어 있을 때가 많다. 예를 들어 누가 어떤 유형의 부채로 파산 제도를 이용할까? 어떻게 해야 채권자 사이에 손실을 평등하게 분배할 수 있을까? 파산을 선언할 수 없을 때는 무슨 상황이 벌어질까? 어쨌거나 이러한 질문을 포함해 수백 가지 관련 질문에 대답해야 한다. 이때는 '자유 시장'이 아니라 강력한 이해당사자들이 해결책을 제시할 때가 많다.

미국 헌법 1조 8절 4항은 "미국 전체에 공통되는 파산 문제에 대한 획일적인 법률"을 제정하도록 의회에 권한을 부여하고,[5] 의회는 1800년, 1841년, 1867년, 1874년, 1898년, 1938년, 1978년, 1994년, 2005년에 해당 법률을 거듭 제정했다. 주요 기업과 마찬가지로 월스트리트 은행들과 거대 신용카드 회사들은 최근에 법률을 제정하는 데 주요 역할을 담당했다.(2005년 법안이 상정되었을 때 신용카드 산업은 로비 활동으로 1억 달러 이상을 썼다.[6] 월스트리트 은행들은 이미 선거 후원금으로 막대한 자금을 기부해 많은 의원을 확보했으므로 그 정도로 돈을 쓸 필요가 없었다.)

지난 20여 년 동안 모든 미국 주요 항공사는 과거에 노조 계약으로 합의했던 조건을 거부하려고 적어도 한 번 이상 파산 절차를 밟았다.[7] 대개 신용카드 회사와 은행의 입김이 들어간 파산법에서, 근로자의 급여를 규정한 노동 계약은 우선적으로 급여를 받을 사람을 정하는 문제에서는 우선순위가 상대적으로 낮다. 심지어 파산할 수 있다는 위협은 이미 동의한 액수의 급여를 노조 조합원에게 포기시킬 수 있는 강력한 무기가 된다. 2003년 아메리칸 항공American Airlines의 CEO 도널드 카티Donald Carty는 파산 가능성을 무기로 위협하는 방법을 사용해 노조에게 거의 20억 달러의 급여를 양보 받았다. 카티는 '희생 분담'의 필요성을 역설했지만, 임원 퇴직자 연금 플랜을 비밀리에 추가로 수립하고 자사가 파산해도 그 영향을 받지 않도록 신탁으로 묶어 놓았다는 사실을 밝히지 않았다.[8] 카티는 사임했을 당시 비밀 플랜의 특혜를 받아 1,200만 달러에 가까운 거액을 거머쥐었다.

직원이 급여를 일부 양보했지만 아메리칸 항공은 결국 2011년 파산했다. 그러면서 즉시 과거 노동 협정에 있던 조항을 거부하고 직원의 연금 플랜을 동결시켰다.[9] 하지만 채권자들은 2013년 아메리칸 항공이 파산에서 탈출할 때 이자와 함께 부채를 전액 상환 받았다. 심지어 주주들은 투자했을 때보다 파산에서 벗어났을 때 훨씬 많은 돈을 챙겼다.(아메리칸 항공의 주가는 그해 말 US 항공US Airways과 합병하고 나서 훨씬 올랐다.[10]) 게다가 기업을 파산으로 이끌었던 CEO 톰 호튼Tom Horton은 1,990만 달러가 넘는 퇴직수당을 받았다.[11] 직원을 제외한 임원들은 모두 파산 기업을 일찍 빠져나왔고,[12] 일자리를 유지한 직원은 상당한 액수의 급여와 혜택을 잃었다. '희생 분담'의 대가는 직원에게 부당하고 가혹했다.

부채 상환에 실패하기 시작한 시점은 앞에서 언급한 대로 2008년 월스트리트가 거의 무너졌을 때였다. 월스트리트 최대 은행들은 비우량 주택 담보대출, 부채담보부 증권, 모기지담보부 증권 등 위험 상품을 수천억 달러를 써서 사들였다. 비록 부주의한 투자자들에게 많은 양의 상품을 판매하기는 했지만 자체적으로도 상당량의 상품을 제 값에 보유하고 있었다. 부채 거품이 터지자 은행들과 많은 투자자들은 상품이 거의 휴지조각이 되었다는 사실을 깨달았다.[13] 일부 해설자들은 은행이 파산을 신청해서 문제를 해결해야 한다고 촉구했다.[14] 하지만 그것은 해결책이 아니었다. 자산이 6,910억 달러인 리먼 브라더스Lehman Brothers가 자산보다 훨씬 많은 부채로 허덕이다가 2008년 9월 역사상 최대 규모로 파산하자 월스트리트는 엄청난 충격에 휩싸였고,[15] 사임을 앞둔 재무부 장관 헨리 폴슨은 다른 거대 은행들을 보호할 목적으로 구제 자금 수천억 달러를 승인해달라고 의회를 설득했다. 또한 은행들은 미국 연방준비은행에서 830억 달러로 추측되는 저금리 대출을 받았다.[16] 폴슨과 후임인 티모시 가이트너는 거대 은행들이 지나치게 덩치가 커서 결코 실패해서는 안 된다고 못 박아 말하지는 않았다. 오히려 거대 은행들은 지나치게 덩치가 커서 파산을 해도 추스를 수가 없었다.

　붕괴되다시피 한 월스트리트가 짊어진 진짜 불덩이는 소액 투자자와 주택 소유주의 발등에 떨어졌다. 주택 가격이 폭락하자 많은 주택 소유주는 주택 가치보다 큰 부채를 떠안으면서 융자를 재조정할 수도 없었다. 파산법 13장(초안 작성은 주로 금융 산업에서 맡았다)은 주택 소유주가 주된 거주 주택을 담보로 대출을 받았을 경우에는 파산을 신청할 수 없다고 규정했다.[17] 금융 위기가 강타했을 때 일리노이 주 상원의원인 딕 더빈Dick Durbin을 비롯한 일부 의원들은 곤경에 빠진 주택 소유주가 파산 제도를 이용할 수 있도록 허용하는 방향으로 법을 개정하려 했다.[18] 그렇게 되면 대출에 연루된 은행과 기관이 해당 주택을 압류하지 못하도록 막을 수 있는 강력한 협상 카드를 손에 쥘 수 있었기 때문이다. 채권자가 동의하지 않으면 해당 주택 관련 문제는 파산 판사에게 가고, 아마도 파산 판사는 주택 소유주들을 자동적으로 주택에서 몰아내지 않고 상환 액수를 줄여줄 것이었다.

법안은 의회를 통과했지만 2009년 4월 말 더빈이 상원에 수정 법안을 제출하자 금융 산업계는 법안이 통과되지 못하게 총력을 기울이면서 법안이 오히려 주택 대출 비용을 급증시킬 것이라고 주장했다.[19] (하지만 자신들의 주장을 입증할 수 있는 설득력 있는 증거는 제시하지 않았다.) 법안에 찬성한 사람은 민주당 의원의 과반수였지만 상원의원은 45명뿐이었다.[20] 부분적으로는 곤경에 처한 주택 소유주들이 결국 협상력을 손에 쥐지 못했다. 따라서 500만 명 이상이 주택을 잃었고, 2014년까지 추가로 200만 명이 주택을 압류 당했다. '희생 분담'의 대가는 부당하리만치 가혹했다.

파산을 이용해 대출금을 재조정할 수 없는 채무자 집단에는 학창 시절 학자금 대출을 받은 사람들이 있다. 대침체Great Recession(2009년 9월 서브프라임 사태 이후에 미국과 전 세계가 겪고 있는 경제침체 상황을 가리킨다—옮긴이) 이후 일자리의 회복 속도가 더뎌지자 많은 대졸자가 직장을 구할 수 없는 데다가 학자금 대출까지 갚아야 하는 처지에 놓였다. 2014년 뉴욕 연방준비은행의 보고에 따르면 학자금 대출은 미국 전체 부채의 10%를 차지해 1위인 주택 담보대출을 바싹 뒤쫓고, 자동차 담보대출(8%)과 신용카드 부채(6%)보다 많았다.[21] 하지만 학자금 대출 부채는 파산법의 보호를 받지 못하므로[22] 대출 기관은 부채를 변제하지 못하는 채무자의 급여를 압류할 수 있다.[23] (만약 퇴직하는 시점에서도 상환해야 할 학자금 대출금이 남아 있으면 사회보장 연금까지 압류당할 수 있다.[24] 학자금 대출 산업계의 끈질긴 요청으로 1998년 제정된 법에 따르면, 졸업생이 학자금 대출 부담을 줄일 수 있는 유일한 방법은 별도로 소송을 제기해 대출 상환이 자신과 피부양자에게 '과도한 곤경'을 안긴다는 사실을 입증하는 것이다.[25] 이때 법원이 적용하는 기준은 도박으로 발생한 부채를 줄이려는 도박꾼에게 파산 법원이 적용하는 기준보다 엄격하다.[26]

의회와 의회를 후원하는 은행들은 대학교 졸업생이 학자금 대출을 상환하려는 노력을 기울이지 않고 무턱대고 파산을 신청할까 봐 우려한다.[27] 하지만 희생 분담이라는 이상에도 부합하면서 더욱 바람직한 대안은 대학교 졸업생에게 파산 제도를 이용할 수 있도록 허용하는 것이다. 특히나 두 자리 수 이자율처럼 대출 조건이 명백히 불합리하거나, 대출 받은 학생이 설사 졸업을 하더라도 취업률이 낮은 학교에 출석해야 하는 경우에는 더욱 그렇다.

엄밀하게 말해서 '자유 시장'의 일부는 아니지만 파산 절차에 들어간 도시는 손실을 분배할 목적으로 시장 조직 방법에 중대한 영향력을 행사할 수 있다. 2013년 파산 보호를 신청한 최대 도시인 디트로이트 시는 채무 중 70억 달러를 줄이고 17억 달러 상당의 도시 서비스를 복구할 방법을 찾으려 했다. 디트로이트 시의 파산은 위태롭게 낭떠러지를 걷고 있는 다른 미국 도시의 모델로 보였다. 디트로이트가 희생해달라고 요구했던 채권자들 중에는 시가 몇 년 전에 지불하겠다고 약속했던 연금과 의료보험 혜택에 의존하는 전직 시 직원들과 2005년 시가 발행한 채권을 구매했던 투자자들이 포함되어 있었다. 2014년 가을에 접어들면서 희생을 분담해 디트로이트 시를 파산에서 회복시키려는 계획을 승인할지 여부를 결정하는 소송에서, 두 집단은 자신들이 불공정하게 과도한 부담을 지고 있다고 주장했다. 결국 2005년 채권을 보유한 투자자들이 크게 손해를 보았지만 많은 퇴직자에게 돌아가는 건강보험 혜택과 연금도 크게 깎였다.[28]

하지만 번성하는 거대 집단은 전혀 손해를 보지 않았다. 대부분 흑인인 디트로이트 시민보다 훨씬 부유하고 대부분 백인인 인근 오클랜드 카운티 시민은 고통을 분담하라는 요구를 받지 않았다. 오클랜드 카운티는 미국에서 100만 명 이상이 거주하는 카운티 중에서도 가장 부유한 지역에 속했다. 사실상 오클랜드 카운티의 교외지역을 포함한 그레이터 디트로이트Greater Detroit는 미국에서 상위를 차지하는 금융센터이고, 첨단 기술 분야의 고용에서 상위 4위 안에 꼽히고, 공학 기술이나 건축 기술을 보유한 인재의 배출율도 2위를 자랑한다.[29] 해당 지역 중간층 가구의 연간 소득은 5만 달러에 가까웠다.[30] 디트로이트의 경계를 막 벗어난 곳에 있는 미시건 주 버밍햄Birmingham의 중간층 가구는 최근 몇 년에 걸쳐 9만 9,000달러 이상 벌었다.[31] 역시 디트로이트 대도시 지역 안에 있는 블룸필드 힐스Bloomfield Hills의 중간층 가구 수입은 거의 14만 8,000만 달러에 달한다. 디트로이트의 부유한 교외 지역에는 훌륭한 학교가 있고, 위기에 신속하게 대응하는 보안 체제가 발달해 있고, 잘 다듬어진 멋진 공원들이 있다.

40년 전 디트로이트는 부유층·중산층·빈곤층이 섞여 살았다. 하지만 2000년부터 2010년까지의 기간에 중산층 인구의 4분의 1이 사라지면서 백인 거주민들이 교외지역으로 이주했다.[32] 파산을 신청했을 당시 디트로이트는 거의 바닥 수준까지 가난했다.[33] 중간층 가구의 소득은 연간 약 2만 6,000달러였다.[34] 아동의 절반 이상이 빈곤 상태에 빠져 있었다.[35] 그러면서 부동산 가치가 하락하고, 주민들이 살던 곳을 버리고 떠나고, 건물이 비고, 학교가 황폐해져갔다. 가로등의 40%가 작동하지 않았고,[36] 공원의 3분의 2는 5년 전을 시작으로 거의 문을 닫았다.[37] 2014년 디트로이트의 월별 상수도 요금은 전국 평균보다 50% 비쌌고, 관리들은 상수도 요금을 체납한 15만 가정에 단수 조치를 실시하기 시작했다.[38]

시의 공식적인 경계가 오클랜드 카운티와 디트로이트를 모두 포함한다면 오클랜드 카운티에 거주하는 부유한 시민도 그들이 거래하는 은행과 채권자와 함께 디트로이트가 앓고 있는 문제를 해결하는 데 책임을 져야 했다. 그랬다면 디트로이트는 부채를 상환하고 거주민에게 적절한 공공 서비스를 제공할 수 있을 정도로 재원을 확보할 수 있었을 것이다. 하지만 시는 빈곤한 도심 지역에만 복합적인 문제를 홀로 떠맡으라고 요구함으로써 부유한 백인 교외지역과 그들을 상대하는 은행에는 책임을 면제해주었다. 실제로 그들은 책임을 약간 지는 것이 어떻겠냐고 살짝 언질만 들어도 불같이 분노했을지 모른다. 오클랜드 카운티에 거주하는 미국 변호사이자 정치가인 브룩스 패터슨L. Brooks Patterson은 코웃음을 치면서 "이제 와서 갑자기 자신들에게 문제가 생겼다면서 그 책임의 일부를 교외지역에 전가하는 것인가?"라고 반문했다.[39] "아무리 설득해도 내가 인심 좋은 사람처럼 행동할 수는 없는 노릇이다. 짐을 같이 지자니? 어림도 없는 소리다."

고루하기 짝이 없는 파산법을 살펴보면 근본적인 정치적·윤리적 의문이 떠오르기 마련이다. 대체 '우리'는 누구이고, 우리가 수행해야 하는 의무는 무엇인가? 아메리칸 항공에는 주주와 임원만 있는가, 직원도 포함되는가? 대형 은행과 주택 소유주를 모두 끌어내린 금융 위기는 같은 문제인가, 별개의 문제인가? 대학교 졸업생이 학자금 대출을 상환할 수 없을 때, 대출자에게 책임이 있기는 한가? 사회는 잘 교육받은 노동력으로 많은 혜택을 누리면서 책임을 지기는 하는가? '디트로이트'가 부채를 갚을 수 없을 때 희생해야 하는 사람은 디트로이트, 시의 공직자, 퇴직자, 가난한 거주민뿐인가? 아니면 은행은 물론 시의 재정 상태가 기울자 도망쳐버린 디트로이트의 부유한 교외지역 거주자들도 책임을 져야 하는가?

파산과 계약은 이러한 의문을 편리하게 가린다. 그저 한 편이 상대편에 대한 의무를 완수하지 못한다고 추측하는 것이 훨씬 쉽다. 따라서 이때 유일하게 물을 수 있는 적절한 질문은 어떻게 보상할 것이냐이다. 이면에 숨은 구조는 조사도 받지 않았는데 '자유 시장'은 더 이상 아무것도 요구하지 않는다.

8장

시행 메커니즘

시장을 구성하는 다섯째 요소는 시행이다. 재산은 보호를 받아야 하고, 과도한 시장 지배력은 억제되어야 한다. 계약 협정은 시행되거나 금지되어야 하고, 파산으로 생겨난 손실은 분배되어야 한다. 시장이 존재하려면 모든 요소를 반드시 갖춰야 한다. 여기에는 폭넓은 합의가 깔려 있다. 하지만 세부 사항으로 들어가 어떤 '재산'이 보호할 만한지, 어떤 시장 지배력이 과도한지, 어떤 계약을 금지하거나 시행해야 하는지, 협정을 맺은 일방이 지불 능력을 잃으면 어떻게 할지에 대해 내리는 결정은 제각각 다르다. 입법부·행정 기관·법원에서 도출하는 결정은 반드시 영구적인 것은 아니어서 법률이 수정되거나, 판결로 판례가 뒤집히거나, 행정법과 규칙이 바뀌면서 재고의 대상이 된다.

이러한 과정에서 발생하는 중대한 국면마다 기득권층은 영향력을 행사할 기회를 얻고, 결정이 시행되는 방식에 영향을 미친다. 무엇을 시행하지 않을지에 대한 결정은 공론화되지 않으므로 대부분 밖에서 알 수 없다. 한정된 시행 자원을 사용하는 방법의 우선순위와 부과된 처벌의 효율성을 판단하기는 어렵다. 더욱이 노련한 변호사를 매우 많이 거느릴 수 있는 대기업과 부자는 그렇게 할 수 없는 소기업과 일반 개인보다 영구적이고 체계적으로 유리하다.

무언가 틀어졌을 때 책임자가 누구인지 따지는 법적 책임 문제부터 생각해보자. 눈에 띄게 막강한 정치적 영향력을 소유한 산업 전체는 기소를 면제받아 왔다. 예를 들어 제약 산업계는 1988년 유해한 부작용을 동반하는 백신에 대해 법적 책임을 지지 않도록 백신 제조사와 의사를 효과적으로 보호하기 위해 국가백신상해보상프로그램National Vaccine Injury Compensation Program을 수립하라고 의회를 설득했다.[1] 총기 제조사도 고객이 자사 제품을 사용하다가 상해 사고를 당하더라도 법적 책임을 지지 않는다. 2004년 워싱턴 D.C. 근처에서 무장괴한의 총에 맞은 8명의 친척에게 범행에 사용한 총기의 제조사와 판매자가 250만 달러를 배상하라는 판결을 법원이 내리자 전미총기협회는 당장 방어에 나섰다.[2] 그 결과 2005년 의회는 총기 판매자 보호법Protection of Lawful Commerce in Arms Act을 제정해 총기 제조사·유통업자·판매자 등이 자신이 판매하는 총으로 사고가 일어나더라도 법적 책임을 지지 않도록 조치했다.[3]

모든 산업이 법적 책임을 피하는 데 성공하지는 않았다. 수십 년 전 자동차 산업계는 자동차가 안전하므로 안전벨트는 불필요하다고 주장했고, 담배 산업계는 담배가 건강에 좋다고 근거 없이 홍보했다. 수만 명이 목숨을 잃고 피해자들에게 손해배상으로 수억 달러를 지불하고 나서 두 산업계는 주장을 바꾸었다. 그 결과 요즘 들어 자동차는 과거보다 안전해졌고, 흡연자 수도 줄었다.

재력을 갖춘 개별 기업은 우호적인 의회 후원자들과 규제자들에게 자사를 살살 다뤄달라고 부탁하는 방식으로 여전히 책임을 피할 수 있다. 예를 들어 2011년 일본의 후쿠시마 다이치 공장이 태평양의 넓은 면적을 방사능 물질로 오염시키기 오래 전에 제너럴 일렉트릭General Electric은 미국의 원자력 발전소 16군데를 비롯해 후쿠시마 다이치 공장에 마크 1 비등수형 원자로Mark 1 boiling water reactor를 판매했다. 해당 원자로는 크기가 더 작고 비용도 더 저렴한 격납 구조물을 사용했으므로 경쟁사의 원자로보다 경제적인 대안이었다. 하지만 마크 1 원자로가 안고 있는 위험성은 잘 알려져 있었다.[4] 1980년대 중반 미국 원자력규제위원회Nuclear Regulatory Commission 소속 관리인 해럴드 덴턴Harold Denton은 사고가 발생해서 연료봉이 과열되어 녹을 경우에 마크 1 원자로가 폭발할 가능성이 90%라고 경고했다.[5] 위원회가 소집한 연구 집단의 후속 보고에 따르면 "노심 용융이 일어나고 처음 몇 시간 안에 마크 1이 폭발할 가능성이 있다."[6]

그렇다면 위원회는 어째서 제너럴 일렉트릭에 마크 1 원자로의 안전성을 향상시키라고 요구하지 않았을까? 한 가지 이유는 아마도 제너럴 일렉트릭이 가공할 만한 정치적·법적 영향력을 행사하기 때문일 것이다. 예를 들어 2012년 대통령 선거 기간 동안 제너럴 일렉트릭의 임원들과 정치활동위원회는 선거 후원금으로 거의 400만 달러(2만 766개 기업 중 상위 63위)를 기부했고, 로비 활동에 1,900만 달러(4,372개 기업 중 상위 5위)를 썼다.[7] 더욱이 자사 로비스트 144명 중 104명은 정부에서 일한 전력이 있었다.[8]

비슷한 예로 2010년 멕시코 만에서 발생한 거대한 석유 유출 사건의 진상을 조사하는 임무를 띠고 임명된 전국위원회에 따르면, BP는 핼리버턴 사가 폭발을 방지하기 위해 시멘트를 검사해본 경험이 없을 뿐 아니라 과거에 비슷한 업무에서도 일을 제대로 처리하지 않았다는 사실을 알고 있었는데도 심해 유정을 설치할 때 적절하게 감독하지 않았다.[9] 간단하게 표현하자면 두 기업 모두 시멘트를 적절하게 시험하지 않았던 것이다. 더욱이 내무부의 광물관리서비스Minerals Management Service(지금은 해양에너지관리국Bureau of Ocean Energy Management, Regulation, and Enforcement으로 개명했다)도 관계가 두터워진 두 기업을 제대로 감독하지 않았다.[10] 규제 관리와 기업 사이에 작동하는 회전문은 기름칠이 잘 되어 있었다. 전미고속도로교통안전국National Highway Traffic Safety Administration도 운전자와 승객을 보호하는 일보다 자동차 산업계의 필요를 충족시키는 일에 더욱 열심이다.[11] 미시건 주 하원의원인 존 딩겔John Dingell이 주도하는, 의회에서 자동차 산업계를 강력하게 뒷받침하는 강력한 협력자들도 수십 년 동안 같은 목적을 달성하려고 애썼다.

또는 월스트리트 은행을 감시할 책임이 있는 연방준비제도이사회 뉴욕 지사를 생각해보라. 주식 시장이 거의 붕괴될 지경에 이르렀는데도 여전히 은행들은 법적 수완과 정치적 영향력을 행사했으므로 뉴욕 연방준비은행에서 파견한 조사관의 의욕을 꺾었다. 선임 연방 관리들은 자신보다 직위가 낮은 규제관들에게 대형 은행을 너그럽게 봐주고 문제를 지나치게 깊이 파고들지 말라고 지시했다. 2014년 한 회의에서 골드만 삭스 소속 은행가가 연방 규제관에게 "고객이 충분히 부유하다면 특정 소비자법에 적용받지 않는다"고 발언한 사실이 밝

혀졌다. 그 후 회의에 참석했던 한 규제관이 해당 발언에 우려를 나타
내자 선배 동료는 "못 들은 것으로 하게"라고 말했다.[12]

재력이 있는 이해 집단은 마음에 들지 않는 법을 억압할 목적으
로 의회에 압력을 가해서 해당 법의 시행 자금을 책정하지 못하게 막
기도 한다. 예를 들어 텍사스 주에 있는 화학 비료 공장인 웨스트West
가 2013년 4월 폭발해 14명이 사망하고 200명 이상이 다쳤지만 거
의 30년이 지나도록 이 공장은 전면적인 조사를 받지 않았다.[13] 산업
안전 및 보건관리국Occupational Safety and Health Administration, OSHA에서는
2,200명에 불과한 조사관이 800만 곳 이상의 작업장에서 일하는 근
로자 1억 3,000만 명의 안전을 도모해야 하는 책임을 진다.[14] 조사관
한 명이 근로자 5만 9,000명의 안전을 조사해야 한다는 뜻이다. 하지
만 의회가 OSHA 활동에 책정한 예산은 여러 해에 걸쳐 계속 줄었다.
OSHA는 체계적으로 껍데기만 남았다. 자동차 안전을 책임지는 전국
고속도로교통안전국도 사정은 마찬가지다. 2013년 OSHA에 책정된
예산은 1억 3,400만 달러였고[15] 일반적으로는 해당 금액이 미국에서
매년 교통사고로 3만 4,000명가량 사망하는 문제를 다루기에 충분하
다고들 생각하지만, 실제로는 이라크 소재 미국 대사관을 보호하려고
그해 3개월 동안 소비한 자금보다 적다.

미국 국세청Internal Revenue Service도 속이 비어가기는 마찬가지다. 유
령 회사와 조세 피난처 등을 통해 돈을 세탁하고 세금을 최소로 내는
지역을 찾아 수익을 외국으로 빼돌리는 등 대기업과 부자가 온갖 탈
세 방법을 동원하는 바람에 2014년 국세청 예산은 2010년보다 7%
감소했다. 같은 기간에 국세청은 전체 직원의 11%에 해당하는 1만

명 이상을 감축해야 했다.[16] 이렇게 예산을 인색하게 책정한다고 해서 정부가 돈을 절약하는 것도 아니다. 국세청의 세금 집행 활동이 활발하지 않을수록 국고 수입은 줄어들기 때문이다. 국세청은 세금 집행 예산 1달러당 약 200달러의 체납 세금을 거둬들였다.[17] 하지만 국세청의 예산이 감축되면서 대기업과 부자가 세금 감사를 받을 가능성도 줄어들었다.

도드-프랭크 금융개혁법이 통과되자 월스트리트는 비슷한 맥락에서 해당 법을 시행하는 정부 기관이 자금을 확보하지 못하도록 대책을 세웠다. 결과적으로 월스트리트가 거의 붕괴 직전의 위기를 넘긴 지 6년이 지났는데도 도드-프랭크법의 일부 조항은 여전히 시행 준비 단계에 머물러 있다. 애초에 월스트리트를 곤경에 빠뜨렸던 파생 상품 거래를 제한하는, 이른바 볼커룰Volcker Rule이 그 예다.

어떤 산업 분야가 특정 법이 제정되는 것을 원하지 않지만 상정된 법안을 공개적으로 반대하는 경우에 대중이 심하게 반발할까 봐 두렵다면 법 시행에 필요한 자금줄을 조용히 쥔다. 식품안전현대화법Commodity Futures Modernization Act이 제정될 당시 식품업계가 그랬다.[18] 해당 법은 오염된 음식을 먹고 수천 명이 병에 걸리는 사건이 터졌던 2011년 제정되었다. 뒤이어 식품업계는 의회에 로비를 하는 방법으로 예산 책정을 방해해 해당 법을 거의 시행할 수 없는 지경으로 만드는 데 성공했다.

시행 기관의 발톱을 뽑아서 법을 무력화하는 방법은 대중이 인식하지 못하므로 효과가 있다. 법을 제정하면 대중의 관심을 끌고 백악관에서 조인식까지 열릴 수 있다. 언론도 시기적절하게 사건을 보도한다. 하지만 법률 시행 기관의 재원을 고갈시키는 행위는 실질적으로 법을 폐지시키는 것과 마찬가지인데도 대중의 관심을 전혀 끌지 못한다.

훨씬 조용하게 법을 폐지시키는 방법은 구멍과 예외를 엄청나게 많이 만들어 거의 시행할 수 없을 정도까지 몰아가는 것이다. 일반적으로는 시행 기관이 하부 규칙을 제정해 법의 의미나 금지 사항을 규정하려 할 때 구멍이 생긴다. 예를 들어 도드-프랭크법에서 상품의 미래 가치에 대한 베팅을 제한하려고 만든 규정을 생각해보라. 몇 년 동안 월스트리트는 식품·석유·구리·기타 상품을 취급하는 선물 시장에 투기해 수익을 거둬왔다. 이러한 투기 행위로 상품 가격이 불규칙적으로 오르내렸다. 월스트리트는 가격의 향방을 대개는 정확하게 점쳐서 베팅하여 큰돈을 벌지만 결과적으로는 소비자들이 지불해야 하는 비용을 증가시킨다. 이것도 보이지 않는 곳에서 부가 중산층과 빈곤층에서 부유층으로 재분배되는 과정이다. 도드-프랭크법에 따라 상품선물거래위원회Commodity Futures Trading Commission는 이러한 베팅을 억제하는 규칙을 구체적으로 고안하는 수순에 들어갔다. 그 후 위원회는 주로 월스트리트에서 나온 1만 5,000건의 의견을 참고했다.[19] 또한 수많은 경제적·정책적 분석을 실시해 이 같은 규제가 월스트리트에 초래하는 비용에 대비해 대중에게 돌아가는 혜택을 주의 깊게 측정했다.

몇 년 후 상품선물거래위원회는 월스트리트가 원했던 세제 구멍과 예외를 포함한 규칙을 제안했다. 그래도 월스트리트가 만족하지 않자 새 규칙의 시행 시기를 최소 일 년 동안 연기해서 월스트리트가 새 규칙에 반대할 여지를 주었다. 거대 은행들은 여기에 머무르지 않고 해당 규칙을 번복하려고 소속 변호사들을 동원해 위원회의 손익분석이 적절하지 않다고 주장하면서 연방 법원에 제소했다.[20] 손해와 수익은 산출하기가 어려우므로 이것은 영리한 책략이었다. 월스트리트는 해당 문제에 대한 판단을 연방 판사에게 맡기는 방식으로 전술적으로 상당히 커다란 이점을 손에 쥘 수 있었다. 이는 월스트리트가 이른바 전문가(다수는 가격만 적당하면 무슨 진술이라도 할 수 있는 학자들이다)를 고용할 수 있는 막대한 자금을 보유하고 있기 때문이고, 그렇게 고용된 전문가들은 상품선물거래위원회가 수익을 과장하고 손해를 과소평가했다는 점을 정교한 방법으로 밝혀냈다.

거대 은행들이 이런 책략을 사용한 것은 처음이 아니었다. 2010년 증권관리위원회Securities and Exchange Commission는 도드-프랭크법에 따라 주주가 기업 이사들을 임명하기 쉽게 만들려고 제정한 규칙을 시행하려다가 월스트리트에 의해 고소당했다. 월스트리트는 새 규칙을 시행하려는 증권관리위원회의 손익분석이 부적절하다고 주장했다.[21] 은행이 고용한 변호사와 '전문가'들이 들끓었고 연방 항소법원은 월스트리트의 손을 들어주었다. 이로써 기업 이사를 임명할 때 주주에게 좀더 큰 힘을 실어주려던 의회의 노력은 최소한 일시적으로 종지부를 찍었다.

분명히 정부는 법 시행에 필요한 모든 중요한 조치의 손익을 계산해야 한다. 하지만 이때도 대기업과 거대 은행은 근본적으로 유리하다. 틀림없이 스스로 원하는 방향으로 손익을 측정하는 방법을 진술해줄 전문가와 컨설턴트를 고용할 수 있기 때문이다. 규제를 시행하려면 연구를 지원하고 자기 관점을 뒷받침할 만큼 충분히 자금을 댈수 있어야 한다.

게다가 월스트리트를 규제하는 문제에서 대중의 불신이라는 가장 중요한 손실은 어떤 분석에도 포함되지 않는다. 부분적으로 불신은 월스트리트의 거듭되는 악폐 때문에 생겨나지만 경제 제도 전체에 대한 대중의 불신은 점점 커진다. 월스트리트의 장난을 지켜보면서 대중은 경제 게임이 조작되고 있다고 확신한다.

자본주의는 신뢰를 기반으로 한다. 신뢰하지 못하면 대중은 합리적인 경제적 위험조차 기피하기 마련이다. 또한 거물들이 엄청난 속임수를 쓰고도 처벌을 받지 않는다면 자기 같은 피라미들이 자질구레하게 속이는 행위쯤은 당연히 눈감아 주어야 한다고 생각하기 시작하므로 경제 제도를 불신하는 사람이 훨씬 늘어난다. 더욱이 경제가 조작되었다고 믿는 사람들은 말이 빠르고 생각이 어리석은 선동 정치가들이 손쉽게 노리는 먹이가 되기 쉽다.

이러한 손실은 계산해보면 실제로 엄청나게 크다. 월스트리트는 미국을 불쾌한 냉소주의로 뒤덮이게 한다. 대부분의 미국인은 어느 정도 타당한 이유를 제시하면서 월스트리트가 정치적 영향력을 소유했으므로 처음부터 부가조건 없이 납세자의 주머니에서 나온 돈으로 구제금융을 받았다고 믿는다. 또한 월스트리트가 무절제하게 사업을 추진한 탓에 시장이 붕괴되어 일반 국민의 주택 담보대출이 여러 해 동안 언더워터(주택 가격보다 대출금이 더 큰 상태—옮긴이)에 머무르고 있는데도 정부가 은행에 대출을 재조정하라고 요구하지 않는 이유도 그 때문이라고 믿는다. 그래서 납세자들은 골드만 삭스에 같은 비율로 구제금융을 제공하고도 워런 버핏Warren Buffett만큼 주식 지분을 획득하지 못한 것이다. 은행이 다시 수익을 거두기 시작했을 때도 납세자들은 상승 이익을 제대로 누리지 못했다. 기본적으로 일반 국민은 거대 은행의 추락 위험을 흡수할 뿐이다.

고위직 은행 임원들은 커다란 위험을 시도하거나 과도한 위험요소를 간과했는데도 자리를 그대로 유지하고, 기소에서 빠져나와 교도소 행을 피하는 동시에 엄청난 돈을 계속 긁어모은다. 이러한 현실은 월 스트리트가 소유한 정치적 영향력과 무관하지 않다. 그래서 금융 위기를 다시 맞지 않으려고 제정한 도드-프랭크법은 취지가 희석되고, 해당 법을 시행하는 규칙에는 구멍이 숭숭 뚫려 월스트리트 임원들은 페라리를 몰고 유유히 구멍을 통과했으며 일부 규칙은 세상의 빛을 보지 못했다. 이러한 냉소주의의 대가는 미국 내부로 깊이 스며들어 의심과 분노를 부채질했고 결과적으로 미국 정치를 소모시켰다.

시행 기관을 상대로 소송을 제기해 규칙의 영향력을 희석하는 것처럼, 대기업과 거대 은행에 불편한 법이 벌금 액수가 지나치게 적고 합의 조건이 과도하게 가벼운 탓에 실질적으로 폐지되는 결과가 발생한다. 월스트리트 최대 은행인 JP 모건체이스JP Morgan Chase의 사례를 생각해보자. 해당 은행은 풍부한 재력을 동원해 정치를 움직이고 값비싼 변호사 군단을 포진시켜 자사 이익을 보호했다. 2012년에는 기업 채무와 연동되어 있는 신용부도 스와프credit default swaps(부도가 발생하여 채권이나 대출 원리금을 돌려받지 못할 위험에 대비한 신용 파생 상품—옮긴이)에 베팅해 62억 달러를 잃고 대외적으로는 손실에 대해 거짓을 말했다.[22] 은행이 사업을 움켜쥐려고 불법 뇌물을 제공했다는 사실이 나중에 밝혀졌다. 게다가 같은 해에는 부정 행위로 신용카드 부채를 모으고, 주택 담보대출에서 잘못된 압류 수단을 사용하고, 계약을 따내려고 중국 관리의 자녀를 직원으로 고용하고, 해외부패방지법Foreign Corrupt Practices Act을 위반하는 등의 혐의로 기소 당했다. 이처럼 법무부와 증권관리위원회는 수차례에 걸쳐 은행을 조사했다.[23]

2012년 JP 모건체이스의 4/4분기 금융 보고서는 작은 글씨가 빼곡히 인쇄된 9쪽짜리 법률 문서를 수록하고 사건을 모두 해결하려면 68억 달러가 소요되리라 추산했다.[24] 하지만 총자산이 2조 4,000억 달러에 이르고 주주 지분이 2,090억 달러인 기업에 68억 달러는 새발의 피였다.[25] 문제의 핵심은 이렇다. JP 모건체이스는 벌금을 감수하고 처음부터 법을 무시했다. 대기업이나 거대 은행은 아무리 덜미가 잡혀 기소 당하고 잠재적인 벌금액이 크게 늘어나더라도 잠재적인 이익을 초과하지 않는다면 작더라도 이익을 움켜쥘 기회를 결코 놓치지 않을 것이다. 잠재적인 이익에 비해 상대적으로 소액인 벌금은 사업을 수행하는 비용일 뿐이다.

　심지어 JP 모건체이스가 금융 붕괴 이전에 하자 있는 주택 담보대출 상품을 부정직한 방법으로 판매한 혐의를 받고 2013년 130억 달러를 내고 법무부와 합의했는데도 자사 주가는 거의 변하지 않았다.[26] 같은 종류의 부정 행위로 인해 시티그룹이 합의금으로 70억 달러,[27] 2014년 뱅크 오브 아메리카가 최고 기록을 깨며 166억 5,000만 달러를 지불했지만 주가는 역시 요동치지 않았다. 사실상 뱅크 오브 아메리카가 합의금을 지불하기 전에 월스트리트에 소식이 파다하게 퍼졌는데도 해당 은행의 주가는 상당한 폭으로 올랐다.[28] 이렇게 거대 은행이 지불한 합의금 중 상당액은 세금 공제 대상이었기 때문이다.(세금 공제를 결정하는 기준은 손해를 입은 대상자에게 지불금이 돌아가느냐이다. 예를 들어 뱅크 오브 아메리카가 지불한 합의금 166억 5,000만 달러 중 최소한 70억 달러는 주택 소유주와 빈민 지역을 구제하는 용도였으므로 세금 공제를 받았을 것이다.[29]) 게다가 은행이 벌어들인 수익과 비교했을 때 합의금의 규모는 약했다. 뱅크 오브 아메리카의 세전 수입은 2012년 40억

달러에서 상승하여 2013년 한 해만도 170억 달러에 달했다.[30]

2014년 법무장관인 에릭 홀더Eric Holder는 거대 은행인 크레딧 스위스Credit Suisse가 부자 고객의 탈세 행위를 도왔으므로 유죄라고 발표했다. 그러면서 "이 사건은 규모나 세계적인 영향력과 관계없이 어떤 금융 기관도 법 위에 존재하지 않는다는 사실을 입증한다"고 선언했다.[31] 하지만 금융 시장은 벌금 28억 달러를 대수롭지 않게 생각했다.[32] 사실상 합의가 성사된 날 크레딧 스위스의 주가는 거대 금융 기관 중 유일하게 올랐다.[33] 심지어 유죄 선언 즉시 실시한 뉴스 브리핑에서 크레딧 스위스의 CEO는 낙관적인 어투로 말했다. "고객과 대화한 결과는 매우 고무적이었고, 그다지 문제될 것이 없어 보인다."[34] 부분적으로는 법무부가 탈세 고객의 명단을 제출하라고 요구하지도 않았기 때문이다.

법률로 정한 최대 벌금액은 상당히 낮은 경우가 많다. 벌금은 법률에 반대하기는 하지만 무력화시키고 싶어 하는 것처럼 보이지 않기 위해서 산업계가 사용하는 정치적 전술이기도 하다. 예를 들어 2014년 제너럴 모터스는 불량 점화 스위치 문제를 제대로 처리하지 못해 13건 이상의 사망사고를 내면서 공공연하게 비난을 받았다. 수십 년 동안 점화 장치에 대해 불만이 터져 나왔지만 GM이 아무 조치도 취하지 않자 결국 정부가 나섰다. 교통부 장관 앤서니 폭스Anthony Foxx는 국가자동차교통안전법National Traffic and Motor Vehicle Safety Act이 허용하는 벌금 최고액인 3,500만 달러를 부과하면서 "GM은 법률을 어겼다.[35] (……) 공공 안전 의무를 지키지 않았다"고 질타했다. 물론 3,500만 달러는 자산이 1,000억 달러인 기업에는 얼마 되지 않는 금

액이었다. 심지어 안전 기준을 의도적으로 위배해서 사망사고를 초래
한 데 따르는 형사 처분도 받지 않았다.

2013년 핼리버턴 사는 '딥워터 호라이즌Deepwater Horizon' 원유 유출
사고의 증거를 인멸한 혐의로 형사 고발되었다. 핼리버턴 사가 유죄
를 인정했다는 뉴스가 크게 보도되었다. 하지만 이러한 비행에 법이
부과할 수 있는 벌금 최고액은 20만 달러에 불과했다.(또한 핼리버턴 사
는 국립어류 및 야생동물재단National fish and wildlife foundation에 세금 공제를 받
는 '자발적 성금' 5,500만 달러를 내놓기로 동의했다.[36]) 2013년 핼리버턴 사
의 총수입은 294억 달러였으므로 벌금 20만 달러는 반올림 오차 정도
였다.[37] 게다가 핼리버턴 사에 소속한 어느 누구도 교도소에 가지 않
았다.

정부 관리는 텔레비전 카메라 앞에 서서 범법 행위를 저지른 기업
에 무거워 보이는 처벌을 분노에 찬 목소리로 선언하고 싶어 한다. 하
지만 그러한 분노는 대중에게 보이기 위한 것일 뿐 기업이 거두는 수
입에 비교하면 벌금은 상대적으로 적다. 벌금은 재판이 아니라 합의
에 따른 결과다. 합의하면서 기업은 자사의 잘못을 인정하지 않고, 기
껏해야 사실을 모호하거나 지리멸렬하게 진술할 뿐이다. 이렇게 해서
기업들은 손해를 입은 주주나 고소인에게 유죄 판결을 근거로 소송을
당하는 사태를 미연에 방지한다.

정부는 사건을 합의를 통해 해결하고 싶어 한다. 해당 법을 시행하
는 정부 기관은 예산이 빈약한 까닭에 시간이 오래 걸리는 재판을 계
속 끌고 나가기 어렵기 때문이다. 더욱이 이러한 기관을 대표하는 변
호사들은 대기업과 월스트리트 은행이 고용하는 대형 법률사무소 변
호사들보다 보수가 적은 데다가, 재판을 준비하는 과정에서 서류와

증언을 취합해주는 직원의 수도 적기 때문에 합의를 하면 법정에서 낮 뜨겁게 패소할 위험성을 피할 수 있다. 따라서 합의는 기업과 정부가 상생하는 방법처럼 보이지만 실제로는 시행 메커니즘을 훼손한다.

부정 행위를 하도록 명령하거나 외면한 기업 임원들은 은근슬쩍 처벌을 모면한다. 거대 제약회사인 파이저는 태도를 고치겠다고 약속하면서 몇 번이나 유죄를 인정하고 합의하고 나서도 2009년 의사를 매수해 비인가 진통제를 처방한 혐의로 다시 유죄를 선고 받고 벌금 12억 달러를 냈다. 하지만 단 한 명의 고위 임원도 범죄로 기소되거나 유죄를 선고 받지 않았다. 이와 비슷한 예로 월스트리트가 붕괴 위기에 처한 지 6년 후에 활동했던 임원 중 어느 누구도 많은 국민의 저축금을 바닥나게 만든 범죄를 저지른 것에 대해 유죄 판결을 받지 않았고 심지어 기소도 당하지 않았다. 예를 들어 리먼 브라더스의 리보Repo 105는 기업의 금융 약점을 감추려고 설계된 상품으로, 각 분기 말에 부채 수십억 달러를 은행의 회계장부에서 일시적으로 옮겨놓았다가 며칠 후 다음 분기가 시작하는 시점에 다시 넣었다. 이는 법원이 임명한 리먼 브라더스 사태 조사관이 밝혀낸 고의성 사기 행위였다.[38] 하지만 리먼 브라더스의 전직 임원 중 단 한 사람도 형사 처분을 받지 않았다. 십대가 마리화나 30그램을 팔다가 체포되면 몇 년의 징역형에 처해질 수 있다는 사실과 비교해보라.

선출직인 법무부 장관과 주州 판사도 거대 자금이 시장 규칙을 해석하고 시행하는 방식에 영향을 미치는 통로로 작용한다.

32개 주는 선거를 실시해 주 대법원, 상고법원, 항소법원, 사실심법원 소속 판사를 선출한다.[39] 전국적으로 모든 주 법원 판사의 87%는 선거를 치른다. 이러한 미국의 현실은 일반적으로 입법부의 조언과 동의를 얻어 판사를 임명하는 다른 나라와 확연하게 다르다. 전직 대법원 판사인 샌드라 데이 오코너Sandra Day O'Connor가 설명했듯 "세계 어느 나라도 이러한 제도를 실시하지 않는다.[40] 그렇게 해서는 공정하고 편견 없는 판사를 구할 수 없기 때문이다."

1980년대까지 법관을 선출하는 선거는 상대적으로 대중의 주목을 받지 못했다. 하지만 1990년대 초부터 선거에 훨씬 돈이 많이 들었고 경쟁도 치열해졌다. 1910년 연방대법원이 시민연대 판결로 기업 선거 후원금 기부의 수문을 열면서 외부 집단이 법관 선거에 뿌리는 액수가 급등했다. 2012년 선거 기간 동안 법관 선거에 투입된 자금은 2,410만 달러로 2001년과 2002년 선거 기간에 소비한 270만 달러보다 9배 증가했다.[41] 2013년 에모리대학교 법학 대학원의 조안나 셰퍼드Joanna Shepherd 교수가 실시한 연구에 따르면, 법관은 기업에서 받는 후원금이 많을수록 기업 소송자에게 유리한 판결을 내릴 가능성이 높다.[42] 미국 진보센터Center for American Progress의 보고서도 법관 선거에 자금을 투입한 기업은 나중에 보상을 받는다고 밝혔다. 보고서의 저자는 다음과 같이 쓰고 사례를 제시했다. "짧은 기간 동안 대기업은 텍사스 주 대법원과 오하이오 주 대법원 등 법원을 공개 토론의 장으로 바꾸는 데 성공하므로 개인은 기업에 책임을 묻는 과정에서 험준한 장애물에 직면한다."[43] 오하이오 주 보험업계에 선거 후원금을 기부 받은 판사는 보험사가 불만을 품었던 최근 판결을 뒤집는 데 투표했고, 텍사스 주에 있는 에너지 회사에서 선거 후원금을 받은 판사는 해당 회사에 유리한 방향으로 법을 해석했다.

소송을 제기하는 방법으로 규칙을 시행하는 주 법무부 장관도 선거와 재선을 치러야 하므로 기업에서 점점 더 많은 후원금을 받고 있다. 2014년 말 〈뉴욕타임스〉가 조사한 결과에 따르면, 주요 법률 사무소들은 기업고객의 조사를 중단시키고, 고객에게 유리하도록 타협하여 합의에 도달하고, 소송을 제기하지 않도록 연방 규제 기관에 압력을 가하려고 법무부 장관에게 기업의 선거 후원금을 보내는 통로 역할을 담당한다.[44] 예를 들어 유타 주 법무부 장관은 전직 법무부 장관이었던 뱅크 오브 아메리카 로비스트를 비밀리에 만나고 나서 해당 은행을 상대로 제기된 소송을 철회했다. 거대 제약회사인 파이저는 2009년부터 2014년까지 수십만 달러를 기부하는 방식으로 최소한 20개 주가 허가받지 않은 용법으로 약품을 광고했다는 혐의로 제기한 소송을 자사에 유리하게 해결해달라고 주 검사들에게 요청했다. 큰손인 AT&T에서 선거 후원금을 받은 법무부 장관들은 여러 주의 청구서 발행 관행을 조사하고 난 후에 AT&T에 온화한 조치를 내리도록 지시했다.[45]

시장 규칙을 시행하는 것은 전적으로 정부 검사의 몫은 아니다. 부당하게 대우 받았다고 느끼는 개인·기업·집단도 특허 침해·독점·계약 위반·사기·기타 규칙 위반 등으로 소송을 제기할 수 있다. 하지만 소송을 치르려면 비용이 많이 든다. 해당 소송이 심각한 손해에 관한 것이어서 막대한 배상금을 받아 수임료를 챙길 수 있으리라고 변호사가 판단하지 않는 한 많은 소기업과 대부분의 대중은 소송비용을 감당할 수 없다.

따라서 소송을 제기하거나 소송을 당해 자신을 변호할 목적으로 변호사를 고용할 수 있는 대기업과 부자는 근본적으로 유리하다. 몬산토, 컴캐스트, 구글, 애플, GE, 시티그룹, 골드만 삭스를 비롯해 재력이 풍부한 기업은 자사와 동등한 법적 자원을 갖추지 못한 기업을 방해하는 장벽으로 소송을 사용할 때가 많다. 소송을 제기하거나 소송을 제기하겠다고 위협하기만 해도 대부분의 소기업 소유주나 사업가를 물러서게 만들 수 있기 때문이다. 부자는 변호사 군단을 배치해 모든 잠재적 배상 요구에 맞서서 자신을 보호하고, 극히 사소한 자극에도 소송을 제기하겠다고 위협한다. 이러한 포식성 소송은 경제적 지배 현상이 법적·정치적 힘을 불러오는 방법이기도 해서 결과적으로 경제적 힘이 더욱 확대되고 견고해진다.

최근까지 소기업과 일반 개인은 힘을 합해 집단 소송을 제기할 수 있었지만, 이러한 성격의 소송을 시작하기가 더욱 힘들어지고 있다. 앞에서 살펴보았듯 많은 계약이 규정하는 의무적인 중재 조항이 집단 소송을 효과적으로 방해하기 때문이다. 더욱이 대법원을 구성하는 과반수의 공화당 대법관들은 자신의 임명을 후원한 기업의 이익에 민감하게 반응해 집단 소송으로 이어지는 문을 부지런히 닫는다. 2011년 AT&T 모빌리티 대 콘셉시온Concepcion 사건에서 공화당 대법관들은 소비자 계약 범위 안에서 기업은 집단 소송을 합법적으로 막을 수 있다고 판결했다.[46] 다음해 칼턴 필즈 조든 버트Carlton Fields Jorden Burt가 실시한 조사에 따르면 계약서에 집단 소송 금지 조항을 포함시킨 대기업의 수가 두 배 이상 증가했다.[47] 뒤이어 컴캐스트 대 베렌드Behrend 사건에 대한 판결에서 공화당 대법관 다섯 명은 필라델피아 지역 가입자들이 경쟁을 제거하고 자신들에게 과잉 청구했다고 주장하면서 컴캐스트를 상대로 소송을 벌여 얻어낸 손해배상금 중에서 8억 7,500만 달러를 거부했다.[48] 판결문을 쓴 안토닌 스칼리아Antonin

Scalia 대법관은 컴캐스트의 비행 행위가 전체 가입자에게 공통적으로 나타난다는 점을 원고가 입증하지 못했고, 따라서 배상금이 개인을 위한 것이 아니라 가입자 모두에게 적절한 법적 구제 방법인지 입증하지 못했다고 말했다.

이러한 판결은 직원이나 소기업을 포함해 소비자 집단이 힘을 합해 법을 시행할 수 있는 능력을 제한한다. AT&T와 컴캐스트 같은 거대 기업이 개인 소비자와 직원의 목소리를 억누르려고 휘두르는 힘은 더할 나위 없이 크다.

9장

요약: 전체로서 시장 메커니즘

앞에서 설명한 내용을 간추려보자. 시장은 국가·정부·법·기업·야구처럼 인간이 만든 상품이다. 다른 체제가 그렇듯 시장을 조직할 수 있는 대체 방식은 많다. 어떻게 조직하든 시장의 규칙은 사람들에게 유인책을 제공한다. 이상적으로 규칙은 사람들이 일하고 협력하고, 창조성과 창작성을 발휘하고, 개인이 추구하는 삶을 살아가도록 돕는다. 또한 올바름, 가치, 공정성에 대한 윤리적 가치와 판단을 반영한다. 결코 정적이지 않고 시간과 함께 변화하므로 우리는 이해당사자 대부분이 더욱 바람직하고 공정하다고 생각하는 방향으로 규칙이 바뀌기를 희망한다. 하지만 규칙이 항상 우리가 희망하는 방향으로 바뀌는 것은 아니다. 특정 사람들이 자신에게 이로운 방향으로 규칙을 바꿀 힘을 획득하기 때문이다. 최근 수십 년 동안 미국과 많은 다른 나라에서 그랬다.

사유재산·독점제한·계약·파산·채무불이행을 다루는 기타 수단, 그리고 이러한 규칙의 시행은 어떤 시장이든 시장을 구성하는 필수요소다. 자본주의와 자유 기업은 이러한 요소를 요구하지만 다수보다는 소수의 이익을 보호하는 방향으로 기울 수 있다. 앞에서 설명했듯 다섯 가지 구성요소는 입법자, 시행 기관의 장, 판사 등이 내리는 광범위한 결정에 지배를 받기 때문에 환경이 변하고, 기술이 발전하고, 쟁점과 문제가 새로 대두되고, 오랜 해결책이 유용성을 잃으면서 바뀐다. 이렇듯 중요한 메커니즘은 정부의 크기와 '간섭'과 전혀 관계가 없다. 정부의 세금 부과액과 소비액과도 관계가 없다. 그들이 결정을 내리지 않으면 시장은 기능할 수 없다. 따라서 입법부·시행 기관·법원은 정부가 크든 작든 상관없이 결정을 내려야 한다.

결정을 내릴 때는 어떤 지침을 사용해야 할까? 공공의 선이라는 추상적인 개념은 쓸모가 없다. 대중을 위한 선이 무엇인지에 대해 합의점이 없기 때문이다. '효율성 향상'은 제안된 많은 수단의 손익을 측정하기 어려우므로 실용적인 지침이 아니다. 더욱이 타인을 곤경에 빠뜨리지 않고 일부 사람에게 유리한 결정을 내리더라도 수혜자가 이미 부자인 경우에는 이러한 수단이 불평등을 악화시킬 수 있다. 이상적으로 이러한 결정은 시민 대다수의 바람과 가치를 투영하고, 민주적 체제에서 권한을 부여받은 사람이 내린 최고의 판단을 반영해야 한다.

하지만 최근 수십 년의 추세를 보면 충분한 자원을 소유한 거대 기업, 대형 은행, 부자가 불균형적으로 입김을 불어넣는 협상의 형태를 빌려 비밀리에 결정을 내리는 경우가 많다. 그들은 돈으로 로비스트를 매수하고, 선거 후원금을 대고, 홍보 활동을 펼치고, 전문가와 연구자 집단을 갖추고, 변호사 군단으로 무장하고, 앞으로 일자리를 주겠다고 은밀히 약속한다.

앞에서 설명했듯 거대 기업, 대형 은행, 부자가 선출직 판사와 법무부 장관에 미치는 영향력과 마찬가지로 입법자들에게 미치는 영향력도 직접적이고 즉각적일 때가 많다. 법을 시행하는 선출직 관리들에 미치는 영향은 이보다 간접적이지만 강력하기는 마찬가지다.(역사적으로 일부 대법원 법관이 자신을 임명한 대통령과 다른 의견을 채택했지만, 좀 더 최근에 임명된 법관들은 예상대로 더욱 편파적이다.)

따라서 메커니즘은 악순환을 만들어내고 영속시켜서, 경제적 지배가 정치적 힘을 키우고, 정치적 힘은 경제적 지배 현상을 더욱 확대시킨다. 대기업과 부자가 정치 기관에 가하는 영향력은 점점 커지고, 정치 기관에서 내리는 결정으로 이익을 획득한다. 이로써 그들의 부는 증가하고 미래에 내리는 결정에 더욱 큰 영향력을 행사할 수 있다.

이 책에서 서술한 것은 엄밀하게 부패는 아니다. 미국의 공무원이 직접적으로 뇌물을 요구하거나 받는 사례는 드물다. 유혹은 이보다 미묘하다. 관리들 입장에서는 기득권층이 위태롭다고 여기는 영역을 홀로 헤쳐 나가는 방식보다는 로비스트, 고용된 전문가, 영리하고 노련한 변호사들이 용의주도하게 깔아놓은 길을 선택하는 것이 당연히 쉽다. 선거 후원금을 제공하고 공직에서 물러난 후에 고소득 일자리를 주겠다는 유혹을 받으면 가뜩이나 선호하는 길에 훨씬 구미가 당기기 마련이다.

부와 소득의 불평등이 확산되는 경향은 교육을 많이 받은 사람과 인맥이 탄탄한 사람에게는 보상하고, 그렇지 못한 사람에게는 불리한 기술 변화와 세계화 때문만은 아니다. 기업과 부유한 엘리트들이 세금을 낮추고 세금 구멍을 넓히고 정부 지원금을 더 많이 받아내려고 로비 활동을 벌이기 때문만도 아니다. 앞에서 주장했듯 정부의 세금과 지원금은 그림 전체의 일부일 뿐이고, 오히려 불평등의 확대가 '자유 시장' 자체를 구성하는 요소로 굳어져가기 때문이다. 세계화와 기술 변화가 일어나지 않더라도, 심지어 세금 우대 조치와 지원금을 받지 않더라도, 대개 기업 수익에서 소득을 얻는 기업·임원·투자자 등이 국가 전체 소득에서 차지하는 몫은 일반 근로자의 몫보다 상대적으로 계속 커질 것이다. 악순환이 이러한 현상을 저절로 부추길 것이다.

2014년 세전 기업 수익이 경제 전체에서 차지하는 몫은 2차 세계 대전으로 수익이 증가했던(그리고 대부분 세금으로 들어갔다) 1942년의 기록과 어깨를 나란히 하면서 85년 만에 최고 정점을 찍었다.[1] 2000년부터 2014년까지 기업의 분기별 세후 수익은 5,290억 달러에서 1조 6,000억 달러로 늘어났다.[2] 이것은 수익의 증가가 아니라 경제적 힘의 증가를 반영한다. 앞으로 설명하겠지만 경제적 힘이 커지면서 전례 없이 주가를 높게 끌어 올려 투자자들의 재산을 늘려주었고 대부분의 투자자들이 국가의 상위 부유층에 진입하는 결과를 낳았다. 그러는 사이에 경제에서 근로자가 차지하는 몫은 계속 작아진다. 2000년에 비농업 소득에서 노동이 차지하는 몫은 63%였다.[3] 2013년에는 경제의 성격이 노동 집약에서 자본 집약으로 바뀌는 추세가 반영되어 연간 7,500억 달러로 57%를 기록했다.[4] 중요한 것은 고소득자의 급여와 저소득자의 급여가 나타내는 소득 불평등 현상이 증가했다는 것이다.(〈표 2〉와 〈표 3〉 참조)

앞에서 서술한 과정은 경제학자 토마 피케티Thomas Piketty가 《21세기 자본Capital in the Twenty-First Century》에서 자본주의가 불평등을 확대시키

| 표 2 | 국내 총생산에서 차지하는 비율로 보는 세후 기업 수익

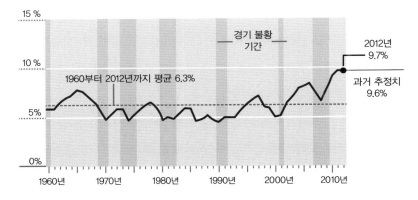

출처: 미국 상무부 산하 경제분석국

| 표 3 | 국내 총생산에서 차지하는 비율로 보는 개인 급여와 임금 소득

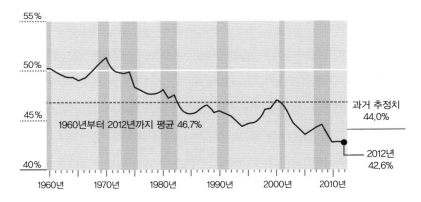

출처: 헤이버 애널리틱Haver Analytic을 통한 미국 상무부 산하 경제분석국
그래프 제공: 〈뉴욕타임스〉의 플로이드 노리스Floyd Norris

는 방향으로 움직이는 경향에 대해 제기한 의문을 설명하는 데 유용하다. 피케티는 자본 수익이 장기간에 걸쳐 경제 성장률을 누른다면 경제에서 자본이 차지하는 몫은 계속 증가하리라 가정했다.[5] 하지만 피케티는 시간이 흘러도 자본 수익이 감소하지 않는 이유를 설명하지 못했다. 일반적으로는 부가 쌓일수록 부에서 괜찮은 수익을 거두기는 더욱 어렵다. 피케티가 저서에서 설명하지 못한 것은, 최소한 미국에서 최근 수십 년 동안 대부분의 최상위 부유층이 유산을 받기보다는 손수 일해서 부를 축적해왔다는 사실이다. 따라서 전체 부에서 자신의 몫을 점차 늘리는 사람들이 시장 자체를 움직이는 규칙에 대해 행사하는 영향력도 커지고 있다.

이러한 악순환은 피할 수도 있고 뒤집을 수도 있다. 널리 번영을 공유하면 더욱 통합적인 성향의 정치 기관을 탄생시키고, 결과적으로 경제 성장에서 얻은 이익을 더욱 확대하고 기회를 늘리는 방식으로 시장을 조직하는 선순환을 일으킬 수 있다. 미국과 일부 사회는 2차 세계대전이 끝나고 첫 30년 동안 이러한 현상을 경험했다. 이 책의 3부에서는 이러한 성과를 다시 거둘 수 있는 방법을 탐색하려 한다.

정부와 뚜렷하게 구별되는 '자유 시장' 개념은 시장 메커니즘을 완전히 노출하고 싶어 하지 않는 사람들에게 유용한 구실로 작용한다. 그들은 시장 메커니즘에 커다란 영향력을 소유하고 있으며 앞으로도 계속 그러고 싶어 한다. '자유 시장'을 둘러싼 근거 없는 통념은 그들의 힘을 숨겨주는 데 유용하다. 따라서 악순환을 뒤집는 첫 단계는 시장 메커니즘을 있는 그대로 파악하는 것이다. 이것이 이 책의 1부가 추구하는 목적이다.

다음에는 시장 메커니즘의 결과로 누가 무엇을 획득하는지 살펴보고, 우리가 필요하거나 공정하다고 생각할 수 있는 결과와 얼마나 거리가 있는지 검토할 것이다. 사회의 최상위 부유층을 일하게 만들려면 현재 그들에게 제공하는 유인책이 반드시 필요한가? 이러한 유인책은 다른 사람이 하는 일의 가치와 비교해 최상위 부유층의 가치를 정당하게 반영하는가? 현재 중산층에게 작용하는 유인책은 대부분의 사람들에게 열심히 일하면 자신과 자신의 가족이 더욱 잘 살 수 있다는 희망을 품게 하는 동시에 스스로 원하는 생활수준을 달성하게 만드는 데 적절한가? 현재 빈곤층에 작용하는 유인책은 존엄성을 지키는 수단을 제공하면서도 사회가 기대하는 일을 하도록 빈곤층을 이끌 수 있는가?

토버트 라이시의
자본
주의를
구하라

2부

Work and Worth

일과 가치

왜 어떤 사람은 부유하고
어떤 사람은 빈곤한가

10장 ─────

실력주의에 뿌리 내린
사회 통념

몇 년 전 나는 노조 결성을 고려 중인 발전소 직원들을 상대로 강연을 해달라는 초청을 받았다. 반대표를 던지려고 생각하고 있던 한 젊은이가 자신의 가치는 당시 임금인 시간당 14달러에 불과하다고 내게 말했다. "수백만 달러를 벌어들이는 사람들을 보면 대단하다고 생각합니다. 학교에 다니고 그럴 만한 머리가 있다면 나도 그럴 수 있었겠죠. 하지만 나는 그렇지 못하니 노동으로 먹고 사는 것 아니겠어요?"[●1]

그 젊은이는 당연히 1950년대 상황을 알지 못한다. 당시 미국에서는 민간 부문 근로자의 30% 이상이 노조에 가입했다. 그래서 블루칼라 근로자들은 다수가 고등학교를 졸업하지 못했는데도 협상력을 발휘해 오늘날 화폐가치로 시급 30달러를 요구할 수 있었다. 이러한 성과를 거둔 원동력은 근로자의 두뇌가 아니라 노동자가 소유한 협상 영향력이었다. 하지만 시급 근로자에게 좀 더 많은 임금을 보장하려고 노조가 행사하는 영향력은 그때 이후로 눈에 띄게 약해졌다. 그래서 그 젊은이도 자기 '가치'가 시간당 14달러에 불과하다고 한탄했던 것이다.

───

● 이 대화는 제이콥 콘블루스Jacob Kornbluth 감독이 제작해 선댄스 영화제Sundance Film Festival 에서 심사위원 특별상을 받은 다큐멘터리 〈모두를 위한 불평등 *Inequality for All*〉에 등장한다.

급여가 자기 '가치'를 결정한다는 개념이 대중의 인식에 매우 깊이 박혀 있어서 흔히들 소득이 매우 적은 것은 전부 자기 잘못이라고 생각한다. 자신의 머리가 좋지 않거나 성격에 결함이 있는 등 개인의 실패라고 생각해 수치를 느낀다. 엄청난 소득을 올리는 사람들은 같은 맥락에서 자신이 특별히 현명하고 매력적이고 우월하다고 믿는다. 그렇지 않고서야 그토록 유능하게 일을 처리할 수 없을 테니까 말이다.

이렇듯 고소득층의 기운을 북돋우는 확신은 겉보기에는 엄청난 부를 벌어들일 뿐 아니라 사회에서 높은 지위를 누릴 자격이 자신에게 있다고 생각하게 만든다. 물론 자신들이 거두는 고소득이 불평등하게 유리한 경제 시합을 벌여 승리한 결과라고 생각하고 싶지 않을 것이고, 추측하기로는 대중도 그렇게 생각하지 않기를 바랄 것이다. 헤지펀드 매니저인 스티븐 코헨Steven A. Cohen은 2013년 한 해에 23억 달러를 벌었다. 또한 SAC 캐피털 어드바이저스SAC Capital Advisors를 20년 동안 이끌면서 약 110억 달러에 달하는 재산을 축적했다. 그렇다면 코헨은 그 정도로 재산을 모을 만한 가치가 있었을까?[2] 일반적으로는 소득이 곧 개인의 가치이므로 코헨은 그럴 만한 가치가 틀림없이 있었을 것이다. 내가 코헨이 받은 보수에 대해 공개적으로 질문하자 워싱턴에 본사를 둔 카토연구소Cato Institute의 댄 미첼Dan Mitchell은 이렇게 대답했다. "헤지펀드 판매자들이 돈을 버는 유일한 이유는 고객이 자기 돈을 그들에게 투자할 가치가 있다고 자발적으로 결정했기 때문입니다."[3]

하지만 투자자들이 스티븐 코헨에게 돈을 투자하기로 결심한 데는 다른 이유가 있을 수 있고, 따라서 코헨의 '가치'에 대해서는 좀 더 깊고 의미 있는 의문이 생긴다. 2013년 법무부가 제기한 형사고소 사건에 따르면, 코헨이 지휘권을 쥐었을 당시 SAC 캐피털에서 범한 내부자 거래는 "사내에 만연해 있었으며 헤지펀드 산업에서 전례를 찾아볼 수 없는 엄청난 규모였다."[4] 코헨의 전·현직 직원 9명은 내부 정보를 이용했다는 혐의를 인정했다. 기업 자체도 유죄를 인정하고 18억 달러의 벌금을 지불했다. 추측해보면 몇 년 동안 투자자들이 돈을 투자한 이유는 SAC 캐피털이 내부 정보를 이용한 거래로 막대한 수익을 창출했기 때문이다. 해당 기업의 내부자 거래가 더 일찍 탄로 나고 기소를 당했다면 수익률은 그 정도로 높지 않았을 것이고, 투자자들은 애당초 돈을 집어넣지 않았을 것이며, 코헨의 재산은 결코 110억 달러(벌금으로 지불한 18억 달러를 제외하고)에 도달하지 않았을 것이다.[5]

다른 표현을 사용해보자. 오늘날 노조가 60여 년 전만큼 강력하다면 내가 만난 젊은 근로자는 시급 14달러가 아닌 30달러를 벌 수 있을 것이다. 내부자 거래를 금지하는 규정을 더욱 강력하게 온전히 시행했다면 스티븐 코헨은 110억 달러의 재산을 축적하지 못했을 것이고, 그의 고객은 코헨에게 돈을 투자할 '가치가 있다'고 자발적으로 결정하지 않았을 것이다.

일반적으로 대중은 시장이 보상하는 돈의 액수가 사람의 가치를 결정한다고 생각한다. 경제의 관점에서 내리는 가장 광범위한 추측은 사회가 실력주의에 뿌리를 내리고 있어서 개인은 자신의 노력과 능력에 비례해 보상을 받는다는 것이기 때문이다.[6] 그러나 조금만 깊이 생각해보면 개인의 장점 말고도 소득을 결정하는 요소는 많다. 경제적 유산, 사적인 인맥, 외모·운·결혼과 아마도 가장 중요하게는 자신이 거주하는 사회 때문에 타인보다 유리하거나 불리한 차별 등이 그예다. 경제학자 허버트 사이먼Herbert Simon은 이렇게 언급했다. "스스로 매우 공정하게 생각한다면 자기 소득 중에서 제대로 번 것은 5분의 1에 불과하다고 주장할지 모른다.[7] 나머지는 엄청나게 생산적인 사회 체제에서 비롯된 세습 재산이다."

이제 '엄청나게 생산적인 사회 체제'는 자체적으로 창출한 소득의 매우 큰 부분을 상위 1% 중에서도 10분의 1에 해당하는 최상위층에 분배한다.[8] 이렇듯 소득 분배가 한쪽으로 편중되는 것은 대부분 힘이 할당되고 사용되는 방식의 결과다. 힘의 분배가 정당하다는 공감대가 형성되어 있지 않다면 도덕적인 의미에서 소득은 사람의 가치를 결정하지 않는다.

앞에서 주장했듯 1980년대 초를 시작으로 대기업과 고위 임원, 월스트리트의 주요 활동가, 부자는 시장의 조직 방식에 불균형한 영향

• '실력주의meritocracy'라는 용어는 영국 사회학자 마이클 영Michael Young이 1958년 풍자 소설 《실력주의의 부상The Rise of the Meritocracy》에서 처음 사용했다. 작가가 서술한 사회는 지력의 표준 척도에 지나치게 집착해서 많은 재능 있는 사람을 무시하는 한편 시험 점수가 좋은 사람의 성격적 결함을 간과한다. 하지만 그때 이후로 '실력주의' 사회의 뜻은 긍정적으로 바뀌어 누구나 타고난 지능·노력·야망·용기 등의 자질을 활용해 성공할 수 있고, 경제적 보상은 개인의 노력과 능력에 직접적으로 비례한다고 이해된다. Stephen McNamee and Robert Miller, Jr., *The Meritocracy Myth*(Lanham, MD: Rowman and Littlefield, 2009)를 참조하라.

력을 행사해왔다. 따라서 자본주의를 구성하는 기본적인 요소는 자본 소유주(기업, 주주, 임원, 월스트리트 트레이더, 헤지펀드 매니저, 사모펀드 매니저 등)에게 유리하고 일반 근로자에게는 불리하다. 또한 이러한 과정을 거치면서 중간 임금은 감소했지만 주가는 상승했다.

주가 상승분은 상위층의 소득과 재산의 증대에 크게 기여했다.• 1994년부터 2014년까지의 기간에 주가가 치솟는 상승장(2008년부터 2011년까지에는 하강기에 접어들기는 했다)에서 미국 부유층은 대박을 맞았다. 2010년에 이르러 최상위층 1%는 직접적으로나 연금 플랜을 통해 간접적으로 미국인 전체 주식의 35%를 차지했고, 상위층 10%는 80% 이상을 소유했다.[9] 대부분의 미국인은 주식에 투자할 만큼 돈을 모을 수 없었으므로 상승장에서 재미를 보지 못했다. 하위층 90%는 직접적으로든 간접적으로든 전체 주식의 19.2%만을 소유했다. 2014년 미국인의 3분의 2 이상은 하루 벌어 하루 쓰기 바빴다.[10]

시장 조직 방법을 좌우하는 규칙은 다양한 역할과 직업이 공존하는 사회에 유익해야 하므로 일부 계층은 지금보다 훨씬 많은 보수를 받아야 한다. 예를 들어 사회복지사, 교사, 간호사, 노인이나 아동을 돌보는 사람 등은 최저 수준의 보수를 받지만 증거로도 알 수 있듯 재능 있고 헌신적인 사람들로서 보수는 얄팍하지만 사회에 크게 이롭다. 한 연구에 따르면, 좋은 교사는 학생들의 평생 소득을 현재 가치로 환산해서 학급당 평균 25만 달러 증가시킨다.[11] 생각건대 교사의 보수

• '소득'은 대개 매년 유입되는 소득을 합하여 측정한다. '부'는 미지출 소득의 연간 유입액을 합한 것이다. '부'는 주로 주식, 채권, 부동산, 기타 재산의 형태로 소유한다. 또한 저축과 투자에서 발생하는 이자와 배당금, 부동산에서 발생하는 임대료 등 자체적으로 소득을 창출한다.

가 커지면 훌륭한 교사를 훨씬 많이 영입할 수 있을 것이다.

다른 한편으로 다수의 CEO, 헤지펀드 매니저, 투자은행가, 극초단타 트레이더, 로비스트, 일류 기업 변호사 등의 가치는 사회보다 시장에서 클 수 있다. 그들이 벌이는 활동의 상당 부분은 한 사람의 주머니에서 돈을 꺼내 다른 사람의 주머니에 넣는 것이므로 제로섬 활동을 가속화한다. 예를 들어 극초단타 트레이더는 다른 트레이더보다 한 발 앞서 정보를 수집해 수익을 올리므로 아슬아슬하게 우위를 확보해주는 전자 체계에 훨씬 많이 투자해야 한다. 또한 기업 변호사들은 상대편 변호사들을 공격하고 고객을 변호하는 대가로 고객에게 상당한 액수의 보수를 받는다.

이러한 직업의 종사자들은 사회를 변혁시키는 발견을 하지도, 인간의 의식을 풍요롭고 깊이 있게 해주는 예술작품을 만들어내지도 않는다. 그들이 달성하는 혁신은 직원을 포함한 기존 재산에서 돈을 더욱 많이 짜내거나 타인의 재산과 소득을 빼앗는 방법을 찾는 등 금융과 관련이 있고 전술적 성향을 띤다. 따라서 일부 고등 교육을 받은 젊은 이들이 시간과 에너지를 투입해 다른 분야에서 더욱 이롭게 활약할 수 있는 기회를 박탈한다.

금융 위기가 터지기 직전에는 하버드대학교 졸업생의 거의 절반이 월스트리트에서 직업을 구했다. 그 비율은 금융 위기가 진행되는 동안 떨어지다가 2009년 다시 상승하기 시작했다. 사회학자 로렌 리베라Lauren Rivera가 실시한 연구에 따르면, 하버드대학교 4학년의 약 70%는 대개 월스트리트와 기업 컨설팅 회사에 이력서를 제출한다.[12] 다른 아이비리그 소속 대학교들도 비율은 비슷하다. 2010년 프린스턴대학교 졸업생이 금융계로 진출한 비율은 전체 졸업생의 약 36%로, 금융 위기가 발생하기 이전인 2006년의 46%에서 감소했다.[13] 기업 경영 컨설팅 회사까지 포함시킨다면 비율은 60%가 넘는다.

이처럼 일류 대학교의 탄탄한 인적 자원은 부유한 동문이 기부하는 후원금으로 더욱 증가하고, 다수의 부유한 동문은 자신의 자녀를 해당 대학교에 입학시켜 엄청나게 부유한 금융업자, 경영 컨설턴트, 기업 임원이 될 수 있는 가능성을 높이려 한다. 나는 개인적으로 납세자가 사회에 좀 더 기여할 수 있는 직업을 지원하는 좀 더 바람직한 방법을 제안하고 싶다. 다시 말해 사회사업, 탁아, 교육, 간호 분야의 직업을 선택하는 졸업생에게 학자금 대출금을 감면해주는 것이다.

개인이 자기 가치만큼 급여를 받는다는 사회 통념은 법률·정치 기관이 시장을 지배하는 규칙을 규정한다는 현실을 간과하고 있으며 아주 근본적으로는 규칙에 영향을 미치는 힘을 무시한다. 따라서 시장이 정한 급여 액수는 바꿀 수 없거나 바꿔서도 안 된다고 생각하게 만든다.

이러한 논리라면 오늘날 최저임금을 받는 근로자는 그 이상의 가치가 없으므로 최저임금을 인상해서는 안 된다. 근로자에게 더 큰 가치가 있다면 당연히 임금을 더 많이 받을 것이기 때문이다. 이 상황에서 근로자의 임금을 인상해주라고 강요하면 고용주는 근로자를 해고할 것이다. 같은 논리로 소득 하위 90%의 중간 임금은 30년 동안 제자리걸음하다가 2000년 이후 떨어지고 있다.[14] 새로운 소프트웨어 기술과 세계화 때문에 과거에 있던 직업이 불필요해지면서 중산층 근로자의 가치가 예전보다 떨어졌기 때문이다. 중산층 근로자가 급여를 더 많이 받을 수 있는 유일한 길은 더욱 좋은 기술을 습득해 자기 가치를 높이는 것이다.

대기업 CEO의 보수는 50년 전에는 일반 근로자의 20배였지만 지금은 300배에 달한다.[15] 앞에서 서술한 논리대로라면 대기업 CEO는 그만큼의 보수를 받을 만한 가치가 있다. 투자자들이 거액을 기꺼이 투자하는 것을 보면 월스트리트에서 활동하는 인물들은 거액을 받을 가치가 틀림없이 있다. 하지만 일반 근로자의 급여를 줄이거나 제한하는 것은 열심히 일할 의욕을 꺾고 그들에게 의존하는 사람 모두에게 손해를 입히며 시장을 왜곡할 뿐 아니라 금융 제도를 광범위하게 아마도 결정적으로 비효율적으로 만든다.

명쾌한 사고가 들어서지 못하고 이처럼 허구의 논리가 사회를 장악한다. 앞에서 설명했듯 대기업은 재산·시장 지배력·계약·파산·시행으로 대표되는 '자유 시장'의 기본 규칙에 영향력을 행사해 자사의 수익과 주가를 끌어올린다. 기업의 고위직 임원과 월스트리트 은행가, 헤지펀드 매니저, 사모펀드 매니저는 소득 근로자의 1% 가운데서도 상위 10분의 1의 대다수를 차지하며, 그들이 받는 보상은 기업의 수익과 주가가 상승하면서 더욱 커진다.[16] 게다가 기업 임원과 월스트리트 트레이더와 매니저가 사기·이해충돌·유한책임·내부자 거래 등에 관한 특정 규칙에 정치적 힘을 행사하는 것도 보상에 영향을 미친다. 그들이 손에 넣는 세후 소득을 분석해보면 자기 소득에 적용되는 실질 세율에 점점 더 큰 영향을 미친다는 사실을 알 수 있다. 이 책에서 나는 경제 게임의 기본 규칙을 형성하는 데 그들이 담당하고 있는 더욱 중대하면서도 잘 알려지지 않은 역할에 초점을 맞추려 한다. 여기서 분명하게 밝히고 싶은 사항이 있다. 현재 최상위 부자들에게 제공하는 유인책은 그들을 일하게 격려하는 데 전혀 필요하지 않을 뿐 아니라, 일반 대중이 하는 일의 가치와 비교해볼 때 그들이 하는 일의 사회적 가치를 어떤 의미 있는 방식으로도 반영하지 않는다.

상위층의 정치적·경제적 힘이 증가하는 현상은 중산층의 정치적·경제적 힘이 감소하는 현상과 관계가 있다. 그리고 중산층에 작용하는 유인책은 국민 대부분이 원하는 생활수준을 제공하기에 부적절하며, 열심히 일하면 자신과 자녀가 지금보다 훨씬 잘 살 수 있다는 희망을 주지 못한다.

미국에서는 어떤 사람은 빈곤한데 어떤 사람은 부유한 현상을 실력주의 관점으로 설명하기도 한다. 이 책에서는 이러한 정당화에 현저하게 반대되는 두 집단인 근로 빈곤층과 비근로 부유층의 부상을 살펴보려 한다. 근로 빈곤층에 제공하는 유인책은 얼마간 존엄성을 제공하면서 사회가 요구하는 책임을 수행하게 만들기에는 부족하다. 반면에 비근로 부유층에 제공하는 경제적 유인책은 그들이 사회에 기여한다고 정당화할 수 있는 정도에 비해 과하게 크다.

11장

CEO가 받는 급여에
숨겨진 메커니즘

급여가 자기 가치를 반영한다고 여전히 믿는 사람이라면 지난 30년 간 일반 근로자와 비교해 미국 대기업 CEO의 급여가 치솟은 까닭을 설명할 수 있어야 한다.[1] 두 집단이 받는 급여의 비율은 1965년 20 대 1에서 1978년 30 대 1, 1995년 123 대 1, 2013년 296 대 1로 해마다 벌어졌다. 전반적으로 CEO의 급여는 1978년부터 2013년까지 937% 상승했지만 일반 근로자는 10.2% 증가했을 뿐이다.

1990년대 중반을 시작으로 대기업 CEO의 생활은 특히나 윤택해졌다. 1992년 미국에서 최고 급여를 받는 기업 임원 500명에게 돌아간 전체 급여액 평균은 890만 달러(2012년 달러화 기준으로)였다.[2] 나중에 설명하겠지만 이 중 대부분은 스톡옵션과 성과급 주식으로 실현한 이익에서 창출되었다. 심지어 미국 경제가 대공황 이후 최악의 침체를 맞아 바닥을 쳤던 2009년에도 CEO의 평균 급여는 인플레이션을 반영했을 때 1992년에 비해 거의 2배 높아졌다.

CEO의 급여만 치솟은 것이 아니다. 고위 기업 임원의 급여도 덩달아 뛰었다. 앞서 살펴보았듯 강력한 경제적·정치적 힘을 소유한 컴캐스트를 생각해보자. 2013년 주주총회 안내서에 따르면, CEO 브라이언 로버츠Brian L. Roberts가 2012년 받은 총급여액은 2,910만 달러로, 미국에서 최고 급여를 받는 CEO 10위를 기록했다.[3] 컴캐스트에서 엄청난 액수의 급여를 받은 인물은 로버츠만이 아니다. 컴캐스트의 자회사인 NBC 유니버설에서 사장이자 CEO로 재직한 스티브 버크Steve Burke는 그해 2,630만 달러를 받았다. 컴캐스트의 최고 재무 책임자인 마이클 앤젤라키스Michael Angelakis는 2,320만 달러를 받았다. 컴캐스트 케이블 커뮤니케이션스Comcast Cable Communications의 사장이자 CEO인 닐 스미트Neil Smit는 1,830만 달러를 받았고, 컴캐스트의 부사장 데이비드 코헨David Cohen은 1,500만 달러를 받았다.

거대 공기업에서 최고 급여를 받는 임원 5명에게 돌아간 보상액이 기업 수입에서 차지하는 비중은 1993년 평균 5%에서 2013년에는 15% 이상으로 증가했다.[4] 이것은 연구와 개발, 추가 일자리, 일반 근로자의 급여 인상에 투자할 수 있는 돈이었다. 게다가 거의 전액이 법인세 부과 대상에서 제외되었으므로 결국 나머지 국민이 더 많은 세금을 납부해 세금 부족액을 메워야 했다.[5]

당시 주가가 치솟았고 CEO와 고위 임원은 주주 이익을 최대화하는 임무를 수행해서 완수했으므로 급여가 치솟을 만하다는 주장이 있다. 예를 들어 하버드대학교 소속 경제학자 그레고리 맨큐N. Gregory Mankiw는 이렇게 주장했다. "CEO가 급여를 많이 받는 이유에 대한 자연스러운 설명은 유능한 CEO의 가치가 그만큼 현저하게 크다는 것이다."[6] 하지만 주주에게 돌아가는 이익을 최대화하는 것이 CEO와 임원의 목표라고 가정하더라도(이 점에 대해서는 나중에 이야기할 것이다), CEO가 지금껏 거액의 급여를 받을 만큼 가치가 있다고는 믿기 힘들다. 지난 30년 동안 CEO가 문을 걸어 잠그고 사무실에 앉아 온라인 카드게임만 했더라도 기업의 가치는 여전히 증가했을 것이다. 기업이 전반적으로 주식 시장보다 높은 성과를 올리지 않았다면 CEO가 치솟는 급여를 정당화할 수 있는 임무를 수행했다고 볼 수 없다.

앞에서 설명했듯 주식 시장이 급등한 것은 경제 규칙이 대기업과 주요 은행에 유리한 방향으로 바뀐 현상과 상당히 관계가 깊다. 재산권, 특히 지적재산권의 영향과 범위가 확대되었고, 표준 플랫폼과 네트워크를 통제하는 형태로 대기업의 시장 지배력이 증가한 반면에 자기편에 서서 협상해줄 강력한 노조가 더 이상 존재하지 않는 일반 근로자의 시장 지배력은 감소한다. 주요 은행은 내부자 거래로 소액 투자자에게 손실을 입히는가 하면 대기업은 자사에 일방적으로 유리한 조건을 붙인 강압적 계약을 맺어 직원·채무자·고객·프랜차이즈 가맹점을 구속한다. 파산법뿐 아니라 규칙의 시행 메커니즘도 고용인과 소액 채무자보다 거대 기업과 월스트리트 은행에 유리하다. 일부 CEO가 로비 활동과 기타 정치 활동(정치 후원금을 후하게 기부하고 자사의 지시에 잘 따랐던 정부 관리들에게 일자리를 제공하는 등)을 펼쳐서 유리한 결과를 산출하는 데 기여할 수는 있겠지만 그렇다고 해서 CEO가 받는 거액의 급여를 정당화할 수 있는 것은 아니다.

그렇다면 소속 기업의 가치를 성장시키는 데 직접적으로 기여하지 않았는데도 CEO와 고위 임원이 받는 급여가 급등한 까닭은 무엇일까? 한 가지 이론은 CEO가 자사 기업 이사를 임명하는 데 큰 결정권을 행사하므로 CEO의 의견에 우호적이어야 이사에 임명될 수 있다는 것이다. 이사들은 연간 3~4차례 거액의 급여를 받으므로 당연히 고위 임원의 눈 밖에 나고 싶어 하지 않는다. 미국에서 이사회 이사는 최고의 파트타임 직업이다. 2012년 스탠더드 앤드 푸어스S&P 선정 미국 500대 기업의 이사회 이사가 받은 평균 보수는 25만 1,000달러였다.[7] 더욱이 이사회는 동료가 후한 급여를 확실히 받는 것에 상당한 이해관계가 있는 다른 CEO들로 구성된다. 이사회는 임원의 급여에 대해 자문을 구할 목적으로 대부분 '보상 컨설턴트'를 고용하고, 보상 컨설턴트들은 같은 목적과 과정을 거쳐 결정된 다른 CEO들의 급여를 근거로 급여 기준을 세운다. 모든 이사회는 자신들이 급여를 최대로 후하게 지불하고 싶어 한다는 사실을 월스트리트 분석가는 물론 자사 CEO에게 보여주고 싶어 하므로, 총급여는 CEO가 자신에게 유리한 방향으로 지시하고 수행하는 가짜 경쟁을 거쳐 매년 상승한다.

미국 법인법은 CEO의 급여에 대해 주주에게 기껏해야 자문 역할을 부여한다. 2010년 제정된 도드-프랭크법에 따라 주주는 '보수에 대한 결정권say on pay(CEO의 보상 상한액에 대해 주주가 의결권을 행사할 수 있도록 하는 법안―옮긴이)'을 소유하지만 기업은 투표 결과를 준수할 의무가 없다.[8] 오라클Oracle의 CEO인 백만장자 래리 엘리슨Larry Ellison은 워낙 거액이라 오라클 주주들이 반대했는데도 2013년 총 7,840만 달러에 달하는 급여를 받았다.[9] 엘리슨이 이사회를 좌지우지했으므로 주주들이 반대해도 아무 소용이 없었다. 이와는 대조적으로 오스트레일리아에서는 회사 주주의 25% 이상이 CEO의 급여에 대해 2년 연속으로 반대하면 이사회 전체가 재선거를 치러야 한다.[10] 이 규칙 덕택에 오스트레일리아에서 CEO의 급여 상승률은 미국 CEO보다 훨씬 낮아서 2013년 급여는 일반 근로자의 평균 70배에 그쳤다.[11]

수십 년 동안 미국 이사회에서는 이러한 정실주의를 흔하게 목격할 수 있다. 정실주의에 비춰보면 CEO의 급여가 대단히 많은 원인을 설명할 수는 있지만 최근 몇 년 들어 CEO의 급여가 급상승한 원인을 알 수는 없다. 해당 원인을 파악하려면 1990년대 중반 이후로 이사회가

CEO의 급여에서 CEO와 고위 임원에게 스톡옵션(주어진 가격에 주식을 살 수 있는 기회)과 성과급 주식(주가가 일정 수준에 도달했을 때 활성화하는)의 형태로 분배하고 싶어 하는 기업 주식의 비중이 꾸준히 증가하고 있다는 사실을 이해해야 한다.[12] 주가가 하락하면 이사회는 손해를 보전하려고 추가 옵션과 성과급 주식을 즉시 제공한다. 따라서 주가가 다시 오르면 상승이 일시적이라도 CEO는 상당량의 주식을 현금화해 이익을 실현할 수 있다. 이러한 형태의 보수는 CEO에게 자사 주식의 가치를 단기간에 끌어 올리도록 부추기는 중요한 유인책으로 작용한다. 비록 주가를 의도적으로 끌어 올리는 것이 장기적으로는 자사에 큰 타격이 되더라도 말이다. 매사추세츠대학교 로웰캠퍼스의 윌리엄 라조닉William Lazonick 교수는 기업이 주가를 부양하려고 사용하는 주요 수단은 자사의 수입을 사용하거나, 추가로 돈을 빌리거나, 주식을 환매하는 것이라는 증거를 제시했다.[13] 이러한 수단은 대중이 소유한 주식의 수를 감소시키는 방법으로 주가를 끌어 올린다. 주식 공급량이 줄어들면 나머지 주식의 가치가 손쉽게 증가하기 때문이다. 최근 이러한 환매가 기업에서 주요 지출 항목이 되었다. 2001년부터 2013년 사이의 환매는 S&P 500대 기업의 지출에서 3조 6,000억 달러에 이르는 막대한 거액을 차지한다.

이사회가 환매와 전체 금액을 승인하면 기업은 이를 공개해야 하지만 실제로 환매하는 시기를 발표할 필요는 없다. 환매는 기업의 브로커를 통해 익명으로 실시되므로 투자자들이 환매가 원인인지도 모르는 상태에서 주가가 오를 수 있다.(투자자들이 이러한 계략의 내막을 안다면 주식을 사거나 보유하고 싶어 하지 않을 수 있다.) 하지만 CEO들은 환매 시기와 양에 대한 내부 지식을 사용해 보유 주식을 팔고 스톡옵션을 행사할 시기를 결정한다. 아마도 CEO들은 일시적인 경우가 대부분인 주가 상승에 맞춰 그 시기를 결정할 것이다.

해당 책략이 내부자 거래처럼 들리거나, CEO가 주주에 대해 신의 성실 의무를 다해야 한다는 점을 고려할 때 양쪽의 이해가 충돌하는 것처럼 보이는 것은 우연이 아니다. 1934년부터 1982년까지 증권관리위원회는 주식 환매가 주식 조작과 사기의 잠재적 수단이라고 간주했다.[14] 따라서 환매의 양을 공개하라고 기업에 요구하면서 언제라도 시가총액의 15% 이상을 환매하지 못하도록 금지했다. 하지만 1982년 로널드 레이건 대통령이 임명한 존 샤드John Shad가 증권관리위원회 의장으로 취임하면서 해당 제한을 폐지했다. 따라서 그 후로 CEO는 환매 제도를 사용해 자사 주식의 가격을 조작할 수 있었다.

1991년 증권관리위원회는 고위 임원, 다시 말해 자사의 주식 환매 시기를 알고 있는 내부자가 대중에게 공개하지 않고 스톡옵션을 조용히 현금화할 수 있도록 허용하는 결정을 내렸다.[15] 또한 1993년 클린턴 행정부는 급여가 기업의 성과와 관계가 있다면, 다시 말해 스톡옵션과 성과급 주식의 형태라면 100만 달러를 초과하는 임원의 보수를 기업의 과세 소득에서 공제해주기로 결정했다.[16] 그 후로 스톡옵션은 당연히 인기를 끌었다.

고위 임원이 주가를 끌어 올리고 스톡옵션을 현금화하는 손쉬운 수단이 되었으므로 기업 환매의 인기도 치솟았다. 2003년부터 2012년까지 주식을 가장 많이 환매한(총액 8,590억 달러) 10개 기업의 CEO들은 전체 급여의 68%를 스톡옵션이나 성과급 주식으로 받았다.[17] 2013년에만도 S&P 선정 500대 기업은 5,000억 달러 상당의 자사 주식을 환매함으로써 자사 현금 흐름의 3분의 1을 처분했다.[18] 이는 주식 시장의 거품이 터졌던 2007년에 기록한 환매 수준에 가까웠다.

주식 환매로 인해 환매의 시기나 양을 모르는 소액 투자자들이 손해를 보는 반면에 CEO와 고위 임원은 거액을 손에 쥘 뿐 아니라 그렇지 않으면 기업이 연구와 개발, 장기 확장, 직원 재교육, 급여 인상 등에 사용할 수 있는 돈을 고갈시킨다. CEO가 환매를 통해 가격을 끌어올린 주식을 판매해 이익을 '실현하려면' 기업은 훨씬 많은 돈을 환매에 투입해야 한다. 그러면 확실히 기업의 우선순위에도 왜곡된 영향을 미친다. 2차 세계대전이 끝나고 처음 30년 동안 주요 미국 기업은 일반적으로 자사의 수입을 유지하면서 재투자했다. 하지만 1980년대를 시작으로 기업 수입에서 주식 환매에 투입되는 돈은 꾸준히 늘어났다.

2003년부터 2012년까지 S&P 500대 기업은 순수입의 대부분을 주식 환매에 투입해 주가를 끌어 올리고 자연스럽게 CEO의 급여를 인상했다.[19] 예를 들어 IBM은 한때 직원에게 종신 고용을 보장하고 미래 기술에 장기적으로 투자하는 정책을 펼치는 것으로 자부심을 느꼈다. 하지만 1990년대에는 우선순위를 바꾸어 직원을 해고하고, 연구비를 삭감하고, 거액의 채무를 끌어들이고, 돈을 투입해 자사 주식을 환매했다. 2001년부터 2013년까지 자사 주식을 다시 사들이는 용도로 1,080억 달러를 써서 총수입은 그대로인데도 주가를 끌어올렸다.[20] 2014년 IBM은 게임의 막바지에 도달했다는 징후를 보였다. 주가가 추락하기 시작하자 〈뉴욕타임스〉는 이렇게 보도했다. "모든 '주주 우호적' 수단들이 다음과 같은 추악한 진실을 가리고 있었다. 최근 몇 년 동안 밖으로 드러난 IBM의 성공은 실질적인 성과보다 금융 공학과 더욱 긴밀하게 관련이 있다."[21] 그런데도 해당 전략으로 IBM의

CEO는 2003년부터 2012년까지의 기간에 대개 스톡옵션과 성과급 주식의 형태로 모두 2억 4,700만 달러를 거머쥐었다.[22]

휴렛패커드Hewlett-Packard도 비슷한 길을 걸어 종신 고용제를 실시했지만 1990년대 말 직원을 해고하고, 2004년부터 2011년까지 614억 달러를 동원해 환매를 실시했다.[23] 이는 기업의 총수입보다 많은 금액으로 환매 결과 2012년 127억 달러의 손실을 기록했다. 2003년부터 2012년까지 휴렛패커드의 CEO들은 모두 합해 2억 1,000만 달러를 받았고 그중 스톡옵션과 성과급 주식의 비중은 3분의 1이 넘었다.[24] 2013년 애플은 170억 달러를 빌려 대부분을 주식 환매에 사용했다.[25] 덧붙여 말하자면 애플의 CEO인 팀 쿡Tim Cook은 2013년 거의 모두 스톡옵션으로 7,380만 달러를 받았으며, 추측하건대 환매가 최대 가치를 지닐 때 현금화했을 것이다.[26]

CEO가 받는 급여에서 스톡옵션과 제한부 성과급 주식이 차지하는 비중은 단연코 최대이다.[27] 타임 워너의 CEO인 제프 뷰케스Jeff Bewkes는 2013년 수수한 수준의 기본 급여로 200만 달러를 받고 스톡옵션과 성과급 주식으로 1,590만 달러를 받았다.[28] 뷰케스가 타임 워너와 맺은 계약은 2017년까지 연장되면서 후한 퇴직 보상금 조항까지 담았다. 만약 앞에 언급했던 컴캐스트와 거래가 성사되면 뷰케스는 9,500만 달러 이상을 벌 것이다. 그렇더라도 페이스북 CEO인 마크 저커버그Mark Zuckerberg를 누를 수는 없다.[29] 2013년 저커버그의 기본 급여는 1달러였지만 33억 달러에 해당하는 스톡옵션을 현금화했다.

2008년 주식 시장이 붕괴되기 직전인 2007년에 그랬듯 자사 주가가 올랐으므로 자기 보유 주식을 현금화한다는 왜곡된 좁은 의미에서는 CEO들이 거액의 급여를 받을 만하다. 또한 1929년 주식 시장의 대폭락Great Crash이 발생하기 전에 주가는 코피를 흘릴 정도로 올랐다. 이 시점에서는 CEO가 받는 보수와 그들이 경영하는 기업의 장기 수익성이 보이는 관계를 좀 더 깊이 생각해봐야 한다.

최근 한 연구가 한 가지 해답을 제공한다. 유타대학교의 마이클 쿠퍼Michael J. Cooper 교수, 퍼듀대학교의 후세인 굴렌Huseyin Gulen 교수, 케임브리지대학교의 래캐벤드라 라우P. Raghavendra Rau 교수는 대기업 1,500곳을 대상으로 하여 1994년부터 2011년까지 3년 단위로 실적 달성 방식을 연구했다.[30] 그리고 같은 분야에서 활동하는 다른 기업과 기업 실적을 비교했다. 결과적으로 연구자들은 CEO가 최고 급여를 받는 150개 기업이 주주에게 안기는 이익금은 업계 동료 기업보다 약 10% 적다는 사실을 밝혀냈다. 실제로 CEO에게 돌아가는 보수가 많을수록 기업의 실적은 저조했다. CEO에게 가장 후한 기업들은 CEO에게 고액의 급여뿐 아니라 스톡옵션으로 그 이상을 보상하면서도 평균적으로 동료 기업보다 실적은 15% 저조했다. 쿠퍼는 "CEO에게 많은 급여를 지불하는 기업은 낮은 급여를 지불하는 기업보다 수익이 거의 3배 낮다. 이렇게 비경제적인 소비는 주주의 이익을 파괴한다"고 주장했다. 훨씬 바람직하지 못한 결과로서 연구자들은 많은 급여를 받는 CEO가 재직하는 기간이 길수록 기업의 실적은 더욱 낮아진다는 사실을 밝혀내고 "실적은 시간이 지날수록 상당히 악화된다"라는 결론을 내렸다.

이론상으로 기업은 장기간 실적이 좋지 않다가 자사의 주가가 올라갈 때 CEO가 현금화한 스톡옵션과 성과급 주식을 회수할 수 있었다. 그런 일이 있기는 했다. 2013년 소니의 한 해 실적이 좋지 않자 CEO인 가즈오 히라이Kazuo Hirai와 고위 임원들은 약 1,000만 달러의 보너스를 반환했다.[31] 하지만 이러한 관행은 일반적이지 않다. 21세기 미국의 전통은 이미 반대 방향으로 향해서 CEO들은 자사를 아주 훌륭하게 망가뜨리고 나서도 수백만 달러를 거머쥔다. 예를 들어보자. AIG의 CEO 마틴 설리번Martin Sullivan은 재직 당시 자사 주가가 98% 감소하고 미국 납세자들이 구제금융으로 1,800억 달러를 지원해야 했는데도 퇴사하면서 4,700만 달러를 챙겼다.[32] 바이어컴Viaom의 CEO로 재직한 지 9개월 만에 해고당한 토마스 프레스턴Thomas E. Freston은 퇴직금으로 1억 100만 달러를 받았다. 아베크롬비 앤드 피치Abercrombie & Fitch의 CEO 마이클 제프리스Michael Jeffries는 2007년 자사 주가가 70% 이상 떨어졌는데도 2008년 잔류 보너스 600만 달러를 포함해 7,180만 달러를 받았다. 2006년 스톡옵션 비리로 유나이티드헬스UnitedHealth의 CEO직에서 사임해야 했던 윌리엄 맥과이어William D. McGuire는 2억 8,600만 달러에 상당하는 급여를 받았다. 파이저의 CEO로 5년간 재직했던 행크 맥키넬Hank A. McKinnell, Jr.은 자사의 시가총액이 1,400억 달러 떨어졌을 때도 회사를 떠나면서 거의 2억 달러에 달하는 급여, 무료 종신 의료보험, 연금 650만 달러를 받았다.[33] (파이저의 2006년 연차 주주총회에서 "행크! 토해내라!"고 적힌 플래카드가 달린 비행기가 행사장 상공을 날았다.) 코카콜라의 더글러스 아이베스터Douglas Ivester는 자사의 성장이 둔화되고 수입이 감소하자 2000년 그 책임을 지고 CEO직에서 물러나면서 퇴직금으로 1억 2,000만 달러를 받았다.[34] 그리고 앞에서 언급했듯 아메리칸 항공사의 전직 CEO인 도널드 카티는 2003년 회사가 파산으로 치닫는 상황에서도 자신과 기타 임원들의 보너스를 보호하려고 비밀 신탁 자금을 결성하고 항공사 직원들에게 급여 양보를 요구했다.[35] 현실이 이렇다 보니 오히려 경영에 실패하면 보수를 지급하는 경향이 증가하는 추세인 것 같다.[36] 레오 아포테커Leo Apotheker는 2011년 9월 휴렛패커드에서 쫓겨나면서 1,200만 달러를 챙겼다. 수치스러운 CEO들의 명단은 나열하다 보면 끝이 없다.

그러는 사이 일반 납세자들은 CEO들의 막대한 급여를 지원하고 있다. 기업이 CEO의 급여를 소득세에서 공제 받으면 결과적으로 차액을 메우기 위해 나머지 대중은 세금을 더 많이 납부해야 하기 때문이다. 한 가지 예만 들어보자. 스타벅스의 CEO 하워드 슐츠Howard Schultz는 2013년 급여 150만 달러에 덧붙여 스톡옵션과 성과급 주식으로 1억 5,000만 달러를 받았다.[37] 이로써 스타벅스는 세금으로 8,200만 달러를 절약했다. 1993년 규정에 따라 기업들은 곧 가짜로 드러난 기업 '실적'과 관계가 있다면 100만 달러를 초과하는 임원들의 보상을 세금에서 공제할 수 있었다. 2006년 상원금융위원회Senate Finance Committee의 공화당 의장 찰스 그래슬리Charles Grassley 상원의원은 현실을 꿰뚫어보았다. "법의 취지는 좋았지만 전혀 효과가 없다. 기업은 법을 피하기가 쉽다는 사실을 발견했다. 법은 스위스 치즈보다 구멍이 많고 게다가 옵션 산업을 부추겨온 것 같다. 교묘한 작자들이 스위스 치즈 같은 규칙을 가지고 게임을 하려고 스위스 시계 같은 책략을 휘두른다."[38]

이러한 게임은 주식 시장 가치의 전반적인 상승 기류에 편승해서 '성과급 주식'을 CEO에게 배분할 뿐이고, 추측건대 이때 CEO가 한 일은 기껏해야 자사 주가가 거의 모든 기업의 주가와 함께 상승하는 모습을 지켜본 것에 지나지 않는다. 경제정책연구소Economic Policy

Institute는 2007년부터 2010년까지 임원 보상금 총 1,215억 달러가 기업 수입에서 제해졌다고 추정했다.[39] 이 합계의 약 55%는 앞에서 언급했듯 아무 노력을 기울이지 않은 '성과 기반' 보상이다.

이마저도 충분하지 않다는 듯 세금 제도는 부자에게 유리한 반면에 급여로 소득을 취하는 사람에게 불리한 방향으로 왜곡돼 있다. 예를 들어 자본 소득 세율은 일반 소득 세율보다 낮다.[40] 소득세의 최대 수혜자 중 하나인 CEO들이 받는 옵션과 보너스는 주식 시장과 연결되어 있으므로 현금화했을 때 자본 소득으로 취급받을 수 있다. 따라서 2010년부터 2014년까지의 상승장에서 CEO들은 환상적인 세후 횡재를 맞았다.

주식회사에서 주주에게 재산권이 있다면, 그래서 사실상 주주가 기업의 소유주라면 CEO의 급여를 결정할 권리가 있다. 또한 CEO는 주주들의 돈을 정치 활동에 얼마나 썼는지 주주들에게 공개해야 한다. "성과에 대해 지불한다"는 개념이 CEO와 주주가 맺은 계약으로 실질적인 의미가 있다면 CEO는 기업의 장기 실적에 책임을 져야 하고, 일시적인 주가 상승을 반영한 보수는 마땅히 기업에 반환해야 한다. 공평한 경쟁의 장에서 파산이 발생하는 경우에 CEO가 임원용으로 파산 판사의 손이 닿지 않는 거액을 모을 수 있어서는 안 된다. 자본주의 구성요소가 CEO에게 유리하게 시행되지 않는다면, 과거와 마찬가지로 증권거래위원회는 CEO가 환매를 통해 주가를 끌어 올린 후에 스톡옵션을 현금화하는 상황이 발생하지 않도록 막을 것이다. 100만 달러를 초과하는 CEO의 보수는 설사 성과와 관계가 있더라도 세금 공제를 받지 못할 것이다. 모든 구성요소가 대기업에 유리하게 기울지 않는다면 대기업은 고위 임원들에게 거액의 보수를 선뜻 할당할 수 있는 엄청난 수익을 거두지 못할 것이다.

하지만 대기업 CEO에게는 어떤 계획이든 막을 만한 힘이 있으므로 이러한 일은 일어나지 않는다. CEO가 내는 선거 후원금은 전체 후원금에서 상당히 큰 비중을 차지한다. 해당 CEO 밑에서 일하는 다른 고위 임원들의 일괄 후원금도 마찬가지다. 선거 후원금, 일괄 후원금, 기업정치활동위원회에 미치는 영향력, 로비스트, 특정 정부 관리에게 미래에 일자리를 제공하겠다는 암묵적인 약속에 힘입어 CEO와 고위 임원은 게임의 규칙에 대해 막대한 발언권을 소유한다.

그만한 가치가 있으므로 보상을 받는다는 무의미한 말을 제외하고 CEO에게 엄청난 보수를 받을 만한 가치가 정말 있을까? 객관적으로 평가한다면 그렇지 않다는 결론을 내릴 것이다.

12장 ————

월스트리트가 받는
보상에 가려진 속임수

재계 정상에 있는 사람들이 자기 가치만큼 급여를 받는다고 여전히 믿는다면 종사자들이 일반적으로 고위 기업 임원보다 훨씬 소득이 많은 월스트리트를 꼼꼼하게 관찰해보자. 2013년 월스트리트는 은행가들에게 기본 급여에 덧붙여 보너스로 267억 달러를 지불했다.

그렇다면 월스트리트 은행가들은 그만한 '가치'가 있을까? 2008년 구제금융을 받은 이후로 덩치가 지나치게 커서 망할 수 없다고 생각되는 대형 월스트리트 은행으로 비밀리에 막대한 지원금이 흘러들어간다는 사실을 감안하면 절대 그렇다고 말할 수 없다. 그들이 과도하게 큰 위험을 감수했기 때문에 주식 시장을 거의 붕괴 직전까지 몰고 갔다는 사실을 기억하라. 뒤이어 금융 위기가 진행되는 동안 대형 은행들은 파산을 막으려고 정부에서 다른 은행보다 훨씬 많은 지원금을 받았다. 게다가 여전히 덩치가 지나치게 커서 망할 수 없으므로 오늘날까지도 꾸준히 지원을 받고 있다.

이제 숨은 지원금이 작용하는 방식을 살펴보자. 대형 은행에 저축한 고객들은 소형 은행보다 낮은 이율을 받아들인다. 소형 은행은 돈을 예탁하는 것이 위험하고 대형 은행은 문제가 발생했을 때 거의 틀림없이 구제금융을 받을 것이기 때문이다. 이렇게 해서 월스트리트의 거대 은행은 소형 은행에 대해 경쟁 우위를 갖는다. 결과적으로 대형 은행의 수입은 소형 은행보다 훨씬 많고 수입이 증가할수록 규모는 훨씬 커진다. 과거에는 덩치가 지나치게 커서 망할 수 없었다면 오늘날은 절대적으로 지나치게 커서 망할 수가 없다. 앞에서 설명했듯 월스트리트 최대 5대 은행의 자산은 2000년 미국 전체 은행의 30%에서 계속 증가해 2014년에는 거의 절반을 차지했다.[1] 그들은 엄청나게 지나치다 싶게 커져서 망하지도, 교도소에 가지도, 축소 당하지도 않는다.

숨은 지원금의 규모는 어느 정도일까? 국제통화기금International Monetary Fund의 켄이치 우에다Kenichi Ueda와 마인츠대학교University of Mainz의 비아트리스 웨더 디 모로Beatrice Weder di Mauro는 대략 0.8% 포인트라고 계산해냈다.[2] 그다지 거액처럼 들리지 않을 수 있지만 이를 최대 월스트리트 은행 10군데에 예치되어 있는 전체 금액에 곱하면 상당한 거액이 산출된다.[3] 2013년 이렇게 숨은 지원금은 830억 달러에 이르렀다. 해당 산출액은 국제통화기금과 미국 회계감사원Government Accountability Office의 다른 연구자들이 추정한 금액과 일치한다.[4] 뉴욕대학교, 버지니아 공과대학교, 시러큐스대학교Syracuse University 소속 경제학자들은 연방예금보험공사Federal Deposit Insurance Corporation가 지불을 보증하는 머니마켓 계정의 이자율을 비교하고 나서, 대형 은행이 소

형 은행보다 1% 포인트 이상 유리하므로 실질적인 지원금은 훨씬 많다는 사실을 밝혀냈다.[5]

군이 두뇌가 명석한 금융 전문가나 월스트리트 은행가가 아니더라도, 지나치게 덩치가 커서 망할 수 없다는 이유로 월스트리트 은행들이 거머쥐는 숨은 지원금이 2013년 월스트리트가 지불한 보너스 약 267억 달러의 3배라는 사실을 계산해낼 수 있다. 따라서 지원금이 없었다면 월스트리트에는 보너스풀bonus pool이 절대 존재할 수 없었을 것이다. 지원금 640억 달러의 대부분은 상위 5개 은행인 JP 모건, 뱅크 오브 아메리카, 시티그룹, 웰스 파고Wells Fargo, 골드만 삭스에 돌아갔다.[6] 640억 달러는 대략 5개 은행의 연간 소득을 합한 금액이다. 따라서 지원금이 사라지면 월스트리트 은행의 보너스풀은 물론이고 모든 수익이 사라진다.

월스트리트 은행가들이 2013년 보너스로 267억 달러를 받은 이유는 일반 미국인보다 훨씬 열심히 일했기 때문도, 더 똑똑하거나 통찰력이 있었기 때문도 아니었다. 어쩌다 보니 미국 정치경제에서 특권을 쥐고 있는 기관에 몸담고 있었기 때문이다. 대형 은행에 돌아간 지원금은 납세자의 호주머니에서 나왔다. 일반 납세자들은 최근에 발생한 구제금융을 지불했고 다음번 구제금융도 지불해야 할 것이다.

도드-프랭크 금융개혁법에 따라 거대 월스트리트 은행들은 채무를 갚을 수 없는 사태가 다시 발생했을 때 효력이 발생하는 '사망 선택 유언living will(살아날 가망이 없는 사람이 차라리 죽기를 원한다는 뜻을 밝히는 유언—옮긴이)'을 작성해야 한다. 본래 이러한 사망 선택 유언은 금융 제도에 속한 다른 기관에 손해를 입히지 않고 은행의 영업을 종료하는 청사진이 되어야 했다. 하지만 어림도 없었다. 2014년 8월 연방준비제도이사회와 연방예금보험공사의 조사관들은 대형 은행이 작성한 사망 선택 유언장을 검토하고 나서 유언장이 '비현실적'이라는 결론을 내렸다.[7] 연방예금보험공사 이사회 부의장 토머스 회니그Thomas Hoenig는 유언장이 "결함이 있다"고 주장하면서 다음과 같은 근거를 제시했다. "사업에 실패할 경우에 각 기업이 금융 위기를 촉발하지 않으면서 걸림돌을 제거하고 파산 절차로 들어갈 수 있는 설득력 있는 방안을 제시하지 못했다."[8] 이 책에서 주장한 내용을 읽었다면 대형 은행이 작성한 사망 선택 유언이 비현실적인 원인을 이해할 것이다. 구제금융이 재발하는 사태를 피하려고 현실적인 계획을 세우면 숨은 지원금이 사라지고, 숨은 지원금으로 생겨나는 경쟁 우위와 보너스도 함께 사라지기 때문이다.

연방준비제도이사회는 대형 은행의 필요 자본량을 증가시키는 방향으로 움직이므로 이러한 조치를 통해 대형 은행의 행보를 약간 조정할 수 있을지도 모른다. 하지만 의회나 행정부가 대형 은행에 현실적인 사망 선택 유언장을 작성하도록 강제하거나, 덩치를 제한 또는 분해하거나, 숨은 지원금 액수에 걸맞게 특별 세금을 부과할지는 의심스럽다. 앞에서 지적했듯 이러한 기관들이 미국의 정치경제에서 특권을 계속 유지하고 있는 이유는 월스트리트가 대통령과 국회의원에 출마한 주요 양당 후보에게 선거 자금의 상당 부분을 후원할 뿐 아니라 관직에서 물러난 관리에게 고소득 일자리로 통하는 회전문을 제공하기 때문이다. 대부분의 미국인은 말할 것도 없고 소형 은행의 임원들도 이러한 독특한 특혜를 누리지 못한다. 전직 관리에게 고소득의 일자리를 제공할 수 없고 거액의 선거 후원금도 기부할 수 없기 때문이다. 그러니 대부분의 일반인과 마찬가지로 소형 은행의 은행가들

대부분이 거액의 보너스를 받지 못하는 것은 불 보듯 뻔하다.

2013년 월스트리트 은행가들에게 보너스 형식으로 분배된 267억 달러로는 2013년 풀타임 최저임금 근로자 100만 7,000명의 급여를 2배 이상 올릴 수 있다.[9] 월스트리트 거대 은행에 돌아가는 숨은 지원금 830억 달러 중 나머지 금액은 그해 정부가 근로 소득 보전세제 Earned Income Tax Credit에 근거해 임금 보조금 형태로 저임금 근로자 2,800만 명과 그 가족에게 제공한 금액보다 200억 달러 많았다.[10]

숨은 지원금만으로는 2013년 스티븐 코헨이 받은 23억 달러처럼 월스트리트 은행가들의 수중에 들어간 자금의 출처를 온전히 설명할 수 없다. 그해 헤지펀드 매니저 상위 25명이 각자 거머쥔 돈은 평균 잡아 거의 10억 달러였다.[11] 심지어 대형 헤지펀드 기업에 속한 평범한 포트폴리오 매니저들도 각각 평균 220만 달러의 급여를 받았다.[12] 일부 경제학자에 따르면, 월스트리트 금융 전문가들이 이처럼 거액을 손에 넣을 수 있는(일반적으로 기준 수익률에 대비한 수익의 20%에 덧붙여 연수수료 2%의 형태로) 이유는 헤지펀드 매니저와 포트폴리오 매니저가 관리 자금의 일부를 횡령하려는 유혹에 빠질까 봐 투자자들이 우려했기 때문이다. 합법적으로 후한 소득을 거둘 수 있다면 구태여 불법으로 돈을 긁어모으지는 않으리라 생각한 것이다. 경제학자 에릭 팔켄스타인Eric Falkenstein은 이렇게 설명했다. "외부인과 달리 포트폴리오 매니저는 최적가를 알기 때문에 보수를 많이 받는다. 우리는 담보 대출 같은 비유동 증권의 거래와 유동 시장에서 유통되는 돈의 액수를 제대로 파악할 수 없지만, 개인 수준에서 유인책을 살펴보면 사람들이 자기에게 이익이 되는 방향으로 행동하리라 예측할 수 있다."[13]

다수의 월스트리트 투자은행가와 트레이더에게 똑같이 적용할 수 있는 이 같은 논리에 따르면, 헤지펀드 매니저의 소득은 자신에게 크게 사기를 치지 않도록 예방하려고 투자자가 제공하는 뇌물로 이해하는 편이 낫다. 헤지펀드 매니저가 관리하는 돈이 많을수록 투자자가 주는 뇌물의 액수는 크다.

하지만 뇌물을 준다 하더라도 헤지펀드 매니저와 포트폴리오 매니저가 측면 거래와 리베이트의 형식으로 투자자의 돈 일부를 부당하게 취하지 않으리라 보장할 수 없다는 것이 문제다. 실제로 코헨이 이끄는 SAC 캐피털의 포트폴리오 매니저들도 같은 이유로 덜미가 잡혔다. 월스트리트에서 활동하는 다른 매니저들과 트레이더들도 같은 행위를 저지르지만 발각되지 않았을 뿐이라고 추측하는 편이 옳다. 앞에서 설명했듯 의회는 1934년 내부자 거래를 금지시켰지만 그 정확한 의미를 판단하는 문제에 대해서는 증권관리위원회 위원, 연방 검사, 판사 들에게 광범위한 재량권을 주었다. 코헨의 축재방법은 월스트리트에서는 오랫동안 잘 알려져왔던 것이다. SAC 캐피털은 뉴욕 증권거래소의 평균 일일 거래량의 3%와 나스닥 거래량의 1%에 달하는 거액을 관리했다.[14] 따라서 코헨과 SAC 캐피털의 공동 경영자들은 자신에게 잠재적 가치가 있는 정보를 많이 소유한 월스트리트 은행가들에게 커미션 명목으로 연간 1억 5,000만 달러 이상을 건네주는 방식으로 돈벌이가 되는 거래를 성사시킬 가능성을 만들어냈다. 기소되기 10년 전인 2003년 보도된 〈블룸버그 비즈니스위크*Bloomberg Businessweek*〉의 기사에 따르면, SAC 캐피털은 은행가들에게 일상적으로 커미션을 제공해서 "코헨이 구축한 초강력 정보수집 기계에 기름을 치고, 자주 경쟁자들보다 앞서 거래 정보와 분석 정보를 은밀하게 입수하는 영향력을 손에 쥐었다." 해당 기사는 한 분석가의 발언을 인용했다. "나는 한 기업에 관한 토막 뉴스를 듣거나 통찰이 떠오르면 스티비에게 개인적으로 전화를 합니다. 그러면 그가 해당 정보를 사용하고 그에 상응하는 보상을 하죠." 전직 트레이더는 SAC 캐피털의 신조가 언제나 "다른 사람보다 앞서 정보를 입수하려 노력한다"라고 언급했다.

하지만 밑에서 일하는 포트폴리오 매니저 9명이 내부자 거래로 기소를 당했는데도 정작 코헨은 다소 가벼운 처벌을 받았다. 회사는 18억 달러의 벌금을 물었지만 코헨이 축적한 나머지 이익은 연방 검사들과 합의하는 과정에서도 그대로 보존되었다.[15] 코헨은 심지어 교도소에도 가지 않았다. 아마도 그가 고용한 몸값 비싼 변호사 군단이 연방 검사들에게 법적 대응이 얼마나 오래 걸리고 어려울지 설득했을 것이다.(이런 의미에서 생각하면 코헨이 고용한 변호사들은 자신들이 받은 보수만큼 가치가 있었던 셈이다.) 이러한 결과는 코헨이 공화당의 주요 기부자였고, 2000년부터 2008년까지 거액을 벌어들이는 동안 공화당 임명자들이 법무부와 증권관리위원회를 이끌었으며, 2008년 선거에서는 SAC 캐피털과 더불어 오바마에게 거액을 후원했다는 사실과 무관하지 않을 것이다.[16]

SAC 캐피털에서 일했던 앤소니 치아슨이 2014년 내부자 거래로 기소 당했을 당시 변호사가 주장했듯 월스트리트에서 비공개 정보가 정말 '법적 화폐'라면 SAC 캐피털의 관행은 주변에서 흔하게 발생할 것이다.[17] 게다가 치아슨에 대한 유죄 선고를 번복한 것으로 미루어 상소 법원도 변호사들의 주장에 동의한 것으로 보였다. 이른바 월스트리트 금융 전문가들이 돈의 거대한 흐름을 지배하고, 비공개 정보를 언제라도 이용할 수 있고, 그러한 정보를 활용한 거래로 거액을 벌

수 있으므로 헤지펀드 산업 전체가 그렇지는 않더라도 상당 부분이 비공개 정보를 토대로 운영된다고 보는 것이 타당하다. 헤지펀드 매니저들은 이러한 법적 화폐를 받아들여 아주 유능하게 현금화하겠다는 인식이 박혀 있다. 결과적으로 그들이 받는 막대한 급여의 출처는 아마도 다음 두 가지일 것이다. 하나는 투자자가 착복을 당하고 싶지 않아서 제공하는 합법적 뇌물이고, 다른 하나는 비공개 정보를 교환하는 대가로 투자자에게 받는 불법적이거나 기껏해야 합법성이 의심스러운 리베이트다. 어쨌거나 월스트리트 금융 전문가와 투자자에게는 최소한 상생하는 방법이다. 만약 이렇게 거둔 수익 가운데 소액이라도 선거 후보, 로비스트, 변호사 군단 등에 헌납한다면 위험성을 줄이고 내부자 거래로 발각되어 기소 당했을 때 치러야 하는 비용을 최소화할 수 있다. 스티븐 코헨이 그 예였다.

또한 투자자들은 소수에게 허락된 세금 구멍을 계속 파고들 수 있고 헤지펀드 매니저와 사모펀드 매니저가 자신들의 소득을 자본 소득으로 다뤄주므로 일반 소득보다 낮은 세율을 적용받을 수 있다. 이러한 구멍에 대해서는 아무런 논리적 논쟁도 제기되지 않는다. 월스트리트 금융 전문가들은 심지어 자신의 자본을 위험에 내맡기지 않고 다른 사람의 돈을 투자한다. 2007년 미시건 주 하원의원 샌더 레빈Sander M. Levin이 성공 보수를 일반 소득으로 다루자고 제안하자 헤지펀드 산업이 매년 정치에 투입하는 자금 액수가 극적으로 증가했다.[18] 아니나 다를까 해당 법안은 그 후 사라졌다.

월스트리트 금융 전문가들은 그토록 거액을 받을 만한 '가치'가 있을까? 정의상 누구든 시장에서 자신이 벌어들이는 수입만큼 가치가 있다는 진부한 주장은 제쳐놓고, 내부 정보를 이용하는 것과 덩치가 너무 커서 망하게 할 수 없다는 논리에 따라 숨은 지원금을 받는 것을 포함해 월스트리트가 소득을 올리는 특정 메커니즘을 들여다보면 소득의 많은 부분이 납세자와 소액 투자자의 주머니에서 나온다는 사실을 알 수 있다. 그들은 게임 규칙에 영향을 미칠 만큼 부를 쥐고 있지만 본질적인 의미에서 막대한 급여를 받을 만한 '가치'는 없다.

13장

중산층의 협상력 쇠퇴

앞에서도 말했지만 내가 어렸을 때 아버지는 공장 근로자들의 아내들을 상대로 옷을 팔았다. 1940년대 말부터 1950년대까지 근로자의 급여가 증가하자 아버지는 돈을 꽤 많이 벌어서 멀지 않은 도시에 두 번째 매장을 열 정도로 사업을 확장할 수 있었다. 결코 부유하지는 않았지만 우리 가족은 아버지가 벌어오는 수입으로 탄탄한 중산층이 되었다.

2차 세계대전이 끝나고 30여 년 동안 미국인 근로자의 평균 시급은 생산성 향상에 발맞추어 어김없이 올랐다.[1] 이는 선순환을 일으켜서 우리 가족을 포함해 일반 미국인이 그 혜택을 입었다. 경제가 성장하면서 중산층이 팽창했고, 중산층의 구매력이 증가하면서 경제는 더욱 빨리 성장했으며, 새로운 투자와 혁신에 불이 붙으면서 중산층은 더욱 부유해지고 몸집이 커졌다.

그러다가 1970년대 말을 시작으로 선순환이 멈췄다. 생산성은 예전처럼 계속 향상되고 경제도 끊임없이 성장했지만 급여는 제자리에 머물렀다. 1980년대 초부터 인플레이션을 반영한 중간 가구 소득은 더 이상 증가하지 않았다. 2013년 전형적인 중산층 가구는 5만 1,939달러를 벌었고, 이는 2007년 대침체가 시작되기 이전 소득보다 거의 4,500달러 적었다. 2013년 중간 가구 소득은 24년 전인 1989년보다 적었다.[2] 직업이 있는 생산 연령 미국인의 비율과 고용 안정성도 동반 쇠퇴했다.[3] (〈표 4〉 참조) 간단하게 말해서 중산층 다수가 더욱 가난해졌다.(내 아버지도 예외는 아니어서 사업을 접어야 했다.)

2013년 소득 등급의 중간에 속한 가구의 소득은 인플레이션을 적용했을 때 15년 전인 1998년 소득보다 적었다.[4] 중간 가구 소득은 2007년보다 8% 감소했다. 개인 근로자가 받는 시급도 상황은 마찬가지였다. 그들의 평균 시급은 2014년 9월 20.67달러였다.[5] 인플레이션

| 표 4 | 미국 불평등의 근원: 생산성과 분리된 임금

순수 생산성과 생산·비관리직 근로자의 실질적 시급(1948년~2012년)

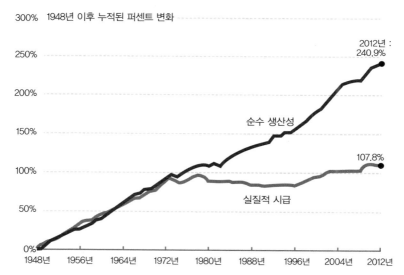

주의: 민간 부문에서 생산·비관리직 근로자의 보상에 관한 자료다.(2012년 화폐가치 기준) 순수 생산성은 경제 전체를 반영하고, 재화와 서비스의 산출량 증가분에서 감가상각을 제외한 수치다.

출처: 노동통계국(Bureau of Labor Statistics, BLS)의 생산성 및 비용 프로그램, BLS 현재 고용 통계, 경제 분석 국민소득 계정 Bureau of Economic Analysis National Income and Product Accounts에서 산출한 미발표 전체 경제 생산성 자료에 대한 경제정책연구소의 분석. 이 그래프가 처음 소개된 곳은 go.epi.org/2013-productivity-wages이다.

을 적용하면 해당 금액은 1979년 시급 근로자의 구매력과 거의 같고, 1973년 1월 구매력보다 훨씬 적다.(2014년 화폐가치로 환산하면 22.41달러가 된다.)

이러한 180도 전환의 원인은 '시장 지배력'이 작용하는 바람에 특히 국제화와 기술 향상으로 많은 미국인이 경쟁력을 잃었기 때문이라고 전형적으로 설명한다. 미국인의 일자리는 외주를 주는 방식으로 노동력이 훨씬 저렴한 멕시코인에게, 그다음으로는 아시아인에게 빼앗겼고, 국내에서는 자동화기기·컴퓨터화된 기계·로봇 등을 사용하면서 더욱 저렴하게 대체되었다. 어쨌든 과거에 후하게 급여를 받았던 미국 근로자들은 가격 경쟁력을 잃으면서 노동 시장에서 밀려났다. 미국 근로자들이 일자리를 얻으려면 더욱 낮은 급여와 고용 불안을 받아들여야 하고, 조건이 좀 더 나은 일자리를 얻으려면 기술을 개선해야 한다. 시장이 그렇게 요구하기 때문이다.

전형적인 설명이 중요한 것은 확실하지만 사회에서 발생하는 많은 현상을 전부 설명하지는 못한다. 따라서 상대적으로 짧은 시간에 그토록 갑작스럽게 변화가 발생한 이유뿐 아니라 비슷한 시장 지배력에 직면한 다른 선진국의 경제는 미국처럼 쉽게 무릎 꿇지 않은 이유를 설명하지 못한다.(예를 들어 2011년까지 독일의 중간 소득은 미국보다 훨씬 빨리 증가했고, 미국 국민의 상위 1%에 해당하는 최상위 부자는 세전 전체 소득의 17% 이상을 차지한 반면에 독일의 최상위 부자는 약 11%를 받았다.[6]) 또한 전형적인 설명으로는 미국 경제가 대침체에서 회복된 첫 6년 동안 하위 90% 인구의 평균 소득이 실제로 감소한 이유를 설명할 수 없다.[7]

게다가 젊은 대학 졸업생들의 중간 임금이 인플레이션을 감안할 때 더 이상 증가하지 않는 주목할 만한 현상을 설명하지 못한다. 최근 대학 졸업생의 급여는 대학 졸업장이 없는 젊은이보다 계속 높기는 하지만 더 이상 오르지 않았다. 실제로 2000년부터 2013년까지의 기간 동안 젊은 대학 졸업생의 실제 평균 시급은 감소했다.[8] (〈표 5〉 참조) 2014년, 뉴욕 연방준비은행에 따르면, 대학교 학위를 요구하지 않는 직업에 종사하는 대학교 졸업생의 비중은 46%인 데 반해 최근 대학 졸업생의 비중은 35%였다.[9] 대학교 졸업생의 비중에 비해 대학교 학위가 필요하지 않은 직업에 종사하는 비중이 높아지고 있는 것이다. 〈뉴욕타임스〉는 이 집단을 가리켜 "림보 세대Generation Limbo"로 부르면서

| 표 5 | 성별로 구분한 젊은 대학 졸업생의 실제 평균 시급(2000년~2014년)

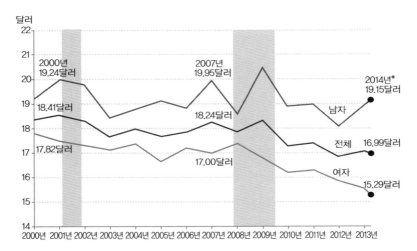

주의: 자료의 대상은 석사·박사가 없고 더 이상 학교에 재학하지 않는 21세~24세 대학교 졸업생이다. 회색 영역은 경기 침체기이다. 2014년 자료는 2013년 4월부터 2014년 3월까지 12개월 평균을 나타낸다.

출처: 현재 인구조사 외부 순환 그룹의 마이크로데이터에 대한 경제정책연구소의 분석(http://stateofworkingamerica.org/chart/swa-wages-table-4-18-hourly-wages-entry/).

"경력이 중간에 끼어 옴짝달싹 못 하고 장래성 없는 직업과 무기력한 전망에 대처해야 하는" 고등 교육을 받은 젊은 성인으로 정의했다.[10]

중산층에서 발생하는 상황을 제대로 파악하려면 중산층의 협상력과 정치적 영향력을 감소시키면서 대기업과 월스트리트의 수익을 증가시키는 시장 조직의 변화를 조사해야 한다. 이는 통상적으로 정의하는 부의 '재분배'가 아니라 부가 상향 분배되는 변화다. 정부는 중산층과 빈곤층에 세금을 매기고 거둔 수입의 일부를 부자에게 직접 분배하지는 않는다. 정부에 커다란 영향을 미치는 사람들과 정부는 게임의 규칙을 바꾸는 방식으로 좀 더 간접적으로 부를 상향 재분배했다.

먼저, 기업의 근본적인 재산권 변화를 생각해보자. 앞에서 언급했듯 1980년대 이전에는 대기업의 실제 주인은 주주로서 소유권을 적법하게 인정받았다. 1914년 초 인기 칼럼니스트이자 대중 철학자 월터 리프먼Walter Lippmann은 기업 임원들에게 국가의 청지기가 되라고 요구했다.[11] "대기업에서 일하는 사람은 더더욱 공직자처럼 행동해달라는 기대를 저버리지 말아야 한다. (……) 지성이 있는 기업가라면 누구나 이 점을 인식해서 자신의 '책임'과 '청지기 정신'을 더욱 강조한다."

1932년 변호사인 아돌프 벌Adolf A. Berle과 경제학 교수인 가디너 민즈Gardiner C. Means는 매우 영향력 있는 연구 서적 《현대 기업과 사유재산The Modern Corporation and Private Property》에서 미국 거대 기업의 고위 임원은 심지어 자사 주주도 책임 지지 않고 "사적인 이익에 따라 기업을 운영하며 자산의 일부를 사적 용도로 유용한다"고 주장했다.[12] 벌과 민즈는 그 해결책으로 직원과 소비자를 포함해 국가에서 대기업의 영향을 받는 모든 집단의 힘을 확대하는 방안을 제시했다.[13] 두 사람은 미래에는 기업 임원이 투자자·직원·소비자·시민의 주장을 공정하게 비교 검토해 이익을 분배하는 전문 관리인이 되어야 한다고 강조했다. "기업 체제가 살아남으려면 대기업의 '통제'가 순수하게 중립적인 기술관료제로 발전해 지역사회에 속한 다양한 집단이 제기한 여러 주장을 조화롭게 반영하고, 사적인 탐욕이 아니라 공공 정책에 근거해 소득 흐름의 일부를 각 집단에게 배분해야 한다."

이러한 기업 거버넌스governance(사회의 다양한 기관이 자율성을 지니면서 함께 국정운영에 참여하는 변화 통치방식—옮긴이) 개념이 2차 세계대전 말 광범위하게 확산되었다. 스탠더드 오일 오브 뉴저지Standard Oil of New Jersey의 회장인 프랭크 에이브럼스Frank Abrams는 1951년 다른 최고 경영자들의 의견을 대표해 이렇게 연설했다. "경영인이 맡은 직무는 주주·직원·고객·대중 등 기업에 직접적으로 영향을 받는 다양한 이익 집단의 주장을 공평하고 실용적으로 조정해 균형을 이루는 것이다.[14] 기업 경영인들이 전문가의 지위를 차지하는 것은 부분적으로는 다른 전문직 종사자들이 오랫동안 인식해온 대중에 대한 기본적인 책임을 자기 업무로 생각하기 때문이다."

1950년대 초 〈포춘〉은 CEO들에게 '산업 정치인'이 되라고 촉구했고,[15] CEO들은 여러 측면에서 산업 정치인이 되어 번영을 광범위하게 창출하는 경제를 추진하려고 노력했다. 1956년 〈타임〉에서는 재계 지도자들이 스스로 창출한 금융 결과에 대한 "손익의 관점뿐 아니라 지역사회에 미치는 손익의 관점에서 자기 행위를 자진해서 판단"한다고 강조했다. 그러면서 제너럴 일렉트릭은 모든 이해당사자 편에 서서 '균형 잡힌 최선의 이익'을 추구하는 것으로 유명하다고 언급했다. 펄프 앤드 페이퍼Pulp and Paper의 임원인 젤러바흐J.D. Zellerbach는

〈타임〉과의 인터뷰에서 이렇게 말했다. "미국인의 대다수는 사기업을 천부의 권리가 아니라 자유 사회에서 사업을 수행하는 가장 최선의 실용적 수단으로 지지한다. (……) 그들은 사업 경영이 청지기 같은 사명이라 생각하고, 사기업이 국민 모두에게 혜택을 안기려는 공적인 의무의 일환으로 경제를 운영하기를 기대한다."[16]

하지만 기업 소유권에 대해 급격하게 다른 견해가 1970년대 말부터 1980년대 초까지의 기간에 부상했다. 다른 견해의 출현을 주도했던 기업 사냥꾼들은 주주들을 끌어들여 주식을 팔기 위해 하이일드 정크 펀드(수익률은 높으나 신용도가 낮아 고수익에 고위험을 수반하는 펀드—옮긴이)라는 수단을 휘두르며 적대적 인수에 나섰다. 그들은 차입 매수 방법을 사용하고, 주주에 귀속되어 있는 재산을 빼앗는 산업 정치인에 대항해 위임장 쟁탈전을 벌였다. 기업 사냥꾼들은 주주가 기업의 유일한 합법적 소유주이고, 기업의 유일하게 타당한 목적은 주주의 이익을 최대화하는 것이라고 주장했다.

이러한 변화는 우연히 발생하지 않았다. 이는 기업과 금융 시장이 법과 제도에 따라 변해오며 찾아온 산물로서 기업 이익과 월스트리트에 의해 부추겨졌다. 1974년 연금기금·보험사·월스트리트가 종용하자 의회는 종업원 퇴직 소득 보장법Employee Retirement Income Security Act을 제정했다. 해당 법이 제정되기 전에 연금 기금과 보험사는 연금 수익자와 맺은 계약과 보험 정책에 따른 신용의무를 지켜야 했으므로 우량 사채와 정부 채권에만 투자할 수 있었다. 하지만 1974년 법이 바뀌면서 포트폴리오를 주식 시장에 투자하는 것이 가능해져서 월스트리트에 엄청난 규모의 공동 자본이 형성되었다.[17] 1982년에는 의회가 지역 주택저당 시장의 뿌리인 저축대부 은행이 고수익을 약속하는 정크 본드와 기타 위험한 상품을 포함해 광범위한 금융 상품에 예금을 투자할 수 있도록 허용함으로써 다른 거대 공동 자본이 생겨났다.[18] 정부가 저축과 대부 예금의 손실을 법으로 보전해주는 편리한 수단을 마련하자 앞에서 나열한 투자가 훨씬 매력을 끌었다.(나중에 많은 은행이 파산하면서 궁극적으로 납세자들은 1,240억 달러를 감당해야 했다.)[19] 한편 레이건 행정부는 기타 은행 및 금융 규제를 완화하는 동시에 증권거래위원회의 시행 팀 규모를 축소시켰다.

이러한 일련의 변화 덕택에 기업 사냥꾼들은 자본을 확보하고 관계 당국의 승인을 얻어 비우호적 기업 인수에 착수할 수 있었다. 1970년대를 통틀어 기업 가치가 10억 달러인 기업이 적대적 인수에 희생된 사례는 13건에 불과했지만 1980년대 들어서는 150건으로 늘어났다. 1979년부터 1989년까지의 기간 동안 금융 사업가들은 규모가 2억 5,000만 달러가 넘는 차입 인수를 2,000건 이상 실시했다.[20] (기업 사냥꾼인 이반 보에스키Ivan Boesky가 내부자 거래와 시장 조작의 혐의를 받고 기소당하면서 사전형량 조정의 일환으로 정부에 정보를 넘겨주겠다고 동의하고서 나서야 비로소 파티는 일시적으로 중단되었다.[21] 보에스키는 주가를 조작하고 고객을 사취하는 계획에 마이클 밀켄Michael Milken과 밀켄의 정크 본드 집단, 드렉슬 번햄 램버트Drexel Burnham Lambert를 연루시켰다. 드렉슬은 유죄를 인정했고, 밀켄은 내부자 거래와 공갈을 포함해 98개 죄목으로 기소되어 투옥되었다.)

기업 사냥이 발생하지 않았던 기업에서도 CEO들은 자사가 표적이 될까 봐 두려운 나머지 주주의 이익을 최대화해야 한다는 압박을 느꼈다. 따라서 주가를 끌어 올리는 것이 자신의 주요 역할이라고 생각하기 시작했다. 코카콜라의 CEO 로베르토 고이주에타Roberto Goizueta는 과거 수십 년을 지배했던 기업 정치인 개념과 사뭇 대조되는 새로운 철학을 내세웠다. "우리가 짊어진 한 가지 임무는 주인에게 공정한 이익을 창출해주는 것이다."[22] 고이주에타가 언급한 '공정한 이익'이 가능한 한 최대 이익을 뜻한다는 사실은 누구나 간파할 수 있었다.

CEO들이 이러한 위업을 가장 쉽고 직접적으로 달성하는 방법은 비용을 줄이는 것이고, 특히 기업의 최대 단일 비용을 차지하는 급여를 줄이는 것이다. 따라서 1950년대와 1960년대에 활동하던 기업 정치인들이 사라지고 1980년대와 1990년대 들어서 기업 푸주한들이 등장했다. 기업 푸주한들은 당시에 가혹하게 구사했던 용어대로 기업의 "지방을 잘라내고" "뼛속까지 잘라내는"데만 신경을 곤두세웠다. 1981년 잭 웰치Jack Welch가 GE의 타륜을 잡았을 당시 주식 시장에서 평가한 기업 가치는 140억 달러에 미치지 못했다.[23] 하지만 웰치가 2001년 퇴직했을 때는 4,000억 달러에 달했다. 웰치가 이러한 성과를 거둘 수 있었던 것은 주로 급여를 삭감했기 때문이다. 웰치가 CEO로 취임하기 전에 대부분의 GE 직원은 평생을 회사에 몸담아왔다. 하지만 1981년부터 1985년까지의 기간에 전체 직원의 4분의 1에 해당하는 10만 명이 해고당하면서 웰치에게는 '중성자탄 잭Neutron Jack'이라는 별명이 붙었다. 심지어 경제 상황이 좋은 시기에도 웰치는 GE의 경쟁력을 유지하려고 매년 부하직원 10%를 대체하라고 고위 관리자들에게 촉구했다.

다른 CEO들은 심지어 웰치보다 한 술 더 떴다. 스콧 페이퍼Scott Paper의 CEO인 '전기톱Chainsaw' 앨 던랩Al Dunlap은 본부 직원의 71%를 포함해 1만 1,000명을 해고했다.[24] 이 조치에 영향을 받아 해당 회사의 주가는 225% 올랐다. 1996년 던랩은 선빔Sunbeam으로 자리를 옮기자마자 전체 직원 1만 2,000명 중 절반을 해고했다.[25] (하지만 불행하게도 던랩은 선빔의 회계장부를 조작하다가 발각되었다. 증권거래위원회가 사기 혐의로 고발하자 다시는 관리나 주식회사의 이사로 재직하지 않는다는 조건으로 벌금 50만 달러를 물고 합의했다.) 앞서 언급했던 IBM과 휴렛패커드는 바뀌기 전에는 종신고용과 고임금 정책을 펼치는 것으로 유명했다. 하지만 두 기업 모두 나중에 감원정책을 펼쳤다.

그 결과 주가는 치솟았고 앞서 설명한 대로 CEO가 받는 보상도 덩달아 인상되었다.(〈표 6〉 참조)

정리해고를 해서 주가를 끌어올리는 것은 이론적으로는 자원을 더욱 유리하게 사용하는 방향으로 나아가므로 효율적인 방법으로 인식되었다. 하지만 이에 따른 대가는 너무 컸다. 일반 근로자가 직업과 급여를 잃고 많은 지역사회가 버려졌다. 효율성에 따른 혜택도 광범위하게 분배되지 않았다. 기업이 자사 근로자의 구매력을 지속적으

| 표 6 | **다우존스 산업평균 지수**

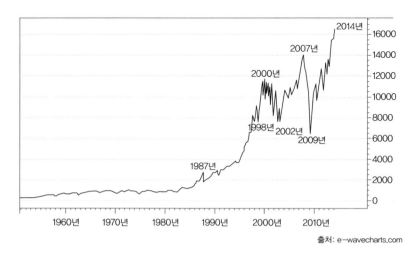

출처: e-wavecharts.com

로 약화시키면서 직원 소득과 생산성의 관련성이 끊어졌다. 미국에서 1979년 이후 생산성은 65% 증가했지만 근로자의 중간 급여는 8% 증가하는 데 그쳤고, 경제 성장에 따른 이익은 거의 모두 상위층에 돌아갔다.[26] 앞에서 보았듯 오늘날 일반 근로자의 생활수준은 인플레이션을 감안할 때 30년 전보다 조금도 나아지지 않았고 대부분은 경제적으로 더욱 불안정해졌다. 주식을 소유한 근로자가 거의 없는 것도 우연이 아니다.

근로자들이 일자리를 유지하지 못할까 봐 걱정한 나머지 더 낮은 급여 조건(그리고 인플레이션을 따라잡을 수 없을 정도의 급여)을 자진 수용하는 바람에 급여가 계속 낮게 책정된다. 여기서도 정치적 결정이 중요한 역할을 차지한다. 사회에 만연한 고용 불안정은 부분적으로는 무역 협정이 일자리를 외국으로 돌리도록 미국 기업을 유인한 결과였다. 앞에서 살펴보았듯 정부의 '보호주의'에 대조시켜 인습적으로 '자유 무역'을 '자유 시장'과 동일한 개념으로 생각하는 태도는 잘못이다. 모든 국가의 시장은 조직 방법에 관한 각국의 정치적 결정을 반영하므로 실제로 '자유 무역' 협정에는 서로 다른 시장 체제를 통합하는 방법을 둘러싸고 복잡한 협상이 따른다. 협상에서 가장 중요한 요소는 지적재산권·금융·노동 등이다. 대기업과 월스트리트는 협상하면서 자신의 지적재산권과 금융 자산의 가치를 온전히 보호하는 데 전념하므로 노동의 가치를 보호하려는 일반 근로자의 이해관계는 번번이 밀려나기 마련이다.(개인적으로 고백할 이야기가 있다. 클린턴 행정부에서 노동부 장관으로 재직했을 당시에 나는 행정부 안에서 북미자유무역협정North American Free Trade Agreement에 반대하는 주장을 폈지만 외부에 공개적으로 의견을 발표하지는 않았다. 중국을 세계무역기구World Trade Organization에 가입시키는 계획이나 북미자유무역협정 가입을 포함한 백악관의 결정에 항의해 사임하는 것보다는 행정부에 남아 싸우는 편이 낫다고 믿었기 때문이다. 하지만 내가 당시에 옳은 선택을 한 것인지에 관해 그 후로 여러 차례 의문을 품었다.)

근로자가 더 낮은 급여에도 자진해서 계약을 체결하는 데는 높은 실업률도 한몫하며, 정부의 정책도 이를 부채질한다. 연방준비제도이사회가 금리를 인상하고 의회가 경제를 부양하고 실업을 줄이는 것보다 재정 적자를 줄이는 데 더욱 관심을 기울여 내핍을 선택하면, 결과적으로 실직 사태가 발생하고 일반 근로자의 협상력이 저해되어 급여는 더욱 작아진다. 연방준비제도이사회와 의회가 반대 조치를 시행하면 일자리가 늘어나고 급여가 많아진다. 클린턴 행정부 시절 실업률이 매우 낮아지자 시급 근로자는 급여를 높일 수 있는 협상력을 획득했다.[27] 당시에는 1970년대 말 이후로 시급 근로자의 급여 성장 현상이 최초로 유일하게 계속 유지되었다.

하지만 기업 임원과 월스트리트에서 활동하는 사람들은 근로자들의 급여가 적은 것을 원한다. 그렇게 되면 기업 이익이 늘어나면서 주주에게 더 많은 이익이 돌아가고 직접적으로든 간접적으로든 자신들도 이익을 취하기 때문이다. 하지만 이것은 장기적인 승리 전략이 아니다. 이익이 커지려면 궁극적으로 판매고가 늘어나야 하고, 그러려면 폭넓은 중산층이 상품을 살 수 있을 정도로 충분한 구매력을 지녀야 하기 때문이다. 하지만 대기업 하나를 지휘하는 CEO나 월스트리트에서 일하는 투자 은행가나 펀드 매니저처럼 국제무대에서 일하면서도 장기적인 이익보다 다음 분기에 거둘 이익에 더욱 관심을 쏟는 제한된 관점으로 볼 때는 근로자의 급여가 적은 편이 유리하다. 또한 근로자의 급여가 적으면 자신들의 자산 가치를 잠식한다고 생각되는 인플레이션의 발생 가능성을 줄일 수 있다고 믿는다.

중산층의 협상력이 줄어들면 경제 변화에 따른 위험성을 중산층에 전가하는 결과를 낳는다. 뉴딜 정책New Deal을 실행하고 2차 세계대전이 진행되는 동안 수립된 공공 정책들은 사회보장 제도, 근로자의 보상, 주당 40시간 근로, 1.5배의 초과 근무 수당, 고용주의 건강보험료 제공을 실시하는 등 대부분의 위험요소를 곧장 대기업에 전가시켰다.(전시의 가격 통제는 급여 인상의 대체 안으로 세금 면제 혜택을 촉진시켰다.) 대다수의 대기업 직원은 평생 자사에 남았고 급여는 연공서열·생산성·생활비·기업 이익과 더불어 꾸준히 올랐다. 1950년대에 이러한 고용 관계는 매우 흔해서 실질적으로 직원이 자기 직업과 회사에 재산권을 소유하고 있다고 말해도 과장이 아닐 정도였다.

하지만 1980년대 정크 본드와 기업 인수가 활개를 치면서 이러한 고용 관계는 막을 내렸다. 이제 한 기업에 수십 년 동안 근무한 풀타임 직원조차 퇴직금도 의료보험도 없이 다른 직장을 구하는 데 아무 지원도 받지 못하고 하루아침에 쫓겨날 수 있다. 현재 미국인 근로자 5명 중 거의 한 명이 파트타임으로 일한다.[28] 많은 근로자가 임시직 근로자, 프리랜서, 독립 계약자, 컨설턴트로 일하고 소득과 근로 일정은 주마다 다르거나 날마다 다르다. 2014년 전체 미국 근로자의 66%는 그날 벌어 그날 생활하기에 바빴다.[29]

연금을 마련하지 못하고 나이를 먹을 위험성도 높아지고 있다. 1980년에는 대기업과 중소기업의 80% 이상이 직원에게 확정급여형 퇴직연금을 제공해서 퇴직 후에 매달 정액의 연금을 받도록 보장했다.[30] 하지만 현재 그러한 정책을 실시하는 기업의 비율은 3분의 1 이하이고, 대신 확정기여형 퇴직연금 제도를 실시해 위험요소를 직원에게 전가한다. 2008년처럼 주식 시장이 무너지면 확정기여형 퇴직연금 제도인 401(k) 플랜도 함께 무너진다. 급여의 일부를 적립하는 직원에 한해 고용주가 해당 금액을 추가로 적립해주는 확정기여형 퇴직연금에 가입한 근로자의 3분의 1은 현금을 적립할 여력이 없으므로 고용주는 추가 출연금을 제공할 필요가 없다.[31] 연봉이 5만 달러 이하인 근로자 중 확정기여형 퇴직연금에 돈을 적립하는 사람의 비율은 훨씬 낮다. 전반적으로 직업과 연결되어 퇴직연금 제도에 가입한 근로자는 1979년 전체 근로자의 절반을 약간 넘었지만 요즈음은 35% 이하로 떨어졌다.[32] 메트라이프MetLife 생명보험이 2014년 고용인을 대상으로 조사한 결과에 따르면 40%는 고용주가 앞으로 더욱 혜택을 줄이리라 예측했다.[33]

다른 한편으로 근로자의 소득이 갑자기 끊길 위험성도 계속 증가한다. 미시건대학교의 소득동향 패널 연구Panel Study of Income Dynamics에 따르면 2008년 금융 위기가 강타하기 전에도 2년의 기간 동안 전체 가구의 절반 정도가 소득 감소를 경험했다.[34] 게다가 소득이 감소하는 정도는 점차 커져서 1970년대 일반적인 소득 감소 폭은 약 25%였고 1990년대에는 40%였다.[35] 2000년대 중반에 이르자 가구 소득은 1970년대 중반보다 평균 두 배로 오르내렸다.[36]

경제적으로 불안정한 근로자들은 급여를 올려달라고 요구할 입장에 놓여 있지 않다. 그들은 기회를 포착하기보다는 두려움에 쫓긴다. 이것이 상황을 자신에게 유리하게 몰고 갈 수 있는 정치적 힘을 소유한 사람들이 경제를 장악하고 있기 때문에 벌어지는 미국 자본주의의 현실이다.

　중산층의 힘이 쇠퇴하는 데 한몫하는 셋째 요소는 노조의 소멸이다. 50년 전 GM이 미국 최대 고용주였을 때 일반 직원은 오늘날 화폐 가치로 시급 35달러를 벌었다. 2014년 미국의 최대 고용주는 월마트였고,[37] 직원의 평균 시급은 11.22달러였다.[38] (월마트는 2016년 2월 최저 급여 근로자의 시급을 10달러로 인상할 예정이다.) 이는 반세기 전에 GM 직원의 가치가 2014년 월마트 일반 직원의 세 배라는 뜻은 아니다. GM 직원이 월마트 근로자보다 교육 수준이 높은 것도 일할 의욕이 강한 것도 아니었다. 진정한 차이는 반세기 전에 GM 직원 뒤에는 강력한 노조가 버티고 있어서 기업 소득의 상당한 몫을 조합원에게 돌리기 위해 모든 자동차 제조 근로자의 집단 협상력을 끌어 모았다는 것이다. 그리고 미국 전역에 걸쳐 전체 근로자의 3분의 1 이상이 노조에 가입해 있었으므로 노조는 고용주와 협상을 벌여 비조합원의 급여를 인상하고 혜택도 늘릴 수 있었다.[39] 비노조 기업들은 노조 계약에 근접하게 근로조건을 맞추지 않으면 직원들이 노조를 결성하리라고 인식했다.

　현재 월마트 직원은 더욱 좋은 조건으로 계약을 협상해줄 노조가 없으므로 단독으로 협상해야 한다. 오늘날에는 민간 부문 근로자의 7% 미만이 노조에 가입해 있으므로 미국 전역의 고용주 대부분은 노조 계약 조건에 맞출 필요가 없다.[40] 그렇게 되면 노조가 있는 기업은 상대적으로 경쟁에서 불리하기 마련이다.

　미국 일각에서는 노조의 쇠퇴가 단순히 '시장 지배력'이 작용한 결과일 뿐이라고 주장한다. 하지만 독일처럼 다른 국가들도 동일하게

'시장 지배력'의 영향을 받았지만 여전히 강력한 노조를 유지하고 있다. 게다가 노조들이 중산층 근로자에게 충분한 협상력을 꾸준히 제공해 경제 성장에 따른 이익의 상당한 몫을 요구하고 있다. 그리고 그 몫은 미국 중산층이 받는 몫보다 훨씬 크다. 수십 년 동안 미국에서 근로자의 임금 성장률은 제자리에 머물고 있지만, 독일에서 근로자의 평균 시급은 1985년 이후 30% 가깝게 증가했다.[41] 앞에서 설명했듯 미국의 전체 소득에서 상위 1%에게 흘러들어가는 소득의 비율은 1960년대 10%에서 2013년 20% 이상으로 증가했지만,[42] 독일에서 상위 1%는 전과 다름없이 전체 소득의 약 11%를 획득해 40년 동안 거의 비슷한 비율을 유지하고 있다.

두 나라가 다른 현상을 보이는 원인은 무엇일까? 특히 노조 문제에서 힘의 분배와 정치를 들여다보자. 우선 자본주의의 구성요소인 시장 지배력과 그 한계를 정하는 정부의 역할을 생각해보면 유용하다. 셔먼 독점금지법Sherman Antitrust Act이 발효되고 수십 년 동안 노조는 정부의 주요 표적이 되었다.[43] 1894년 철도 근로자들이 파업하자 연방법원은 셔먼 독점금지법을 적용해 파업은 '불법적 거래 제한'이라고 판결했다. 그로버 클리블랜드Grover Cleveland 대통령은 군인 2,000명을 풀어 파업을 해산시키면서 시위자 십여 명의 생명을 앗아가고 초기 단계에 있던 미국 철도노동조합American Railway Union을 와해시켰다.[44] 많은 재계 리더들은 노조 운동이 국가에 근본적인 위협으로 작용하고 노조의 목적은 경제 원칙에 거스른다고 생각했다. 1903년 전미제조업자협회National Association of Manufacturers 회장은 이렇게 경고했다. "노조는 단 한 가지 법칙, 즉 물리적 힘의 법칙만 안다. 그것은 훈족Huns과 반달족Vandals의 법칙이고, 미개인의 법칙이다. (……) 지성이 아닌

근육을 내세우고, 혁명의 제자인 지도자들의 명령을 속속들이 받으므로, 노조가 경제학의 자연법칙에 직접적으로 위배되는 원칙을 대표하는 현상은 낯설지 않다."[45]

하지만 일반 근로자는 정치적 힘을 얻으면서 노조를 합법화하고 경제의 중요한 일부로 자리매김할 수 있었다. 진보시대 기간인 1914년 의회는 클레이턴 반독점법Clayton Antitrust Act을 통과시키면서 "인간의 노동은 상품도 아니고 상업용 물품도 아니다"라는 원칙을 명확하게 밝힘으로써 노조를 반독점법에서 면제시키는 것 같았다.[46] 1921년 대법원이 노조를 불법으로 규정하려고 클레이턴 반독점법을 다소 강경하게 해석한 이후(재판관 홈스Holmes, 브랜다이스Brandeis, 클라크Clarke가 반대의견을 냈다), 의회는 1932년 최종적으로 노리스–라가디아법Norris-LaGuardia Act을 제정해 노조를 영구적으로 합법화했다.[47] 더 나아가 1935년 국가노동관계법National Labor Relations Act을 제정해 근로자에게 노조 조직권을 보장하고, 고용주에게는 근로자와 협상할 법적 책임을 부과했다.[48]

노조는 1930년대 말과 1940년대에 경제적 힘을 획득하고 이를 통해 얻은 정치적 힘을 행사해 근로자의 협상력을 확대했다. 1950년 기업과 노조가 노동 평화를 이루는 조건으로 전설적인 디트로이트 협약을 체결하고 생산성에 따른 이익을 공유하기로 합의하자 근로자의 급여와 혜택은 물론 근로자의 노조 가입 비율이 급증했다.[49] 결과적으로 1950년대 중반에 이르자 민간 부문에 종사하는 전체 근로자의 거의 3분의 1이 노조에 가입했고 생산성이 증가하면서 근로자의 중간 급여도 인상되었다.

1970년대 말을 시작으로 상황이 반전됐다. 노조의 경제적·정치적 영향력이 줄어들면서 노조원 수가 감소하기 시작했고 근로자 대부분의 협상력도 아울러 감소했다. 앞에서 설명했듯 노조 쇠퇴 현상이 발생한 원인은 기업의 사명이 주주의 이익을 최대화하는 방향으로 바뀌고, 노동력 대체 기술이 발달하는 동시에 국제화가 진행되었기 때문이다. 하지만 정치적·법적 결정으로 인해 노조의 경제적 영향력이 감소하면서 정치적 힘을 행사하지 못한 결과이기도 하다. 항공 교통 관제사들이 파업을 벌이자 당시 대통령이었던 로널드 레이건은 파업 참가자 전원을 해고하는 악명 높은 초강수를 두어서(항공 교통 관제사들에게는 파업할 권리가 없었으므로 레이건 입장에서는 합법적인 권리 행사였다) 대형 고용주들에게 미국이 노동관계 역사에서 다른 시대에 진입했다는 신호를 보냈다.[50] 자사 근로자의 노조 가입률이 높은 CEO들은 직원에게 일자리를 유지하는 조건으로 급여 양보를 요구했다. 많은 기업이 채용 조건으로 조합비 납부와 노조 가입을 포기하도록 허용하는 법으로 무장하고 '노동권(조합에 가입하지 않아도 직장을 유지할 수 있는 권리—옮긴이)'을 보장하는 지역으로 기업 시설을 옮겼거나 옮기겠다고 위협했다.

앞에서 살펴보았듯 2013년 아메리칸 항공사처럼 노조와 맺은 계약을 파기할 목적으로 파산을 전략적으로 사용하는 것은 1980년대에 시작된 관행으로, 이때 악몽처럼 되살아나 노조에 가입한 항공사 근로자들을 괴롭혔다.[51] 1983년 콘티넨탈 항공사의 CEO인 프랭크 로렌조Frank Lorenzo는 재정난에 허덕이는 항공사를 파산시키고, 노동 계약을 파기하고, 근로자 수천 명을 해고했으며, 파업 중인 조종사와 승무원들을 외부 인력으로 대체했다. 그리고 새 직원에게는 과거 계약의 절반 수준으로 급여를 수락하는 동시에 근무 시간을 늘리라고 요구했다. 1993년 노스웨스트 항공사는 자사를 파산시키겠다고 위협하면서 승무원과 비행기 정비사에게 급여 조건을 양보하라고 요구했다.[52] 10년 후 4,000명이 넘는 정비사들이 파업에 돌입했을 때는 외주로 빈자리를 채웠다.[53] 2002년 유나이티드 항공사는 파산 절차에 들어가면서 조종사와 승무원에게 9.5%~11.8%의 급여 삭감을 강요했고 2006년 어느 때보다 큰 수익을 올리며 파산에서 벗어났다.[54]

1947년 태프트-하틀리법Taft-Hartley Act이 노동권법을 수용하자 조합비를 납부하지 않은 근로자가 조합에 무임승차해 애당초 노조 가입자에게 돌아갈 유인책을 훼손하는 결과를 낳았다.[55] 그러나 대부분의 산업이 북부와 북서부에 집중되어 있는 반면에 법이 제정된 곳은 남부와 서부였으므로 1980년대까지 태프트-하틀리법의 파급효과는 크지 않았다. 하지만 기업의 수익을 늘리고 노동 비용을 절감하라는 압박에 시달리던 많은 CEO들은 노동권을 보장하는 지역으로 기업을 옮기고 싶어 했다. 따라서 2012년 인디애나 주와 미시건 주처럼 오랜 산업 중심지들도 노동권법을 제정했고 2015년 들어서는 위스콘신 주가 이 대열에 합류했다.[56]

소매점, 음식점, 청소업, 호텔, 노인 간호와 탁아, 병원, 교통 등 지역 서비스 경제에 종사하는 근로자는 거대 산업 종사자와 다른 형태의 문제에 직면한다. 서비스업은 외국에 외주를 줄 수 없고 대부분은 자동화되지 않으므로 사라질 위험성이 적다. 실제로 미국 국내에서 지역 서비스 관련 직업은 계속 성장한다. 하지만 서비스 직업 종사자는 급여가 매우 낮은 데다가 혜택은 물론 승진 기회도 거의 없다. 그나마 노조에 가입해 있으면 고용주와 협상할 때 더욱 큰 힘을 행사할 수 있는데 대부분 노조에 가입해 있지 않아 문제는 더욱 심각하다.

월마트와 주요 패스트푸드 체인점은 노조를 맹렬하게 반대해왔다. 자사 직원이 노조에 가입하지 못하게 하려고 노조 투표 과정을 방해하고, 노조를 조직하려는 근로자에게 보복하고, 노조 가입을 거부하라고 근로자를 위협했다. 국가노동관계법에 따르면 이러한 행위는 불법이고 엎친 데 덮친 격으로 1980년대 의회는 법의 시행 예산을 삭감했다. 결과적으로 근로자의 노조 형성권과 집단 협상권을 보호할 책

| 표 7 | 근로자의 노조 가입률과 중산층의 소득 비율

출처: Center for American Progress Action Fund analysis based on union membership rates from updated Barry T. Hirsch, David A. MacPherson, and Wayne G. Vroman, "Estimates of Union Density by State," *Monthly Labor Review* 124, no.7(2001): 51–55, available at http://unionstats.gsu.edu/MonthlyLaborReviewArticle.htm. Middle-class share of total income is from Bureau of the Census, Table H–2: Share of Aggregate Income Received by Each Fifth and Top 5 Percent of Households(2013), available at http://www.census.gov/hhes/www/income/data/historical/household.

임이 있는 국가노동관계위원회는 업무를 제대로 추진할 수 없었다. 심지어 고용주가 근로자를 불법으로 해고하더라도 해당 위원회가 내리는 처벌은 극히 미약해서 기업을 상대로 근로자에게 해고 이후의 급여를 지불하라고 요구하는 정도에 그쳤다.[57] 민주당 출신 대통령이 연달아 취임하면서 노조 결성을 지원하고 위법 행위를 한 고용주에게 내리는 처벌을 강화하도록 입법하겠다고 약속했지만 아무것도 달라지지 않았다.

결과적으로 민간 부문 근로자의 노조 가입률은 꾸준히 떨어지고 있다. 이와 더불어 전체 소득에서 중산층이 차지하는 몫도 자연히 줄어들었다.[58] (〈표 7〉 참조)

근본적인 문제는 일반 근로자가 과거보다 '가치'가 떨어지거나 분수에 넘치게 생활하기 때문이 아니다. 2차 세계대전이 끝나고 처음 30년 동안 협상력을 꾸준히 상실했으므로 자신이 기여한 만큼 경제적 이익을 얻지 못할 뿐 아니라 자신의 소득으로는 경제가 제공하는 혜택을 따라잡지 못하기 때문이다.

해당 문제를 '자유 시장'의 비인격적 작용 탓으로 돌리는 태도는 1980년대 이후 시장을 재조직한 주체와 방식을 무시하는 것이다. 또한 힘을 소유한 덕택에 좀 더 큰 몫의 경제적 이익을 꾸준히 받아온 부유한 이해당사자의 영향력을 가볍게 보는 것이다. 그렇다고 부유한 이해당사자가 누리는 경제적 이익이 지속적으로 더욱 많이 축적되어야 한다고 인정하는 것이 아니다. 또한 이러한 태도는 현대 정치경제 체제에서 대항적 세력이 현저하게 쇠퇴하는 현상을 무시하는 것이다.

14장 —————

근로 빈곤층의 부상

현실에서는 직업이 가치를 결정하고 개인적 미덕과 사회적 책임을 정당화한다는 기본 전제를 수용하기 힘들다. 풀타임으로 일하는데도 여전히 빈곤한 사람의 수가 눈에 띄게 증가하고, 수적으로 적은 계급에 속하면서 전혀 일하지 않는데도 부유한 사람이 급증하기 때문이다. 풀타임으로 일하면서도 자신과 가족을 가난의 늪에서 끌어 올리지 못하는 빈곤층이 점점 늘어나는 반면에 부유층은 유산을 포함해 많은 재산을 소유하면서 땀 흘리지 않고 모은 소득으로 편안하게 생활하는 현실을 지켜보면 사람의 가치가 소득으로 결정된다고 믿기 어렵다.

아주 최근까지도 빈곤은 과부·아동·노인·장애인·미망인·중환자 등 대부분 일하지 않는 사람과 실직한 사람에 국한되었다. 그들을 돕기 위해 공공 안전망과 민간 자선단체가 세워졌다. 경제가 발전하자 급여가 상당히 많아지면서 본질적으로 안정적인 중산층 직업이 넘쳐 났으므로 풀타임 근로자가 빈곤한 경우는 드물었다. 하지만 현실은 더 이상 그렇지 않다. 예를 들어 일부 정치인은 2014년 하원 의장 존 베이너John Boehner의 다음과 같은 주장을 집요하게 견지하는 것 같다. "가난한 사람들은 이렇게 생각한다. '나는 그다지 일할 필요는 없어. 이 일은 정말 하고 싶지 않거든. 차라리 가만히 있는 것이 낫겠어.'"[1] 현실은 어떨까? 미국의 빈곤층은 주당 40시간 이상 일하고 때로 두 가지

이상의 일자리를 뛰면서 열심히 일하지만 정작 빈곤에서 벗어나지 못한다.[2]

미국에서 근로 빈곤층이 증가하는 원인은 몇 가지가 있다. 첫째, 소득 하위층의 급여가 인플레이션을 반영했을 때 계속 떨어지고 있다. 2013년 근로 빈곤층은 4,700만 명으로 일곱 명 중 한 명꼴이었다. 전체 근로자의 4분의 1이 거두는 소득은 일 년 내내 풀타임으로 일한 근로자가 연방 정부가 정한 빈곤선 이상으로 가족 4명을 부양하기에 필요한 수준에 미치지 못했다.[3] 급여가 하향하는 추세는 경기 대침체가 끝나고 이른바 회복기에도 계속됐다. 2010년부터 2013년까지 하위 5%의 평균 소득은 8% 감소했고 평균 재산은 21% 줄어들었다.[4] 옥스팜 아메리카Oxfam America가 실시한 연구에 따르면, 미국에서 2013년 무료 급식 프로그램과 기타 자선단체에서 제공하는 식량 지원 프로그램을 사용하는 4,600만 명의 절반 이상은 직업이 있거나 근로 가정의 구성원이었다.[5]

모든 근로자의 '가치'가 급여를 그토록 적게 받을 만큼 작은지 의심스럽다. 실제로 소득이 감소하는 경향은 근로자의 경제적·정치적 힘이 부족한 것과 관계가 깊다. 활력 없는 경제에서 이익을 추구해야 하는 CEO는 끊임없이 인건비를 삭감하거나, 인력을 자동화 기계로 대체하거나, 근로자에게 더 낮은 급여를 받아들이라고 강요한다. 이러한 과정을 거치면서 과거에 중산층이었던 많은 근로자가 급여가 더적은 지역 서비스 업종으로 밀려난다. 소매업이나 패스트푸드업처럼 저임금 산업에 속한 직업은 경기 대침체기에 사라진 직업의 22%를차지한다.[6] 전미고용법프로젝트National Employment Law Project가 제출한보고서에 따르면 저임금 산업은 침체기 말기부터 2013년 사이에 생겨난 일자리의 44%를 창출했다.[7] 해당 산업에 속한 고용주들은 적의에 가득차서 노조에 반대하고, 자사 근로자를 단결시키려는 온갖 노력에 성공적으로 맞붙어 싸웠다.

그동안 연방 최저임금의 실제 가치는 인플레이션으로 꾸준히 잠식당했다. 의회, 좀 더 정확하게 표현해 공화당 의원들은 감소분을 상쇄하려는 의도로 최저임금을 인상하지 않겠다고 결정했다. 거대 패스트푸드 체인점과 소매업체와 더불어 전미레스토랑협회National Restaurant Association와 전미소매업협회National Retail Federation는 연방 최저임금을인상하지 못하게 하려고 로비 활동을 벌이고 있으며, 이러한 노력은앞으로 최저임금의 가치를 크게 잠식할 것이다. 2014년 최저임금의실제 가치는(시급 7.25달러) 내가 노동부 장관 시절에 정치 투쟁을 이끌어 결국 1996년 인상시킨 수준에도 미치지 못했다.[8] 최저임금이1968년 당시 가치를 그대로 유지했다면 지금은 시급 10.86달러는 됐을 것이다.[9] 물론 2014년까지 미국 경제의 규모와 생산성은 당시보다훨씬 커졌다.

그런데도 최저임금의 실제 가치를 회복하려고 시도하면 최악의 경우에는 고용주가 근로자를 해고시키리라는 주장이 일각에서 일고 있다. 이때 근로자는 인상된 최저임금에 합당할 만큼 '가치'가 없다고 생각하기 때문이다. 2014년 6월 찰스 코크와 데이비드 코크가 캘리포니아 주 다나 포인트Dana Point 소재 성 레지스 모나크 비치호텔St. Regis Monarch Beach Resort에서 공화당 최대 기부자들을 초대한 회의 자리에서 형제의 고문 경제학자인 리처드 핑크Richard Fink는 최저임금제를 이렇게 비판했다. "최저임금에 도사리고 있는 심각한 위험은 일부 사람이 자신의 부가가치보다 더 많은 급여를 받는다는 사실이 아니다. 50만 명이 최저임금 때문에 직업을 갖지 않으리라는 것이다."[10] 그러면서 이렇듯 환멸을 느끼는 실직자 무리가 '전체주의와 파시즘의 온상'이 되리라고 경고했다.[11] 회의 참석자들은 모르기는 몰라도 자기 앞에 놓인 푸아그라를 먹기 전에 공감한다는 뜻으로 고개를 끄덕였을 것이다.

최저임금이 인상되면(또는 1968년 수준으로 회복되면) 고용주가 고용을 줄이리라는 사회 통념은 흔한 말장난에 지나지 않는다. 최저임금을 없애고 고용주가 직원의 '가치'만큼 급여를 지불하게 해주면 실업을 줄이거나 심지어 없앨 수 있다는 것이다. 전직 하원의원인 미셸 바크먼Michele Bachmann이 주장했듯 최저임금 제도를 폐지하면 "어떤 수준이든 일자리를 제공할 수 있으므로 실업을 잠재적이고 실질적으로 완전히 제거할 수 있다."[12] 이론적으로 따지면 바크먼의 주장은 옳다. 하지만 그 핵심은 부적절하다. 매우 낮은 급여를 받는 근로자를 양산하는 것은 결코 경제의 위대한 성과가 아니기 때문이다. 결국 노예 제도도 완전고용 제도가 아닌가?

사실상 최저임금이 인플레이션을 감안해 최소한 1968년 수준으로 인상되기만 하더라도 직업이 거의 사라지지 않으리라는 증거가 있다. 산업계 일자리와 달리 최저임금을 받는 소매 서비스 직종은 외국에

외주를 줄 수 없다. 게다가 근로자들이 제공하는 서비스가 개인적이고 직접적이므로 자동화 기계와 컴퓨터로 대체할 가능성도 없다. 더욱 중요하게는 최저임금을 인상하면서 발생한 이익은 최저임금을 직접 받는 근로자 너머로 확대된다. 저임금 근로자의 주머니에 들어가는 돈이 많아지면 그들이 거주하는 장소에서 제품 판매가 증가한다는 뜻이고 결과적으로 경제가 더욱 빨리 성장하고 일자리가 더욱 많이 생긴다. 아린드라지트 듀브Arindrajit Dube, 윌리엄 레스터William T. Lester, 마이클 라이시Michael Reich가 연구를 실시해 이 사실을 증명했다.[13] 연구자들은 주 경계의 반대쪽에 있으면서 최저임금이 각기 다른 인근 카운티를 짝지어 수백 쌍의 고용 사례를 뽑아 조사하고, 4년이 지나고 나서도 최저임금이 더 높은 카운티의 실업률이 통계학적으로 의미 있게 증가했다는 증거가 없다는 사실을 밝혀냈다.(반대의 결과를 발견한 다른 연구자들은 최저임금이 인상되기 전에 카운티의 실업률이 이미 증가한 요인을 통제하지 못했다.[14]) 세 연구자들은 최저임금이 더 높은 직장에서 직원 이직률이 낮기 때문에 고용주는 신입사원을 채용하고 훈련시키는 비용을 절감할 수 있다는 사실도 밝혀냈다.[15]

최저임금을 받는 대부분의 근로자는 추가로 소비할 돈을 벌려는 십대가 아니다. 노동통계국에 따르면 2014년 패스트푸드 기업에서 일하는 근로자의 중간 나이는 28세였고, 근로자의 3분의 2를 구성하는 여성의 중간 나이는 32세였다. 대형 소매점에서 근무하는 근로자의 중간 나이는 30세가 넘었고, 그들 중 4분의 1은 자녀가 있었다. 이 근로자들은 가정 소득의 절반 이상을 담당하고 일반적으로 가족의 주요 수입원이다.

두 말할 필요도 없이 최저임금을 인상하면 근로자와 그 가족이 빈곤에 대처하는 데 소요되는 메디케이드, 푸드 스탬프, 기타 지원책을 일반 납세자가 부담해야 할 필요성이 그만큼 줄어들 것이다. 캘리포니아대학교 버클리캠퍼스의 내 동료들과 일리노이대학교 어바나–샴페인캠퍼스의 연구자들이 2012년 발표한 자료에 따르면 패스트푸드 업계 근로자의 52%는 어떤 형태로든 공적 지원에 의존하고, 연방 정부와 주 정부로부터 거의 70억 달러의 지원금을 받았다.[16] 사실상 이 지원금은 기업이 망해 근로자들이 살아갈 기반을 잃지 않도록 나머지 납세자들이 패스트푸드 산업에 지불한 것이다.

패스트푸드 기업의 근로자들이 받는 임금이 얼마나 오르든지 가격 인상의 형태로 소비자에게 전가되는 일은 거의 없다. 대형 소매점과 패스트푸드 체인점은 고객을 확보하려고 치열하게 경쟁하므로 가격을 낮게 유지해야 하기 때문이다. 예를 들어 덴마크에서는 18세 이상의 맥도널드 근로자에게 시급 20달러를 지급하지만 빅맥의 가격은 미국보다 35센트 비쌀 뿐이다.[17] 저임금 근로자가 받는 임금 이득은 기업의 수익에서 창출될 가능성이 높고 주주와 고위 임원에게 돌아가는 이익은 약간 감소할 것이다. 나는 이것이 큰 문제가 되리라고는 생각하지 않는다. 전미고용법프로젝트에 따르면 대부분의 저임금 근로자를 고용하는 대기업들은 2013년까지 상당히 높은 수익을 거뒀다.[18] 해당 대기업의 4분의 3은(저임금 근로자를 고용한 상위 50개 기업) 경제 침체기 이전보다 더 높은 수익을 기록했다.[19] 2000년부터 2013년까지 패스트푸드 기업의 CEO가 벌어들인 급여는 과거보다 4배 늘어나 연간 평균 2,400만 달러에 달했다.[20] 월마트도 임원들에게 후하게 보상했다. 2012년 월마트의 CEO는 2,070만 달러를 받았다.[21] 미국 경제정책연구소의 발표에 따르면 월마트 주식에서 여전히 최대 지분을 보유하고 있는 월튼Walton 가의 당시 재산은 미국 최하위 40%의 재산을 모두 합한 액수보다 많았다.[22]

　　근로 빈곤층의 수가 증가하는 추가 원인은 정부 지원을 받는 자격을 결정하는 기준이 근본적으로 바뀌었기 때문이다. 앞에서 설명한 대로 과거에는 지원 대상이 실직자였지만 지금은 실직자들이 지원금을 거의 받지 못한다. 2014년까지 어떤 종류로든 실업수당을 받은 실직자는 전체의 26%에 불과했다.[23] 일반적으로 공적 지원의 수혜자는 일을 하고 있어야 자격을 갖출 수 있다. 1996년 빌 클린턴의 복지 개혁법이 제정되면서 정부는 빈곤층을 복지의 경계 밖으로 내보내 일하게 만들었지만, 빈곤층이 구할 수 있는 일자리는 급여가 낮을 뿐 아니라 중산층으로 진입할 수 있는 사다리도 거의 없다. 임금 지원금 제도인 근로 소득 보전세제의 대상이 확대되었지만 일하는 것을 전제조건으로 요구한다. 반드시 일을 해야 푸드 스탬프를 탈 수 있는 것은 아니지만, 푸드 스탬프 수혜자 중에서도 일하는 사람이 더욱 많아지는 추세다.(소득이 있는 수혜자의 비율은 1980년 19%에서 2012년 31%로 증가했다.[24] 푸드 스탬프 수혜자의 약 3분의 1 이상은 노인이거나 장애가 있어서 일할 수 있는 사람을 대상으로 계산하면 해당 비율은 31%를 훨씬 웃돈다.) 따라서 일해야 한다는 조건을 붙이더라도 빈곤층의 수나 비율은 별로 줄어들지 않는다. 2013년 빈곤층의 비율은 14.5%로 2000년의 11.3%, 2007년의 12.5%를 넘어섰다.[25] 정부 지원을 받으려면 일해야 한다는 조건을 달자 실제로는 실직 빈곤층의 수만 줄었을 뿐 근로 빈곤층의 수는 늘어났다.

근로 빈곤층이 늘어나는 현상에 대한 좀 더 근본적인 원인은 미국의 나머지 계층에서 발생하는 현상에서 추적해볼 수 있다. 일부는 둘의 관련성을 부정하면서, 중산층이 줄어들고 소득과 부가 상위층으로 재분배되는 현상은 하위층에 발생하는 현상과 무관하다고 추정한다. 하버드대학교 경제학자 그레고리 맨큐는 "어떻게 상위층을 좌절시키느냐가 아니라 어떻게 하위층을 도와야 하느냐"로 고민해야 한다고 주장했다.[26]

하지만 두 가지 문제는 분리할 수 없다. 상위층으로 분배되는 이익이 많아지므로 중산층은 2000년대 초반처럼 경제를 신속하게 성장시키는 데 필요한 구매력을 상실한다. 1970년대와 1980년대에는 여성이 노동 시장으로 몰려들었고, 1990년대에는 근로자가 너나 할 것 없이 노동 시간을 늘렸으며, 2008년 전에는 많은 가구가 빚의 구렁텅이로 더욱 깊이 빠져들었다. 임금은 제자리걸음을 하거나 감소한 데다가 엎친 데 덮친 격으로 소비를 유지할 수 있는 모든 수단을 소진해버렸으므로 중산층은 전체적으로 소비를 늘릴 여력을 잃었다.[27] 따라서 불가피하게 일자리가 줄어들고 경제 성장이 둔화되었다. 두 가지 현상 모두 특히 빈곤층에 심각한 타격을 주었다. 소득 하위층은 가장 먼저 해고당하고, 가장 늦게 채용되며, 임금과 혜택을 삭감당할 가능성도 가장 크다.

더욱이 소득 사다리의 길이가 길어지고 중간 가로대가 많이 사라졌으므로 위로 올라가기는 더욱 힘들어졌다. 중산층의 규모는 더욱 작아져 여기에 합류할 기회는 한층 줄었다. 2차 세계대전이 끝난 직후 빈곤층 가정에서 태어난 아이가 성장해 중산층에 진입할 가능성은 50%를 약간 넘었다.[28] 하지만 오늘날 미국 빈곤층 가정에서 출생하는

아이의 43%는 평생 가난에서 벗어나지 못할 것이다.[29]

　빈곤층은 야망이 없으므로 가난에서 벗어날 수 없다고 믿는 사람들이 있다. 하지만 빈곤층에게 정말 없는 것은 기회이자 기회를 포착하는 데 필요한 자원을 획득할 수 있는 정치적 힘이다. 빈곤층의 비극은 부적절한 탁아에서 시작해 초·중·고등학교를 거치면서 확산되므로 저소득층과 고소득층 아동의 학업성취도 차이도 점차 커진다. 30년 전 소득 상위 10%와 하위 10% 가정의 아동이 SAT 유형의 시험에서 보인 평균 점수 차이는 800점 만점에서 약 90점이었다.[30] 2014년에 이르자 그 차이는 125점으로 벌어졌다. 소득을 기준으로 판단할 때 미국 아동의 수학 능력 차이는 국제학업성취도평가Program for International Student Assessment에 참여한 65개국 중 가장 큰 편이었다. 독해력 점수도 고소득층 아동은 저소득층 아동보다 평균 110점 높았다.[31]

　부유층 아동과 빈곤층 아동의 학업성취도가 다른 주요 원인은 인종이 아니다.[32] 실제로 인종에 따른 학업성취도 차이는 점차 줄어들고 있다. 소득에 따라 학업성취도가 다른 현상은 전국적으로 부유층과 빈곤층 가정의 소득 격차가 크고, 부유한 동네와 빈곤한 동네에 세워진 학교의 재정 상태가 다르며, 소득에 따라 주거지가 나뉘는 현실을 반영한다. 퓨연구센터Pew Research Center가 발표한 2010년 인구조사 표준지역의 분석과 가구 소득 자료에 따르면, 소득을 기준으로 주거지가 분리되는 현상이 미국 전역에 걸쳐 지난 30년 넘게 확산되고 있다.[33]

　이것은 중요한 문제다. 공립학교 지원금에서 지방세가 차지하는 비중이 크기 때문이다. 연방 정부는 전체 지원금의 약 10%만 제공할 뿐이고 주 정부가 평균 45%를 공급하고, 나머지는 지역에서 모금으로 충당한다.[34] 대부분의 주는 빈곤지역에 지원금을 더 많이 주려 하지만 경기 침체기 동안 대부분 지출을 줄였고 감축분은 거의 보충하지 않는다.[35] 그러는 동안 저소득층 지역의 부동산 시장은 약세를 면하지 못하므로 지방세 수입은 감소한다. 소득에 따라 거주지가 나뉘기 때문에 저소득층 지역에 있는 학교는 과거 어느 때보다 자원이 줄었다. 결과적으로 학생 한 명당 지원금의 차이는 더욱 벌어져 빈곤층 아동에게 직접적으로 불리하다.[36]

연방자문위원회의 보고에 따르면 가장 부유하고 지출이 많은 교육구의 학생 한 명당 지원금은 가장 빈곤한 교육구의 약 2배다.[37] 캘리포니아 주를 포함한 일부 주에서는 해당 비율이 3배가 넘는다. 미국의 부유한 지역에 있는 '공립학교'는 진정한 의미의 공립이 결코 아니다. 사실상 사립학교로서 학비는 해당 지역에 있는 고급 주택의 구입가와 이에 따른 재산세에 감춰져 있다.

심지어 상대적으로 부유한 교육구가 빈곤한 교육구에 지원금을 지급하라고 법원이 요구하는 지역에서도 불평등은 여전히 크다. 부유한 지역에 거주하는 많은 부모는 상대적으로 빈곤한 교육구를 지원하기 위해 세금을 추가로 납부하지 않고, 자녀가 다니는 학교를 발전시킬 목적으로 설립한 학부모 재단에 지원금을 내고 세금 공제를 받는다. 미국 전역에 걸쳐 1만 4,000개 이상의 교육구 중 약 12%가 부분적으로 이러한 재단의 지원을 받는다. 학부모 재단은 학교 강당 신설(메릴랜드 주 보위Bowie)을 비롯해 첨단 기상관측소 신설과 언어기술 교육 프로그램 개발(매사추세츠 주 뉴턴Newton) 등에 필요한 자금을 댄다. 〈월스트리트저널〉은 이렇게 주장했다. "학부모 재단은 자신들이 소유한 돈을 자녀에게 다시 연결시키려는 부모들의 노력을 눈으로 확인할 수 있는 증거다."[38] 하지만 〈월스트리트저널〉은 더욱 가난해질 가능성이 있는 다른 지역의 아동에게는 해당하지 않는다는 말을 덧붙였어야 했다.

이러한 요인이 복합적으로 작용하면서 미국은 경제협력개발기구 Organization for Economic Cooperation and Development, OECD가 조사한 선진국 34개국 가운데 고소득층 아동을 교육하는 학교가 저소득층 아동을 교육하는 학교보다 학생 한 명당 지원금이 더 많고, 교사 한 명당 학생 수가 더 적은 3개국 중 하나로 꼽혔다.(나머지 2개국은 터키와 이스라엘이었다.[39]) 다른 선진국의 교육 현실은 미국과 달라서 학교 지원금에서 중앙 정부가 54%를 부담하고, 지방세가 차지하는 비중은 미국의 절반 이하다.[40] 또한 국가 지원금 중에서 불균형하게 큰 금액을 상대적으로 빈곤한 지역에 지급한다. OECD에서 국제교육평가를 담당하는 안드레아 슐라이허Andreas Schleicher가 〈뉴욕타임스〉에 말했듯 "OECD 국가의 대다수는 모든 학생에게 균등하게 투자하거나, 사회적으로 혜택을 받지 못한 학생에게 불균형하게 더 많이 투자한다. 미국은 반대로 행동하는 몇 안 되는 국가다."[41]

돈은 분명 전부가 아니다. 하지만 어떻게 돈이 중요하지 않은 척 할 수 있겠는가? 돈이 있으면 경험 많은 교사를 고용할 수 있고, 붐비지 않는 넓은 교실을 만들 수 있고, 품질 좋은 교수자료를 갖출 수 있고, 방과 후 프로그램을 세울 수 있다. 하지만 미국은 정작 돈이 가장 필요한 학교에 지원금을 늘리는 일 빼고는 전부 하는 것 같다. 그래서 모든 학교에 높은 학업 기준을 충족하라고 지시하고, 학생들이 치러야 하는 시험을 더욱 늘리고, 학생들의 시험 점수로 교사를 평가한다. 사회가 발전하려면 사회적으로 혜택을 받지 못하는 학생을 교육하는 학교를 우리가 체계적으로 억압하고 있다고 인정해야 한다. 앞에서 살펴보았듯 근로자의 빈곤과 정치적 무기력은 밀접한 관계가 있다.

15장

비근로 부유층의 부상

근로 빈곤층과 마찬가지로 비근로 부유층도 늘어난다. 상대적으로 수가 훨씬 적은데도 비근로 부유층의 소득은 최근 몇 년간 치솟았다. 그들은 주식·채권·부동산 등에서 소득을 충분히 획득하므로 일할 필요가 없다. 과연 비근로 부유층은 그만한 '가치'가 있을까? 앞에서 살펴본 대로 돈을 모을 만한 '가치'가 있는 일을 하면서 저축해 자산을 축적한 사람도 있기는 하다. 하지만 소유주 자체가 가치가 있어서 자산이 증가한 것은 아니다. 자산 가치가 커진 요인은 인구 증가, 귀한 상품의 공급 제한, 기업의 근간을 이루는 유인책과 협상 관계의 변화를 비롯해 여럿이다. 여기에는 정치와 정책도 중대한 몫을 차지한다. 예를 들어 학교가 좋거나 대중교통 수단이 발달한 지역으로 주민이 몰리거나, 대출 기준 완화로 매입자가 자금을 쉽게 확보할 수 있어서 아파트 건물이나 주택의 가격이 급증할 수 있다.

하지만 비근로 부유층 가운데 일을 해보지 않은 사람이 점차 늘고 있다. 재산을 상속받았기 때문이다. 그들은 재산이 많은 가정에서 자라면서 어렸을 때 각종 혜택을 누리고, 넉넉한 재산을 유산으로 물려받아 평생 무엇을 하든 무엇을 실패하든 온갖 특혜를 계속 누린다. 미국에서는 실력주의의 상징인 '자수성가'한 인물이 사라지고 있다. 오늘날 최고 부유층 10명 중 6명은 엄청난 재산을 상속받았다.[1] 앞서 설

명했듯 월마트 상속자들의 재산은 미국 하위 40%의 재산을 모두 합한 액수보다 훨씬 많다.[2]

이것은 시작에 불과하다. 미국은 역사상 최대 규모의 부가 세대에서 세대로 이동하는 절정기에 있다. 보스턴대학교 산하 부와 박애주의센터Center on Wealth and Philanthropy는 2061년까지 반세기 동안 36조 달러가 상속되리라는 연구 결과를 발표했다.[3] 한 신탁회사가 투자 가능한 재산이 300만 달러 이상인 미국인을 대상으로 실시한 조사에서 세대 간 중요한 경계가 드러났다.[4] 69세 이상 시민의 거의 4분의 3과 그들 바로 밑에 있는 베이비부머 세대의 대다수는 자신의 세대 들어 처음으로 막대한 재산을 모았다. 하지만 35세 이하의 부자는 재산을 상속받은 경우가 더 흔하다.[5] 이는 프랑스 경제학자 토마 피케티가 상기시켰듯 수 세기 동안 유럽 귀족계층의 주요한 소득 원천이었던 왕조적 형태의 부로서[6] 앞으로 미국의 새 귀족계층의 주요한 소득 원천이 될 것이다.

비근로 부유층이 부상한 원인은 명확하다. 직업으로 획득하는 소득이 특정 계층에 더욱 집중되면서 상대적으로 소수인 초부유층은 소득을 자본 자산에 투자해왔다. 또한 후원금이나 인맥을 통해 직접적으로든 기업·동업자 단체·금융 포트폴리오 매니저 등을 통해 간접적으로든 소득의 일부를 정치에 투자해왔다. 결과적으로 게임의 규칙은 초부유층이 부를 축적하는 데 기여했다. 2014년까지 자본 자산과 정치에 투자하는 경향이 결합되어 소득이 집중되는 것보다 훨씬 빠른 속도로 부가 집중되고 있다.[7]

소득 상위 1%에 해당하는 가구는 1978년 사업 소득의 20%를 차지했다.[8] 하지만 2007년에는 사업 소득의 49%를 획득했고[9] 전체 자본 소득의 75%를 손에 넣었다.[10] 2014년에 이르자 주식 시장의 가치는 2008년 주식 시장이 붕괴되기 이전보다 훨씬 높아졌다. 따라서 소득 상위층은 투자를 통해 예전보다 소득이 늘어났고 이에 따라 자본 소득이 더욱 불어났다.

양쪽 정당이 거대한 부의 이전 현상에 개입해왔지만 특히 공화당은 민주당보다 열렬하게 부추겨왔다. 예를 들어 과거에는 가족 신탁이 약 90년으로 제한되었다.[11] 하지만 레이건 행정부가 실행한 법적 변화를 계기로 많은 주 정부가 이 기한을 영구적으로 확대했다. 이른바 왕조신탁 제도를 이용하면 초부유층 가족이 돈과 재산을 대대로 자손에게 대부분 면세로 물려줄 수 있다. 2001년과 2003년에 조지 워커 부시가 실시한 최대 감세 정책은 고소득자에게 이익을 안겼지만, 축적된 재산에 의존해 생활하는 사람에게 훨씬 더 큰 이익을 제공했다. 근로 소득에 대한 최고 세금 요율은 39.6%에서 35%로 떨어졌지만,[12] 배당금에 대한 최고 세금 요율은 39.6%(일반 소득으로 세금이 부과되었으므로)에서 15%로 인하되었고 상속세는 완전히 폐지되었다.

버락 오바마가 일부 감세 정책을 원래 수준으로 되돌렸지만 많은 정책이 그대로 남아 있다. 조지 워커 부시가 대통령에 취임하기 전에 상속세는 세금 요율 55%에 부부당 200만 달러를 초과하는 자산에 적용했다.[13] 2014년에는 세금 요율 40%에 부부당 1,000만 달러를 초과하는 자산에만 적용했다.[14] 공화당이 다수당인 의회는 이 수준을 훨씬 앞지르려 했다. 폴 라이언 하원의원이 제안한 이른바 로드맵은 이자·배당금·자본 소득·유산에 부과하는 모든 세금을 제거했다.[15] 2013년까지 발생한 상속 1,000건당 1.4건만이 상속세 납부 대상이었고 여기에 적용된 실질 요율은 17%에 불과했다.[16]

그러는 동안 비근로 부유층의 주요 소득 원천인 자본 소득에 대한 세금 요율은 1980년대 말 33%에서 2014년 23.8%로 떨어지면서 일반 소득에 대한 세금 요율보다 상당히 낮아졌다.[17] 거액의 상속인들은 세법에 따라 겉으로 잘 드러나지 않는 엄청난 혜택을 누린다. 소유주가 지닌 자본 자산의 가치가 평생 증가하고 사망할 때까지 이를 보유한다면 상속인은 자본 자산의 인상분에 대해 자본 소득세를 한 푼도 낼 필요가 없다. 이러한 미실현 이익은 미국에서 왕조 재산의 주요 원천으로 부상했고, 자본 소득세를 전혀 낼 필요 없이 대대로 상속되면서 더욱 큰 가치를 창출한다. 현재 이러한 성격의 자산은 가치가 1억 달러 이상인 상속으로 유지되는 자산의 절반이 넘는다.[18]

하지만 재산 관리 고문에게 연락하는 일 말고는 돈을 벌기 위해 하는 일이 전혀 없는 세대는 특히나 한심하다. 이러한 세대는 경제와 사회에 좋은 영향을 끼치지 못한다. 소득을 얻기 위해 일할 필요가 없고, 보통 사람이 어떻게 살고 무엇이 필요한지 모르는 소수의 수중에 국가 자산의 상당 부분을 쥐어주는 것에는 더더욱 책임이 따라야 한다. 또한 왕조 재산은 필연적으로 정치적 영향력과 권력을 훨씬 많이 끌어 모으므로 민주주의 존속에 더욱 위험하다.

일하지 않아도 생계를 유지할 수 있는 계층의 부가 점차 증가하는 현상은 그들이 베푸는 박애주의 관용으로 정당화되기도 한다. 빌 앤드 멀린다 게이츠 재단Bill & Melinda Gates Foundation처럼 초부유층 가족 재단들이 좋은 활동을 상당히 많이 벌이는 것은 틀림없다. 19세기 말의 특징이었던 초부유층의 기부 현상과 더불어 부자의 박애주의 기부가 증가하는 추세다. 19세기 말에는 앤드루 카네기와 존 록펠러 등 앞서 언급한 강도 귀족들인 재계 거물들이 박애주의 기관을 설립했다. 그 결과 현재 우리는 스탠퍼드대학교의 롭 라이시Rob Reich 교수가 언급한 '미국 박애주의의 2차 황금기'를 살고 있다.[19]

초부유층이 돈을 기부하는 방식은 물론 그들 마음이지만 전적으로 그런 것은 아니다. 기부자들은 후원금을 과세 소득에서 공제할 수 있고, 후원금을 받은 자선재단이나 기관은 소득에 대해 세금을 납부하지 않는다. 경제적인 의미에서 세액 공제와 비과세 소득은 정부 지원금과 같다. 믿을 만한 자료를 수집할 수 있었던 마지막 해인 2011년에 이 총액은 540억 달러로 추산되었다.[20] 롭 라이시가 지적했듯이 이러한 공공 지원금은 대중에 대한 책임과 상관없이 부자 기부자의 빈틈없는 감독 아래 분배되었다. 부자들이 후원금을 할당하는 방법에 대중이 찬성하지 않더라도 어쩔 도리가 없다. 관점을 바꿔 생각해보면 500억 달러는 2011년 연방 정부가 생활보호 가구에 대한 일시적 지원Temporary Assistance for Needy Families 프로그램, 빈곤층 아동을 위한 학교 급식, 헤드스타트Head Start(미국 연방 정부가 경제적·문화적으로 불우한 아동을 위해 국가가 개입해서 만든 유아교육 프로그램—옮긴이) 등에 투입한 자금을 모두 합한 것보다 많다.[21]

'후원금 세제charitable deduction'라고 부르기는 하지만 이러한 공공 지원금에서 빈곤층에게 돌아가는 몫은 거의 없다. 인디애나대학교 박애주의센터가 실시한 2005년 분석에 따르면, 가장 너그럽게 적용하더라도 빈곤층을 지원할 목적으로 사용되는 후원금은 전체의 3분의 1에 불과하다.[22] 상당 부분은 오페라·미술관·교향악단·극장 등에 분배된다. 모두 가치 있는 사업인 것은 확실하지만 우리가 통상적으로 인식하는 '자선 행위'는 아니다. 얼마 전 뉴욕 소재 링컨센터에서 헤지펀드 산업 리더들의 자선 후원금으로 기금 마련 축제가 열렸다.[23] 일부 참석자의 연간 소득은 10억 달러가 넘는다. 하지만 가난한 뉴요커들은 링컨센터에서 열리는 콘서트에 거의 참석하지 못한다.

또한 후원금의 일정액은 기부자가 과거에 재학했거나 자기 자녀를 입학시키고 싶어 하는 일류 고등학교와 대학교에 보낸다.(해당 교육 기관들은 일반적으로 부자 우대 정책을 실시해 부모가 후한 후원금을 기부한 지원자에게 입학 특혜를 준다.) 하버드·예일·프린스턴을 포함한 아이비리그 대학교는 명망 있는 기관이지만 많은 빈곤층 젊은이를 교육시키지는 않는다.(내가 교편을 잡고 있는 캘리포니아대학교 버클리캠퍼스에는 연방 정부의 무상 장학금을 받을 수 있는 조건에 맞는 빈곤층 학생이 아이비리그 대학교 전체보다 많다.[24] 더욱이 앞서 설명했듯 이러한 일류 대학교들은 열정적인 사회복지사와 국선 변호사보다 야심이 넘치는 투자 은행가와 기업 컨설턴트를 훨씬 많이 배출하고 있다.)

2014년 사립 대학교가 받은 후원금 총액은 약 5,500억 달러이고 명망 있는 소수 교육 기관에 집중된다.[25] 하버드대학교가 받은 후원금은 320억 달러 이상이고, 예일대학교는 208억 달러, 스탠퍼드대학교는 187억 달러, 프린스턴대학교는 182억 달러다.[26] (2013년 하버드대학교는 65억 달러를 추가로 모으려고 모금 운동을 시작했다.[27]) 자선 후원금에 대해 세금을 공제해주는 형태로 정부가 교육 기관에 제공하는 지원금은 후원금 3달러당 약 1달러다. 몇 년 전 휴렛패커드의 현재 CEO인 맥 휘트먼Meg Whitman은 프린스턴대학교에 3,000만 달러를 기부하고 대가로 약 1,000만 달러 상당의 세금 우대 조치를 받았다.[28] 실제로 프린스턴대학교는 휘트먼에게 2,000만 달러를 받고 재무부에서 1,000만 달러를 받았다. 다시 말해 일반 납세자들이 차액을 메운 것이다. 자본 이득과 소득에 부과하는 세금에서 후원금 공제를 해주면 정부의 전체 지출은 훨씬 많아진다. 후원금 총액을 해당 교육 기관에 재학하는 상대적으로 적은 학생 수로 나눴을 때 학생 한 명당 지원금 액수는 상당히 크다. 예를 들어 경제학자 리처드 베더Richard Vedder의 추산에 따르면 정부가 프린스턴대학교에 제공하는 연간 지원금은 학생 한 명당 약 5만 4,000달러다.[29] 다른 일류 사립 대학교도 상황은 비슷하다.

캘리포니아대학교 버클리캠퍼스 골드만공공정책대학원Goldman School of Public Policy의 헨리 브래디Henry Brandy 학장은 고등 교육을 받는 학생의 70% 이상을 교육시키는 공립 대학교와 일류 사립 대학교가 현격한 대조를 보인다고 지적했다.[30] 공립 대학교에는 후원금이 거의 없거나 전혀 없다. 그 대신에 주 정부로부터 거의 모든 지원금을 받지만 그나마 축소되는 추세다. 공공 고등 교육에 책정된 주 정부와 지방 정부의 예산은 2013년 약 760억 달러로 10년 전보다 거의 10% 적다.[31] 현재 공립 대학교에 재학하는 학생 수는 10년 전보다 많으므로 지원금이 10% 감소한 것은 실질적으로 학생 한 명당 30% 감소한 셈이다.[32] 이는 평균적으로 공립 대학교 학생 한 명당 연간 정부 지원금이 6,000달러 미만이라는 뜻으로 프린스턴대학교에 정부가 학생 한 명당 지원하는 금액의 약 10분의 1이다.[33] 이는 중산층과 빈곤층의 소득이 줄고 부유층의 재산이 급증하면서 나타난 결과이기도 하다.

우리는 각자 자기 운명을 결정하는 주인공이다. 하지만 앞에서 분명히 밝혔듯 자신이 출연하는 좀 더 규모가 큰 드라마의 제작자도 감독도 아니다. 우리의 주장과 이상, 소득과 성취를 결정하는 데 다른 힘이 작용한다. 부자인 동시에 더욱 부유해지는 사람이 그렇지 않은 사람보다 지력이나 도덕심이 우월하지는 않다. 다만 큰 행운이 따를 때가 많고 좀 더 많은 특권을 누리면서 더욱 강한 영향력을 행사한다. 엄밀하게 말해 재산이 많다고 해서 그들에게 인간으로서 가치가 있다고 말할 수는 없다.

같은 근거로 생계를 유지하려고 열심히 일하고, 발목을 잡는 시류에 거슬러 버둥거리면서 자신과 가족의 안위를 걱정하는 대다수 국민은 혼자만 그런 것도 아니고 비난을 받을 이유도 없다. 하지만 그들의 목소리는 들리지 않고 많이들 사회에 환멸을 느끼고 태도가 냉소적으로 바뀐다. "그럴 만한 머리가 있다면" 돈을 더 많이 벌 수 있었으리라고 내게 말했던 근로자는 낮은 급여와 지위가 자기 결함의 산물이라 생각한다. 자신을 더욱 잘 살 수 있게 만들 충분한 협상력의 싹을 잘라버린 경제 체제의 산물이라고 생각하지 않는 것이다. 빈곤에서 벗어나는 길을 찾지 못하는 빈곤층은 그렇게 보는 사람이 많기는 하지만 결코 패자도 실패자도 아니다. 빈곤층이 사회에서 철저하게 무기력하다는 사실이 훨씬 중요하다.

이 말을 달리 표현하자면 소득과 미덕을 혼동해서는 안 되고 재산과 가치를 혼동해서도 안 된다. 자본주의는 마땅히 그래야 하거나 그럴 수 있는 방향으로 작동하지 않고 있다. 우리는 근로자가 자기 가치만큼 급여를 받는다는 사회 통념을 제대로 들여다보아야 한다.

그렇다고 부자가 비도덕적이라고 비난하는 것이 아니다. 고위 기업 임원, 월스트리트의 성공한 금융가, 기타 고액의 자산가가 결탁해 미국 경제를 강탈한다고 생각하지도 않는다. 다만 각 집단은 사적 이익을 추구하려고 합리적으로 행동할 뿐이다. 자신이 소유한 부가 증가하면 정치적 힘도 커지고 자연스럽게 자신의 부를 확대하고 보호하려고 정치적 힘을 사용한다. 물론 그들을 이기적이고 탐욕스럽다고 비난할 수는 있겠지만 그들이 다른 사람보다 특별히 더 이기적이거나 탐욕스럽지는 않다. 게다가 돈에 엄청나게 후한 사람도 있다.

하지만 노동에 대해 보상을 분배하는 정치경제 방식으로 경제 제도 자체를 생각한다면 우려해야 한다. 자본주의 형태를 정당화하는 실력주의의 이상은 국민 대부분이 살고 일하는 현실과 맞지 않는다. 경제 게임장은 자원과 힘을 소유한 인물 쪽으로 편중되어 있다. 게다가 그 인물들이 자원과 힘을 꾸준히, 더욱 많이 획득할수록 게임장은 더욱 기울기 마련이다.

국제화와 기술 변화는 요즘 경제를 뿌리째 흔들면서 변화를 자신에게 유리하게 사용할 수 있는 상대적인 소집단과 그렇지 못한 대집단으로 노동 인구를 분리시킨다. 하지만 이것은 문제의 일부에 지나지 않는다. 국가는 그런데도 번성을 확산하고 중산층을 확대하며 빈곤층이 상승 이동할 수 있는 길을 마련하는 방향으로 변화에 대응할 수 있었고 여전히 대응할 수 있다. 상대적으로 소수인 소득 상위층이 역효과를 내는 방식으로 시장을 조직하도록 허용한 것은 부분적으로 우리가 자초했다. 따라서 이러한 상황을 반전시키는 것은 우리가 감당해야 할 책임으로서 지금부터 이에 대해 살펴보려 한다.

로버트 라이시의
자본
주의를
구하라

대항적 세력

소수가 아닌 다수를 위해
자본주의를 구하라

16장

총정리

이제 지금까지 설명한 내용을 정리해보자. 자본주의 세계에 속한 많은 국가와 마찬가지로 미국의 정치판에서 끊임없이 벌어지고 있는 중요한 정치 토론은 겉보기에는 '자유 시장'과 '정부' 중에서 무엇을 선택하느냐의 문제다. 정치적 우파는 정부보다 시장에 비중을 두어 일반적으로 세금을 낮추고 공공 지출을 줄이자고 주장한다. 정치적 좌파는 시장보다 정부에 비중을 두어 일반적으로 세금을 높이고(최소한 부자에 대한 세금을 인상하고) 공공 서비스를 확대하자고 주장한다. 해당 논쟁에는 시장을 설계하고 조직하고 시행하는 데 정부의 역할이 필수라는 중대한 현실이 숨어 있다. 입법자·행정인·판사가 기본 임무를 수행할 때 내려야 하는 무수한 결정이 이러한 현실 때문에 모호해진다. 그들은 혁신이 이루어지고 기술이 발달하며 시장 조건이 계속 바뀌므로 새롭게 결정을 내려야 하고 과거의 결정을 재고해야 하는 임무를 수행한다.

'시장'이냐 '정부'냐를 둘러싼 오랜 논쟁은 이면에 숨은 결정을 무시함으로써 결정 방식에 대한 관심을 분산시키고, 대기업·월스트리트·부자가 결정에 미치는 영향력이 점차 증가한다는 사실을 가린다. 소득 상위층이 경제적 힘을 획득하면서 경제 게임의 기본 규칙에 미치는 그들의 정치적 영향력이 커졌고 결과적으로 경제적 힘이 더욱 커졌다. 매우 큰 목소리로 '자유 시장'을 열렬하게 찬양하는 많은 사람은 이처럼 경제의 물밑에서 일어나는 과정의 최대 수혜자들이다. 그들은 대중이 이해하는 경제 기능 방식에서 힘의 실체를 제거함으로써 자신들의 존재를 편리하게 감춘다.

결과적으로 밖에서 쉽게 관찰할 수 있는 유일한 현상은 정부가 세금과 이전지출을 통해 부유층에서 빈곤층으로 소득을 재분배하는 것이다. 이러한 현상은 상위층과 하위층의 소득 격차가 벌어지면서 최근 수십 년 동안 확대되었다. 결과적으로 세금과 이전지출 이후에 관찰할 수 있는 불평등의 폭은 그 이전만큼 크지 않다.[1]

하지만 소득의 하향 재분배는 전체 그림의 작은 일부일 뿐이다. 실제로 최근에는 소득의 재분배가 소비자·근로자·소기업·소형 투자자에서 고위 기업 임원, 월스트리트 트레이더와 포트폴리오 매니저, 자본 자산의 주요 소유주로 상향 이동하고 있다. 하지만 상향 재분배는 겉으로 드러나지 않고, 주요 통로는 상당한 부와 정치적 영향력을 소유한 사람들이 형성하는 시장 규칙 안에 숨어 있다. 따라서 시장 구조 안에서 상향 분배가 먼저 이루어지고 난 후에 정부가 나머지 소득을 세금과 이전지출을 통해 빈곤층에 하향 재분배하는 것이다.

경제가 아이디어를 향해 이동하고 유형의 상품에서 멀어지면서 이면에 숨은 시장 규칙은 훨씬 모호해졌고 따라서 자원과 힘을 소유한 사람의 손에서 훨씬 쉽게 조작된다. 오늘날 가장 가치 있는 재산은 특허와 저작권을 비롯한 지적재산으로 특허 '제품 갈아타기', 제약회사와 복제약 제조사가 체결하는 역지불합의 협정, 저작권 보호 기간의 연장 등을 통해 거대 기업의 손에서 조용히 확대되고 있다.

이와 비슷한 예로 현재 시장을 점유하고 있는 가장 중요한 형태의 지적재산은 광대역 같은 네트워크, 유전자 변형 씨앗, 표준 디지털 플랫폼, 소수 월스트리트 은행이 통제하는 금융 체제에서 발생한다. 그리고 여기서도 대기업과 월스트리트는 정치적 영향력을 행사해 시장 지배력을 키우고 소규모 경쟁사들의 경제적 공격이나 반독점법의 법적 위협을 피한다.

이와 마찬가지로 현대 계약의 대상은 물건보다 자료와 아이디어다. 따라서 강력한 이익 집단이 소액 투자자에 대항해 내부 정보를 사용하고, 직원·고객·프랜차이즈 가맹점에 의무적으로 중재에 동의하라거나 법적 권리를 포기하라고 강요할 수 있는 것이다. 같은 근거로 파산법은 나날이 근로자·주택 소유자·학자금 대출자보다 거대 기업과 거대 은행에 체계적으로 유리하게 작용한다. 금융은 매우 불투명해져서 CEO는 기업 환매 시기를 조절해 자기 소유의 스톡옵션과 성과급 주식을 현금화함으로써 결과적으로 소액 주주들의 몫을 가로챈다. 또한 노동권법, 집단적 협상권의 부적절한 시행, 직업의 경제적 가치가 아니라 지적재산권과 금융 자산을 보호하는 무역 협정으로 근로자의 협상력은 꾸준히 잠식당한다.

정부의 시행 전략도 문제를 악화시킨다. 대기업과 월스트리트를 조사하고 감독하는 임무를 부여받은 기관은 근본적으로 인력이 부족하고, 법을 제대로 시행하지 못하며, 기업에 처벌과 벌금을 적절하게 부과하지 못한다. 임원 개개인에게 형사상 책임을 묻지 못하고, 사적 소권訴權을 제한하고, 집단 소송의 자격을 축소한다. 또한 가벼운 처벌을 받는 것으로 합의를 성사시키려고 매진하는 기업 변호사들과 월스트리트 변호사들에 비해 상대적으로 법적 자원을 충분히 제공하지 못한다.

이렇듯 대기업·월스트리트·부자는 시장을 형성하고 규칙을 시행하는 결정에 여러 형태로 영향력을 행사한다. 예를 들어 선거 후원금을 기부하거나, 특정 후보를 지지하거나 특정 정치인의 정적에 대항해 홍보 활동을 벌인다. 로비 회사나 월스트리트의 고소득 직업과 정부 관리직 사이에 회전문을 설치해 서로 넘나들 수 있게 하거나 공직에서 내려오고 나서 고소득 일자리를 주겠다고 암시한다. 전문가를 고용해 두뇌 집단을 결성하고 홍보 활동을 펼쳐 특정 정책이 대중에게 이롭다고 믿게 한다. 몸값 비싼 로비스트와 변호사 군단을 갖추고 입법 기관과 행정 기관의 청문회와 법원을 장악한다. 또한 검사와 판사에게도 손을 뻗는다.

'자유 시장'은 이러한 현상 전체를 위장하는 막이다. 따라서 경제 이득을 분배하는 체제는 중립적인 힘이 작용한 자연스럽고 불가피한 결과처럼 보인다. 실력주의 사회는 사람들이 대체로 자기 가치에 비례해 보수를 받는다고 가정한다. 따라서 노동의 대가를 매우 적게 받는 사람도 매우 많이 받는 사람도 자신의 '가치'가 그만큼이라고 추정한다. 미국의 실력주의 관점으로는 개인의 소득과 미덕이 일치하고, 재산과 도덕적 가치가 일치한다. 따라서 고소득을 세금으로 구속하거나, 정부의 이전지출을 통해 저소득을 보충하려 시도하는 것은 시장을 침범해 효율성을 해치고 유인책을 왜곡하고 실력주의의 도덕적 기반을 위태롭게 만드는 행위로 받아들인다.(그럼에도 이러한 위험은 정치적 관점에 따라 공정성을 달성하는 데 필요하다고 여길 수 있다.)

하지만 날이 갈수록 시장은 부유한 이익 집단에 유리한 정치적 결정을 반영하므로 시장을 통해 경제 이득을 분배하는 제도가 반드시 근로자의 '가치'에 부합하는 것은 아니다. 어째서 거대 기업 임원의 급여가 최근 수십 년 동안 치솟고 있는지, 어째서 월스트리트의 매니저와 트레이더가 받는 급여가 급등하고 있는지를 면밀하게 조사해보면, 그들의 통찰이나 기술의 가치가 급격하게 증가한 것이 아니라 시장의 규칙을 결정하는 영향력이 강력해지면서 부를 축적할 수 있었다는 결론을 내릴 수 있다. 이와 마찬가지로 전형적인 중산층 가구의 소득이 감소하고, 근로 빈곤층이 가난에서 벗어나지 못하는 현상은 두 집단이 개인적으로 결함이 있어서가 아니라 정치적·경제적 힘이 쇠퇴했기 때문이다. 간단하게 표현하면 거대 기업·월스트리트·부자가 시장에 막대한 영향력을 행사해 자신들에게 유리한 결과를 창출하는 것이다. 이러한 힘은 재산과 더불어 시장 규칙에 훨씬 큰 영향을 미친다. 한편으로 중산층과 하위층은 과거에 소유했던 힘을 많이 잃고 덩달아 경제적 지위가 쇠퇴하면서 시장 규칙에 미치는 영향력을 더욱 상실한다.

그렇다고 높은 자리에 앉아 규칙을 만드는 사람들이 도덕적으로 비난받아야 한다는 뜻은 아니다. 상위층도 개인의 이윤을 추구하는 방향으로 행동하기 때문이다. 이론적으로는 개인적인 이윤 추구가 '자유 시장'을 효율적인 동시에 대중에게 유익한 방향으로 이끄는 원동력이라고들 생각한다. 하지만 실제로 그들이 행동하는 무대는 이론적인 '자유 시장'이 아니라 실질 정치경제로서 경제적 힘이 정치적 영향력을 구축해 경제 게임의 규칙에 영향을 미치고 결과적으로 경제적 힘을 더욱 키운다. 그들 개개인이 합리적으로 계산한 결과를 합하면 전혀 효율적이지도 않고 체제 전체가 합리적이지도 않지만 어쨌거나 그들은 기존 체제 안에서 완전히 합리적으로 행동하고 있다. 하지만 결국은 이러한 행동들이 쌓여 체제는 서서히 무너지는 것이다.

다음 장에서 설명하겠지만 문제는 상위층이 소유한 힘이나 영향력 자체가 아니다. 반대편에 있는 사람들에게 힘이나 영향력이 상대적으로 부족한 것이 문제다. 대기업, 월스트리트, 부자가 소유한 정치적 힘은 점점 커지는 데 반해 이를 억제하거나 균형을 맞출 만한 대항적 세력이 더 이상 존재하지 않는다. 중산층과 빈곤층, 그들을 포함한 경제적 이익 집단에는 힘이 거의 없거나 전혀 없다.

그렇다면 다음 세 가지 의문이 생긴다. 첫째, 대항적 세력이 다시 형성되지 않는다면 자본주의를 어떻게 위협할까? 둘째, 어떻게 하면 중산층과 빈곤층이 더욱 광범위한 번영을 창출하는 방식으로 시장을 재조직하기에 충분한 대항력을 다시 갖출 수 있을까? 셋째, 그렇게 완성된 시장의 재조직은 어떤 형태일까?

17장 ————

자본주의가 받는 위협

미국은 과거에도 비슷한 질문에 직면했었다. 엄청나게 기술이 변하는 시대를 거치면서 전형적으로 근로자들은 일자리를 잃고, 사회 제도는 불안정해지며 경제는 벼락 경기와 불경기를 급박하게 오간다. 자본 소유주는 자주 막대한 보상을 손아귀에 넣고, 금융 엘리트는 게임에서 승승장구하며, 경제적·정치적 힘이 상위층에 고도로 집중된다. 신기술 덕택에 광범위한 번영이 창출되기도 하지만 상위층의 정치적 힘이 더욱 커지므로 기존의 정치·경제 제도로는 광범위한 번영을 이끌어낼 수 없다. 그도 그럴 것이 경제 게임이 조작되고 있다고 느끼는 국민이 많다. 궁극적으로 국민의 불안과 좌절은 번영을 더욱 광범위하게 확산시키려는 개혁에 불을 지피기 마련이다.

이 책의 서두에서 말했듯 이러한 경향은 1차 산업혁명이 미국에 상륙해 1830년대 이르러 잭슨 시대의 개혁을 일으킨 것과 같다. 앤드루 잭슨Andrew Jackson 대통령과 그의 지지자들은 엘리트 계급이 부적절한 특권을 누렸으므로 일반 시민이 강력한 힘을 획득하려면 이를 제거해야 한다고 믿었다. 잭슨 행정부 시절에 법무부 장관을 역임했고 그 후 재무부 장관과 5대 대법원장을 지낸 로저 태니Roger B. Taney는 이렇게 선언했다. "누구든 사람과 재산에 미치는 지배력을 불필요하게 축적하지 못하게 막는 것은 정치 기관이 확고하게 지켜야 할 원칙이다. 어느 누구라도 부유한 기업만큼 힘을 소유할 가치가 있다."[1] 잭슨 시대 공직자는 투표권 자격에서 재산권 소유 조항을 폐지하고, 특정 입법 절차 없이 기업을 설립하는 방법을 강구했으며, 금융 엘리트들이 통제하리라 판단해서 미합중국 제2은행의 설립을 반대했다. 그렇기는 해도 귀족주의에 반대했을 뿐 자본주의 자체에 반기를 든 것은 아니었다. 잭슨 시대 공직자는 엘리트 계층만이 아니라 일반인 다수의 삶을 향상시킬 자본주의를 추구했다.(하지만 태니 대법원장을 포함해 잭슨주의자들은 엘리트 계급에게서부터 보호 받아야 할 대상에서 아메리카 원주민과 아프리카계 미국인 노예를 배제했다.)

2차 산업혁명이 발생한 19세기 마지막 수십 년 동안에도 비슷한 의문이 부상했다. 철도·강철·석유·전기 분야에서 2차 산업혁명이 태동하면서 '트러스트trust'로 불리는 방대한 경제 연합이 형성되고, 상위층에 부가 집중되고, 도시의 불결과 정치 부패가 가속화되었다. 강도 귀족을 섬기는 하인들이 고분고분한 입법자들의 책상에 말 그대로 돈 자루를 올려놓는 상황이 벌어지자 위대한 법학자 루이스 브랜다이스Louis Brandeis는 급기야 국가의 선택을 요구했다. "우리는 민주주의를 실시할 수 있고, 소수의 수중에 막대한 부를 쥐어줄 수도 있다. 하지만 두 가지를 동시에 이룰 수는 없다."[2]

미국은 선택을 했다. 대중이 분노하면서 국가 최초로 누진 소득세가 탄생했다. 시어도어 루스벨트Theodore Roosevelt 대통령은 '사악한 거부들'을 비판하면서[3] 정부의 힘을 사용해 트러스트를 부수고 불결한 식품과 약물을 금지시키는 규정을 만들고, "어떤 정치위원회든 어떤 정치적 목적으로도 기업의 후원금 기부를 법으로 금지시켜야 한다"고 제안했다.[4] 따라서 의회는 미국 최초로 기업의 정치 후원금 기부를 금지시키는 연방법인 틸먼법Tillman Act을 통과시켰고, 3년 후에는 후보자가 모든 선거 후원금 기부자의 신상을 공개해야 하는 신상공개법Publicity Act을 통과시켰다. 다른 한편으로 몇 개 주는 노동 시간을 주당 40시간으로 제한하는 규정을 포함해 미국 최초로 노동보호법을 제정했다.

1920년대, 혁신 시대의 핵심은 자동차·전화·냉장고·전기로 가동하는 내구성 있는 상품을 포함한 소비재의 대량 생산과 대규모 사업이었다. 이때도 소득과 부는 상위층에 고도로 집중되었고 월스트리트의 부와 영향력은 급증했다. 1929년 주식 시장이 대폭락했을 당시 대부분의 미국인은 새로운 제품과 서비스를 구매할 경제력을 잃었고 빚의 구렁텅이로 점점 깊이 빠져들었으며 결국 경기 거품이 큰 소리를 내며 터졌다. 이러한 경제적 위기가 닥친 직후에 정부는 뉴딜 정책을 수립하면서 고용주와 집단으로 협상할 권리를 노조에 부여하는 동시에 대형 소매 체인으로부터 소기업을 보호했다. 1936년 치른 선거에서 대기업과 월스트리트는 프랭클린 루스벨트를 공격했다. 매디슨 스퀘어 가든에서 실시한 연설에서 루스벨트는 강한 어조로 이렇게 주장했다. "미국 역사를 통틀어 이 세력들이 오늘날처럼 한 후보에 대항해 이토록 강력하게 단결한 전례는 없었다. 그들은 만장일치로 나를 증오하고 있으며, 나는 그들의 증오를 환영한다."[5]

　1970년대 말로 접어들면서 비슷한 사건이 연이어 발생했다. 컨테이너선, 위성통신, 신물질, 컴퓨터, 디지털 기술, 궁극적으로는 인터넷을 포함하는 혁신의 물결이 새로운 경제를 탄생시켰고, 상대적으로 소수인 거대 기업과 개인에게 막대한 부를 집중시켰으며, 월스트리트에 다시 거품을 형성시켰다. 하지만 앞에서 설명했듯 1970년대 말을 시작으로 실질적인 중간 가구 소득은 침체되었다.[6] 하지만 방대한 규모의 미국 중산층은 몇 가지 방법을 동원해서 구매력을 유지했다.* 첫째, 여성이 직업 전선에 뛰어들었다. 둘째, 근로자가 너도나도 노동 시간을 늘렸다. 셋째, 오르는 주택 가치를 사용해 주택 담보대출이나 신규 대출을 받아 자금을 마련했다. 2007년 말에 이르자 가계 부채는 가처분 소득의 135%에 도달했고, 앞서 나열한 세 가지 방법은 무엇 하나 지속가능하지 않았다.[7] 결국 2008년에 이르러 1929년 때와 비슷한 채무 거품이 터졌다. 지난 100년을 통틀어 미국에서 소득의 집중 현상이 절정을 이룬 시기는 1928년과 2007년이었고, 이때 소득 최상위 1%가 국가 전체 소득의 23% 이상을 거머쥔 것은 결코 우연이 아니다.[8] 한 국가의 경제는 중산층이 두텁고 계속 성장하면서 구매력을 발휘하지 않고서는 제대로 기능할 수 없다.

　대침체에서 회복했다고 말하지만 특히 2008년과 2009년 경제가 하락한 폭을 고려할 때 그 회복은 미국 경제 역사상 가장 무기력했다.

---

* 내용을 좀 더 살펴보려면 내 저서인 《위기는 왜 반복되는가: 공황과 번영·불황 그리고 제4의 시대 *Aftershock: The Next Economy and America's Future*》를 참조하라.

지속적으로 나타나는 문제는 전반적인 내수 부족으로서 애당초 경제를 대침체로 몰아넣었던 요인과 동일하다. 2008년 경제가 붕괴되고 나서 대부분의 미국인은 제품과 서비스를 구매할 충분한 자원을 소유하지 못했으므로 기업들은 투자해서 사업을 확장하고 직원을 고용할 수 없었다. 따라서 실업률은 대단히 높았고 대부분의 가구 소득은 제자리걸음을 하거나 감소했다. 미국인의 소비는 세계 나머지 국가에 결정적으로 중요하므로 경제 회복 기간 동안 미국인의 상대적으로 미약한 소비가 세계 경제의 회복을 지연시켰다. 결과적으로 미국은 수출로 내수 부족을 보충할 수 없었다.

2015년 초반 미국에 경기 회복을 알리는 증후가 나타났다. 일자리가 늘어나고 있는 것이다. 하지만 근로자 대부분의 급여는 오르지 않고, 부와 소득의 집중화 현상은 여전히 기록적이다. 최상위 부자 400명의 재산은 최하위 60%의 재산을 모두 합한 것보다 많다.[9] 전체 인구의 1%에 해당하는 부자들은 국가 전체 사적 자산의 42%를 소유한 반면에[10] 전체 가구의 절반 이하가 차지하는 비중은 1989년 3%에서 2015년 1%로 감소했다.[11] 상위층 가구를 평균 가구와 비교하면 실태를 파악할 수 있다. 1978년 최상위 가구 0.01%가 소유한 재산은 평균 가구보다 220배 많았지만 그 비율은 2012년에 1,120배로 불어났다.[12] 2000년 이후 인플레이션을 반영했을 때 중간 가구에 속한 풀타임 근로자의 주급은 감소했고, 평균 시급은 40년 전보다 줄었다.[13]

토마 피케티가 《21세기 자본》에서 주장했듯 이러한 유형은 18세기와 19세기 유럽과 그보다 규모가 작기는 하지만 미국에 등장했고,[14] 오늘날 다시 모습을 드러내고 있다. 피케티는 해당 유형을 뒤집을 수 있는 방법이 많다는 주장에 회의를 품고 있다.(그가 제시한 광범위한 경제 자료를 검토해보면 경제 성장이 둔화되면서 상대적으로 소수 집단에 부가 거의 자동적으로 집중되리라는 사실을 파악할 수 있다.) 하지만 피케티는 부의 집중 현상이 자주 정치적 변혁과 개혁을 불러온다는 사실을 묵과하고 있다. 예를 들어 1890년대 미국에서 인민주의자들이 들고 일어나면서 진보시대가 열렸고, 1870년대 독일 사회주의 운동이 일어나면서 오토 폰 비스마르크Otto von Bismarck가 최초의 복지국가를 세웠다.

앞에서 기술한 현상은 경기 순환을 초월해서 나타난다. 〈표 8〉은 전체 가구에서 상위 10%와 하위 90%의 평균 소득 증가분을 가리킨다.[15] 그래프를 보면 세 가지 현상이 두드러진다. 첫째, 하위 90%의

| 표 8 | 경기 팽창 기간 동안 평균 소득 증가분의 분배

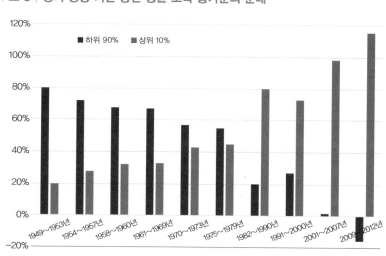

출처: Pavlina R. Tcherneva calculations based on Piketty/Saez data and NBER; http://www.slideshare.net/pkconference/tcherneva-inequality(slide 3 of 26).

몫이 1982년부터 1990년까지의 기간에 극적으로 떨어졌다. 둘째, 경기가 호전될 때마다 더욱 많은 혜택이 상위층에 돌아갔다. 셋째, 하위 90%의 실제 소득이 2009년 시작된 회복기에 처음으로 감소했다. 경제 회복기 동안 중간 가구 소득이 감소한 사례는 과거에 한 번도 없었다. 30년에 걸친 유형을 보면 악순환이 빨라졌다는 사실을 짐작할 수 있다. 경제적 힘의 대부분을 소유한 사람들은 그 힘을 사용해 경제 게임의 규칙을 자신에게 유리하게 바꾸고 결과적으로 경제적 힘을 더욱 많이 장악하지만, 이러한 힘이 없는 대부분의 미국인은 실제 소득이 거의 또는 전혀 증가하지 않았다.

이러한 경향은 경제적으로도 정치적으로도 지속가능하지 않다. 경제적 측면에서 보면 전체 소득에서 중산층과 빈곤층이 차지하는 몫이 줄어들므로 경제를 계속 발전시키는 데 필요한 구매력이 부족하다. 이러한 현상을 역전시킬 수 있을 정도로 부유층에서 중산층과 빈곤층으로 부를 재분배하는 것은 정치적으로 실행 불가능하다. 그러는 동안 게임이 자신에게 불리한 방향으로 조작된다고 생각하는 시민이 예전보다 훨씬 많아지면서 사회 구조가 흐트러지기 시작할 것이다. 경제 기관에 대한 신뢰는 이미 급감하고 있다. 2001년 갤럽이 조사한 자료를 살펴보면 열심히 일해 남을 앞지를 수 있는 기회를 누릴 수 있어 만족한다고 대답한 응답자는 77%였고, 불만이라고 대답한 응답자는 22%뿐이었다.[16] 하지만 그 후로 꾸준히 만족은 감소하고 불만은 증가했다. 퓨연구센터는 조사를 실시해서 열심히 일하면 남을 앞지를 수 있다고 생각하는 사람이 2000년 이후 13% 감소했다고 발표했다.[17]

자의성과 불공정성이 사회에 널리 확산되면서 몇 가지 방식으로 경제 기관의 기반이 약해진다. 첫째, 규칙을 어기는 경향이 만연한다.

게임이 상위층에 유리한 방향으로 조작되고 있다고 느끼는 사람은 자신이 부정 행위를 저질러도 용인되리라 생각할 가능성이 크다. 그래서 직장에서 자원을 훔치거나 빼돌리고, 시계를 조작하고, 책상이나 사무실을 비운 시간을 꾸며댄다. 비용을 과다 청구하고, 이익의 일부를 착복하고, 계약이나 거래를 성사시켜주고 은밀하게 뇌물이나 리베이트를 받는다. 그러나 경제는 신뢰를 바탕으로 돌아가야 한다. 사소하게 신뢰를 저버리는 일이 쌓이면 큰 대가를 치를 가능성이 있다. 그러면 고용주는 규칙을 엄격하게 적용해야겠다는 강박감을 느껴 직원에게 부여하는 재량권을 줄이고, 퇴근 시간에도 시간이 걸리는 검열과 보안 검사를 실시한다. 모든 거래 내역을 감독하고 직원에게 추가로 보고서를 작성하게 하는 동시에 더욱 많은 법적 절차와 사소한 과정을 거치라고 요구해서 직원의 기회주의적 움직임을 차단한다. 계약 조항을 어느 때보다 정교하게 만들어 상거래에서 손해를 보지 않도록 대비한다. 따라서 채권자는 추가 대출을 허용해주면서 더욱 무거운 담보를 요구한다. 경제 전반에 걸쳐 속임수를 배제할 목적으로 불필요한 형식과 절차가 늘어난다. 이렇듯 경제적 경화 현상이 만연한 사회에서 유일하게 혜택을 입는 사람은 서비스 수요가 많은 변호사·회계사·감사관·보안직원·선별사 등이다.

둘째, 게임이 조작된 것처럼 보이고 신뢰가 무너진다면 근로자에게 충성심을 더 이상 기대할 수 없다. 전반적으로 근로자가 자진해 추가로 일하거나 특별히 애를 쓰는 경우가 줄어들고, 필요한 업무라도 적당히 무시하고 반드시 해야 하는 업무만 처리하고, 예상하지 못한 문제가 발생하더라도 보고하지 않으며, 참신한 해결책을 생각해내려 하지 않는다. 직원이나 하청업자는 힘을 합해 생산성을 끌어올릴 수 있는 기술 정보나 경제적 통찰을 공유하지 않아서 손쉽게 고위 임원의 호주머니를 채워주고 일자리 수를 감소시킨다. 이러한 추가적 지식을 얻으려고 투자해 봤자 부동산·기계·지적재산권에 대한 투자와 달리 보호를 받을 수가 없으므로, 불신이 일반화되면 타인에게 새 지식을 도용당할까 봐 두려워 지식을 추가로 습득하는 데 투자하지 않으려 한다.

마지막으로, 조작된 게임에 이용당하고 있다고 느끼는 사람들은 전체가 실패하는 방식으로 체제를 전복시키는 선택을 하는 경우가 많다. 예를 들어 나는 버클리캠퍼스에서 '부와 빈곤Wealth and Poverty'과목을 강의하면서 학생들과 모의실험을 실시한다. 우선 학생들을 둘씩 짝짓고 나서 각 쌍의 한 사람에게 1,000달러를 받는다고 상상하게 한다. 돈을 받은 학생은 짝과 1,000달러를 나누는 방법에 합의해야 돈의 일부를 가질 수 있다. 다만 제안은 한 번만 할 수 있고, 제안을 받은 학생은 수용하거나 거절해야 하며, 유일하게 두 사람에게 허용되는 의사소통 방식은 처음에 돈을 받은 사람이 짝에게 얼마를 줄지 종이에 쓰면 상대방이 '수용'하거나 '거절'하겠다고 대답을 쓰는 것이다.

최초 수령자 중 많은 이들이 짝에게 1달러나 그 미만을 제시하고 짝은 기쁘게 받아들일 것이라고 생각할 수도 있다. 전혀 받지 못하는 것보다 1달러라도 받는 것이 낫기 때문이다. 경제 이론에 따르면 이는 기존의 상태에서 진일보한 것이다. 하지만 실제로 그런 상황은 일어나지 않는다. 1,000달러를 받은 학생은 훨씬 관대해서 대개 짝에게 250달러 이상을 제의한다. 이보다 훨씬 의외의 상황은 짝이 제의를 '거절'하면 두 사람 모두 한 푼도 건지지 못하는데도 상대편 짝은 250달러 이하의 제의를 대부분 거절하는 것이다. 사회과학자들이 이

게임이나 이를 변형한 게임을 집단과 짝을 달리하여 수없이 실시하지만 결과는 놀랍게도 비슷하다.

이보다 훨씬 규모가 큰 게임이 최근 수 년 동안 전국적으로 벌어지고 있다. 대다수 일반 근로자가 과거 어느 때보다 열심히 일하면서도 더욱 적은 소득을 받는 데 반해 상대적으로 소수가 국가 전체 소득에서 어느 때보다 커다란 몫을 받는다. 모의실험에서 그렇듯 패배자들은 '거절'한다고 말하기 시작한다. 예를 들어, 2015년 실시한 여론조사에서 대부분의 미국인은 환태평양경제동반자협정Trans-Pacific Partnership Agreement에 반대했다.[18] 해당 협정은 미국과 아시아의 무역협상가들이 미국과 태평양 지역 국가들끼리 통상 무역의 문호를 더욱 활짝 개방할 목적으로 고안했다. 과거에는 국민 전체가 제품과 서비스를 더욱 값싸게 구매할 수 있었으므로, 무역을 확대하는 정책은 국민에게 전반적으로 이익을 안겼다. 하지만 최근 들어 무역에서 얻는 최대 이익은 투자자와 기업 임원에게 돌아가는 반면 보수가 좋은 직업을 잃은 중산층과 빈곤층은 그에 따른 부담을 불균형하게 져야 한다. 여론조사 결과를 보더라도 2014년까지 미국인 대부분은 무역개방 협정을 더 이상 지지하지 않았다.[19]

타인을 훨씬 월등하게 잘 살게 해준다는 이유만으로 자신을 잘살게 해줄 거래를 거절하는 이유는 무엇일까? 이러한 태도를 가리켜 질투나 악의를 품었기 때문이라고 말하는 사람도 있을 것이다. 하지만 분배 게임에서 250달러 미만을 주겠다는 제의를 거절한 이유를 묻자 학생들은 제의를 받아들이면 결과가 불공정할 것이기 때문이라고 설명했다. 내가 1,000달러를 임의로 주었다는 점을 기억하라. 애당초 1,000달러를 받은 학생은 그 돈을 받기 위해 일할 필요가 없었고 어떤 방면에서든 탁월할 필요가 없었다. 달리 표현하자면 게임이 조작되었다고 생각하는 경우에 패배자는 자기에게 돌아오는 일부 이득을 자진해서 희생하고라도 승자가 훨씬 많은 이익을 차지하지 못하게 막는다. 결과가 불공정하다고 느끼기 때문이다. 250달러 미만을 주겠다는 제의를 거절한 학생들은 다음과 같은 설명도 덧붙였다. 짝이 돈을 더 많이 소유하게 되면 힘이 훨씬 커질 테고 그러면 게임을 더욱 많이 조작할까 봐 걱정이라는 것이다. 그래서 힘의 균형이 한쪽으로 계속 기울지 않고 정치가 부패하는 것을 막기 위해 자신에게 돌아오는 일부 이득을 자진해서 희생한다고 했다. 따라서 미국의 분배 게임이 지속적으로 소수의 승자와 스스로 패배자라 생각하는 다수를 생산해낸다면, 패배자는 질투해서가 아니라, 불공정하다는 뿌리 깊은 인식과 억제 당하지 않은 힘과 특권이 두려워서 게임에 제동을 걸려 할 것이다.

앞의 내용을 정리해보자. 체제가 불공정하고 임의적이며 힘들게 일해도 보상을 받지 못한다고 느낄 때는 국민 모두가 패배하는 것이다. 속임수나 절도 행위가 만연하고, 불신이 눈덩이처럼 불어나고, 잘사는 사람이 더욱 잘 살게 되는 현상을 막으려고 자진해서 공동 이득을 포기하는 등 서로 관련이 있는 몇 가지 부정적인 결과 때문이다. 그런데도 보안요원·회계사·감사·변호사를 고용하고 선별장비와 감시도구 등을 갖추는 데 추가로 돈이 지출되므로 국민 총생산은 증가하지만 이러한 방어적 지출로는 일반 근로자가 누리는 삶의 질을 향상시킬 수 없다. 다른 부정적 결과는 구매력이 충분하지 않고 경제적으로 불안정해서 발생하는 제품과 서비스에 대한 만성적인 수요 부족이다. 이러한 반응들이 모두 합쳐져 경제 체제에 막대한 손해를 입히고, 경제와 사회를 수학자가 가리키는 '네거티브-섬negative-sum' 게임으로 바꾼다. 자본주의가 대다수 국민에게 경제적 이득을 안기지 않으면 언젠가는 소수의 상위 부유층에게도 더 이상 경제적 이득을 제공하지 않을 것이다. 이러한 근본 진리를 이해하는 사람이 상위층에 거의 없다는 사실이 안타까울 뿐이다.

이러한 역학은 미국의 자본주의만 위협하지 않는다. 자본주의는 다른 곳에서도 실패하고 있다. 2014년까지 많은 유럽 국가와 일본에서 임금이 정체되거나 감소하는 동시에 경제적 불안정성이 커졌다. 중국 소비자들은 왕성한 구매력을 자랑하지만 중국의 팽창하는 생산적 경제에 일익을 담당했던 소비는 계속 축소되고 있으며 불평등은 급증했다.[20] 중국의 부유한 엘리트들은 서구 부자들의 엄청난 소비 행태를 뒤쫓으면서 고질적인 부패 행위를 드러낸다.

역사를 돌아보고 미래를 예측해보면 미국에서 개혁이 일어나기 시작해 다른 지역에 영향을 미칠 가능성이 있다. 미국인은 늘 이념에 앞서 실용주의를 선택하는 경향이 있기 때문이다. 또한 문제를 인식하고 원인을 파악하고 나면 문제를 해결하려고 소매를 걷어붙인다. 과거에 자본주의가 위기의 정점에 도달했을 때마다 미국은 공산주의도 파시즘도 거부했고 다른 어떤 야심찬 주의도 선택하지 않았다. 거듭해서 필요한 조치를 취해 자본주의가 과도한 부작용에 파묻혀 침몰하지 않도록 구출했다. 또한 상위층에 지나치게 집중되어 체제를 흔드는 정치적·경제적 힘에 대항해왔다. 이제 우리가 다시 소매를 걷어붙여야 할 때다.

18장 ————

대항적 세력의 쇠퇴

본질적인 문제는 경제가 아니라 정치와 관계가 있다. 경제 엘리트들이 경제 체제의 기본 규칙을 지배하므로, 그 이면에 놓인 정치적 힘의 분배 방법을 바꾸지 않고서 경제 체제를 개혁하는 것은 불가능하다.

프린스턴대학교의 마틴 길렌스Martin Gilens 교수와 노스웨스턴대학교의 벤저민 페이지Benjamin Page 교수는 2014년 연구 결과를 발표하면서 문제의 심각성을 언급했다.[1] 두 사람은 1,799건의 정책을 상세하게 분석하고 나서 경제 엘리트, 사업 집단, 대중 기반 이익 집단, 일반 시민 등이 정책에 미치는 상대적 영향력을 평가하고 이렇게 결론을 내렸다. "일반 미국인이 공공 정책에 미치는 영향력은 매우 작아서 제로에 가깝고 통계로도 무의미해 보인다."[2] 하지만 입법자들은 로비 능력이 뛰어나고 선거 후원금을 두둑하게 제공하는 부자와 사업 이익 집단의 정책 요구에 반응한다. 길렌스와 페이지가 발표한 자료가 속한 시기는 1981년부터 2002년까지였고, 심지어 정계로 거액이 흘러들어가지 못하게 막고 있던 수문을 대법원이 시민연대 대 맥커천Citizens United vs. McCutcheon 판결로 열기 전이라는 사실을 생각하면 정신이 번쩍 든다. 게다가 해당 시기는 특별정치활동위원회Super PAC(미국의 민간 정치 자금 단체로 합법적으로 무제한 모금이 가능하다—옮긴이)와 '다크머니dark money(비영리 단체를 통해 지원하는 정치 후원금—옮긴이)'가 출현하기 전이었을 뿐 아니라 월스트리트에 구제금융을 제공하기도 전이었다. 두 사람이 사용한 표본을 현재까지로 확대했다면 아마도 부유한 이익 집단 쪽으로 부와 힘이 훨씬 치우쳐 집중된다는 결과가 나왔을 것이다.

미국에서 일반 시민이 직접적으로 정치적 힘을 많이 소유한 적은 없었다고 주장하는 사람도 있다. 월터 리프먼은 1922년 《여론*Public Opinion*》에서 대중은 공공 정책에 대해 모를 뿐 아니라 관심도 없다고 주장했다.[3] 대중의 동의는 그것을 조작하는 엘리트의 수중에서 "만들어진다"고 역설하면서 "최초의 민주주의 신조를 믿는 것은 이제 더 이상 가능하지 않다"고 결론을 내렸다.[4] 그런데도 그 후 몇 년 동안 미국의 민주주의는 공산주의나 전체주의에 굴복했던 다른 국가보다 왕성해 보였다.

2차 세계대전이 끝나고 정치과학자들은 미국 민주주의의 상대적 안정성과 민감성을 설명할 방법을 찾으려 했다. 그래서 사회 분위기로는 개인의 목소리가 거의 중요하게 여겨지지 않았지만 대다수 국민은 정치인이 반응을 보이는 클럽·협회·정당·노조 등 다양한 이익 집단과 회원제 조직에 소속해 있다는 가설을 세웠다. 당시 통용되는 용어대로 '이익 집단의 다원주의'는 직접 민주주의나 대표 민주주의로 불리는 과거 교과서적 민주주의 모델에 맞지 않기는 하지만 시민 대부분의 필요와 열망에 부응했다. 이러한 학자들의 관점에서 생각할 때 민주적 거버넌스의 토대는 서로 경쟁하지만 밀접한 관련이 있는 집단끼리 지속적으로 협상하는 것이었다. 콜롬비아대학교 소속 정치과학자인 데이비드 트루먼David Truman은 1951년 발표한 영향력 있는 저서 《정치 과정 The Governmental Process》에서 "미국과 같은 다중 집단사회에서 정치의 균형을 잡아주는 주요 방법은 여러 이익 집단 조직에 중복해 가입하는 것이다"라고 썼다.[5] 트루먼에 따르면 대부분의 미국인은 몇 개의 이익 집단에 소속해 있어서 구성원이 선호하는 요구사항을 정치 지도자들에게 전달했다. 이렇듯 구성원이 중복 가입되어 있는 집단들은 평화롭게 변화를 추구하며 민주주의를 안정시켰다. 예일대학교 소속 정치 과학자인 로버트 달Robert A. Dahl이 1956년 《경제 민주주의에 관하여 Preface to Democratic Theory》를 발표하며 펼친 주장에 따르면, 다른 국가와 달리 미국에서 민주주의가 성공한 원인은 독립적인 정치적 소수 집단이었던 많은 이익 집단을 수용했기 때문이다.[6] 각 이익 집단은 다른 집단과 연합을 형성해야만 목적을 달성할 수 있었으므로 전체 체제도 즉각적으로 반응하면서 유연한 상태를 유지했다. 그 결과 생겨난 규칙을 정한 것은 다수 집단도 소수 집단도 아닌 '여러 소수 집단의 다수'였다.

연구 내용을 살펴보면 선출직 지도자들이 관심을 쏟는 대상은 지역 엘리트 집단으로서, 예를 들어 지역 상공회의소를 구성하는 소기업, 미국 재향군인회American Legion, 농업연합회Farm Bureau, 전국노동조합 등 구성원이 지역 분회와 주 지부에서 활발하게 활동하는 전국 조직이었다. 이와 마찬가지로 정당도 강력한 지역 조직과 주 조직을 기반으로 당원들이 아래에서부터 위까지 포진해 있었다. 이때 의사소통은 대개 위쪽으로 흘렀다. 예를 들어 주마다 지부를 두고 주요 도시마다 분회를 설치한 미국 재향군인회는 1944년 제대군인원호법GI Bill을 통과시키는 임무를 맡았다.[7] 해당 법에 따라 퇴역군인은 4년까지 고등 교육을 제공받고, 주택 구입 자금을 지원받으며, 사업 자금을 대출받을 수 있었다. 미국 재향군인회가 성공할 수 있었던 것은 지부와 분회가 회원 수만 명을 동원해 상하원을 압박했기 때문이다.

　이보다 훨씬 중요한 성취는 연방 정부가 거둔 성공이었다. 연방 정부는 뉴딜 정책을 시행하는 것을 시작으로 2차 세계대전 이후 처음 수십 년 동안 지속적으로 경제적 힘을 집결해 거대 기업과 월스트리트가 휘두르는 영향력을 상쇄했다. 앞에서 설명했듯 노조는 집단 협상을 합법화하는 법을 밀어붙여 1935년 통과시켰고, 뒤이어 수십 년 동안 해당 법을 토대로 경제적·정치적 힘을 구축했다. 비노조 근로자들은 최저임금법에 힘입어 경제적 힘을 획득했다. 소농小農은 농업 정책을 수립할 때 자기 목소리를 냈을 뿐 아니라 정부로부터 농작물에 대해 가격 지원을 받았다. 농업협동조합은 연방 반독점법 대상에서 면제를 얻어냈다. 소규모 소매업자들은 주 단위로 '공정 거래법'을 통과시켜 도매업자가 모든 소매업자에게 동일한 가격을 청구하게 하고 체인이 가격을 인하하지 못하게 방지하는 방식으로 소매 체인에 대항해 사업을 보호했다. 이와 동시에 소매 체인은 대형 제조업체의 막강한 시장 지배력에 대항할 목적으로 전국 조직을 형성했다. 소액 투자자들은 증권거래법으로 보호를 받아 거액 투자자들과 고위 기업 임원들의 영향력에 대항할 수 있었다. 소형 은행은 주간州間 은행 업무를 금지하고 상업은행과 투자은행을 분리하는 규정에 힘입어 월스트리트에 대항해 보호를 받았다. 이러한 경향이 당시 미국 경제 전반을 지배했다.

경제학자인 존 케네스 갤브레이스는 이러한 경향에 '대항력'이라는 명칭을 붙이고 경제 성장의 혜택을 널리 보급시키는 수단으로 생각했다.[8] 그러면서 1952년 이렇게 썼다. "사실상 대항적 세력을 지지하는 것이 아마도 지난 20년 동안 평화 시기에 연방 정부가 펼친 주요 기능일 것이다."[9] 경제 전반에 걸친 대항력은 대기업과 월스트리트에 집중된 힘에 맞서는 평형추로 등장했다. 갤브레이스는 이렇게 덧붙였다. "경제에 사적인 시장 지배력이 존재한다는 사실을 고려할 때, 대항적 세력이 성장하면 경제가 자율적으로 경제 자체를 규제할 수 있는 능력이 강화되므로 종합적인 정부 통제나 계획을 줄일 수 있다."[10] 대항적 세력 덕택에 미국의 방대한 중산 근로층은 경제 성장으로 달성한 이익에서 상당한 몫을 차지할 수 있었다.

하지만 1980년대부터 심각한 변화가 일어났다. 길렌스와 페이지의 연구 결과로 분명하게 알 수 있듯 대기업·월스트리트·부자의 정치적 영향력이 더욱 막강해진 것만은 아니었다.[11] 대항적 세력이 쇠퇴하기 시작한 것이다. 시장을 움직이는 규칙을 지배하는 부유한 거대 이익 집단의 지배력이 점점 커지면서 규칙을 수립하는 데 기여했던 목소리뿐 아니라 대항력도 약해졌다.

미국인에게 집단에 속해 활동할 시간이 부족해지면서 미국 재향군인회 같은 민초 집단의 규모가 줄어들었다. 근로자들은 임금이 제자리걸음을 하자 대개 먹고살기 위해 노동 시간을 늘려야 했다. 1970년대 남성의 급여가 불안정해지면서 가계 소득이 위협을 받자 여성이 노동 전선에 뛰어들었다. 사회학자 로버트 퍼트남Robert Putnam이 밝혔듯 미국은 더 이상 '가입자joiner'의 나라가 아니었다.[12] 1980년대 미국 다원주의에 힘과 의미를 실어주었던 여러 조직이 와해되었다. 21세기 처음 수십 년 동안 많은 조직이 집단적 목소리를 잃고 사라지면서 전형적으로 워싱턴에 본부를 둔 전국 옹호기구들이 들어섰다. 지역과 주에 있는 분회와 지부는 회원의 희망사항을 국가 지도자에게 전달하는 등의 적극적 개입은 자제한다. 따라서 회원의 자격은 기껏해야 대규모 하향식 가입권유에 개인이 자진해 돈을 보내는 것에 지나지 않는다.

이와 동시에 노조 가입률이 떨어졌다. 기업은 일자리를 외국으로 돌리기 시작하면서 조합원이 급여와 혜택을 양보하지 않으면 더욱 많은 일자리를 외국으로 보내겠다고 위협하고, 비노조 '노동권'을 보장하는 지역으로 사업장을 옮기고, 비조합원이 노조를 형성하지 못하게 하려고 싸웠다. 로널드 레이건 대통령이 파업 중인 항공 교통 관제사들을 해고하면서 이러한 움직임을 합법화하는 데 기여하기는 했지만, 경쟁에 내몰린 CEO들은 이미 이러한 방향으로 나아가고 있었다. 그후 1980년대에 발생한 적대적 인수와 차입매수로 고위 임원들은 노조와 싸워 인건비를 줄이라는 압박을 받았다. 노조가 쇠퇴한 결과는 기업 이익에서 자기 몫을 챙기려는 일반 근로자의 협상력이 감소하는 정도에 그치지 않았다. 일반 근로자가 소득을 유지하는 데 유용한 규칙과 법에 관해 교섭할 정치적 힘도 감소했다. 원래 근로자는 노동법을 통해 집단 협상권을 유지 확대하고, 단체협약을 통해 자기 일자리를 보호하거나 실직할 경우에 적절하게 보상을 받을 수 있는 권리를 획득한다. 또한 법인법을 통해 기업 거버넌스에 대한 자기주장을 피력하고, 파산법을 통해 노조 협약서를 우선순위에 두게 한다.

노조는 지속적으로 로비 활동을 벌이고 선거 후원금을 기부했지만 특히 대기업·동업조합·월스트리트·부자와 비교해서 정치적·경제적 영향력은 쇠퇴했다. 예를 들어 2012년 선거에서 코크 형제가 보유한 정치 인맥의 후원금만도 4억 달러 이상이었다.[13] 이 금액은 최대 노조 10군데의 정치 후원금을 모두 합한 금액의 2배가 넘는다.[14] 같은 해 기업이 로비 활동에 쓴 자금은 노조의 56배였다.[15] 민주당 후보들조차도 노조보다 부유한 개인에게 선거 후원금을 의존한다. 2012년 전체 가구의 0.01%에 해당하는 최상위층이 민주당 후보에게 기부한 금액은 노조의 4배가 넘었다.[16] 따라서 미국 근로자가 집단으로 경제적 힘을 상실하면서 정치적 힘을 잃었고 결과적으로 경제적 힘의 상실을 부추겼다.

다른 대항적 세력인 소형 소매업체, 농업협동조합, 지역 은행 등도 힘을 잃기는 마찬가지였다. 주 정부가 '공정 거래법'을 폐지하고, 법원이 반독점법에 위배되는 재판매 가격 유지 행위(제조업체가 유통업체에 제품을 공급하면서 최저 판매 가격을 정해주고 그 가격 이하로는 할인 판매 하지 못하게 하는 일종의 변칙적 가격담합 행위—옮긴이)를 허용하는 판결을 내리면서 많은 소형 소매업체가 파산했다. 대형 체인들은 이러한 움직임을 주도하면서 결과적으로 소비자에게 유리하다고 주장했다. 하지만 이러한 움직임은 결국 월마트 같은 거대 소매점이 진출하는 길을 터주어 시내 중심가에 있던 많은 상점이 파산하고 유령 도시가 생겨나는 결과를 낳았다. 또한 지역사회에 다양한 제품과 서비스를 제공하고 많은 일자리를 창출하기도 했던 지역 사업체 수백만 군데가 문을 닫았다. 또한 월스트리트가 요구했던 금융 시장의 탈규제 현상이 확대되면서 월스트리트 최대 은행들은 덩치를 훨씬 크게 키울 수 있었고, 과거에 주 은행과 지역 은행의 고객이었던 시장을 인수하면서 결과적으로 많은 지역 사업체의 자금 공급원을 차단했다.

그러는 사이 정당은 행동 방향을 바꿨다. 소득과 부가 상위층에 집중되고 선거 비용이 눈덩이처럼 불어나자 정당은 구성원의 의견을 상부로 전달하는 주와 지역의 조직에 관심을 쏟았던 태도를 거두고 거대한 하향식 모금 기계로 변해갔다. 공화당은 선거 후원금에 대한 증가하는 요구에 굴복하기 오래 전부터 이미 대기업·월스트리트·부자 후원자들의 목소리에 주파수를 맞췄지만, 민주당도 공화당 못지않게 부유한 이익 집단에 민감하게 반응했다. 1980년대 민주당 선거대책위원장으로 재계를 갈취하는 데 앞장섰던 토니 코엘로Tony Coelho 하원의원은 "기업은 원하든 원하지 않든 우리를 상대해야 한다. 우리가 다수당이기 때문이다"라고 목소리를 높였다.[17] 이내 코엘로가 속한 민주당이 기업과 월스트리트에서 받은 후원금 총액은 공화당과 엇비슷해졌다. 하지만 대기업이 민주당 의회에 의존하고 선거 후원금을 받은 양당이 대기업에 관용을 베푼 것은 악마에게 영혼을 판 거래로 드러났다. 1994년 공화당에 패배하기 몇 달 전 다수의 민주당 하원의원들이 기업 후원자들의 뜻에 따라 빌 클린턴의 의료개혁안을 부결시켰고, 이 사건을 계기로 민주당이 대기업에 의존한다는 사실이 여실히 드러났다.

소수 집단과 여성의 권리 같은 비사업적 명분은 공화당보다 민주당 행정부와 의회에서 실현될 가능성이 크지만, 사업적 이익 집단은 양쪽 정당의 비호 아래에서 승승장구했다. 예를 들어 취임하고 처음 2년 동안 민주당이 상하원을 전부 장악했을 당시 빌 클린턴 대통령은 북미자유무역협정 체결을 밀어붙이고 뒤이어 세계무역기구를 창설했다. 이 두 가지는 대기업의 이익에 매우 중요했다. 또한 클린턴은 월스트리트의 채권 트레이더들이 주장한 대로 연방 예산 적자를 줄이느라 혼신의 노력을 기울였다. 프랭클린 루스벨트 대통령이 뉴딜 정책을 실시하면서 민주당은 월스트리트를 억제할 금융 규제를 고안해냈지만, 클린턴과 그의 의회 지지자들이 그중 많은 규제를 폐지했다. 1994년 민주당은 주간 은행 업무 및 지점 설치 효율화법Interstate Banking and Branching Efficiency Act을 지지해 주간 은행업에 대한 제한을 제거했고, 1999년 클린턴은 상업은행과 투자은행을 분리시켰던 글래스–스티걸법Glass-Steagall Act을 폐지하자고 강하게 밀어붙였다. 2000년에는 상품선물현대화법Commodity Futures Modernization Act에 찬성해서 상품선물거래위원회가 신용부도 스와프를 포함해 대부분의 장외 파생상품의 거래를 규제하지 못하도록 막았다. 앞에서 설명했듯 결국 클린턴 대통령은 100만 달러를 초과하는 임원들의 급여를 기업의 과세소득에서 공제하지 못하도록 막겠다고 1992년 선거 운동 당시에 공약했지만 한 걸음 물러나 임원의 보수가 '실적'과 관계가 있다면 세금 공제를 허용하겠다고 선언했다. 클린턴 행정부 시절 기업의 이익은 가파르게 상승했고 주식 시장은 급등했으며 CEO들이 받는 보상은 하늘 높은 줄 모르고 치솟았다.

반기업적 성향이라면서 재계의 비난을 받기는 했지만 버락 오바마 행정부도 실제로는 미국 역사상 가장 친기업적 성향을 보이는 정부였다. 오바마 대통령은 2008년 뉴욕 증권 시장이 대폭락하고 나서 월스트리트와 국가 경제가 침몰하는 것을 막으려고 월스트리트에 엄청난 돈을 수혈했고, 제2의 대공황을 피하려고 경제 부양 정책을 수립했으며, 광범위한 의료개혁법을 제정해 보험회사와 제약회사에 막대한 이익을 안겼다. 오바마가 보살피는 가운데 주식 시장은 대침체기에 발생한 모든 손해를 만회하고 최고 주가 기록을 세웠으며,[18] 앞에서 설명한 대로 기업이 거둔 수익도 미국 경제에서 1929년 이후 최고 수준까지 증가했다.[19]

공직에 재임하기 전후 민주당 관리들의 행적을 살펴보면 기업과 월스트리트 간의 긴밀한 관계를 엿볼 수 있다. 클린턴 행정부에서 재무부 장관을 지낸 로버트 루빈은 내각에 들어가기 전에 골드만 삭스의 회장이었고, 공직에서 물러난 후에는 시티그룹 실행위원회 회장으로 취임했다. 버락 오바마 행정부에서 재무부 장관을 지낸 티모시 가이트너는 내각으로 들어가기 전에 뉴욕 연방준비은행 총재로 일했고, 공직에서 물러나서는 사모펀드 기업인 워버그 핀커스Warburg Pincus의 회장으로 월스트리트에 복귀했다. 가이트너의 후임으로 재무부 장관에 오른 잭 루Jack Lew는 시티그룹의 대체투자부서Alternative Investments division 담당 최고 운영책임자로 일하면서 자기 자본 거래를 주도하다가 오바마 행정부에 합류했다. 예산관리국Office of Management and Budget 국장을 지낸 피터 오재그Peter Orszag는 오바마 행정부를 떠나 시티그룹의 글로벌 뱅킹 담당 부회장과 금융전략 및 해법Financial Strategy and Solutions 부서 담당 회장으로 취임했다. 아마도 이러한 현상은 완전히 우연만은 아니어서, 오바마 행정부는 구제금융을 받은 은행에 호된 조건을 제시하지 않았고, 주식 시장을 붕괴시킬 뻔했던 과잉 행동에 대해 월스트리트의 고위 임원을 단 한 명도 기소하지 않았으며, 찬성했다면 연간 세수 수백억 달러를 창출하고 프로그램 매매를 억제했을 금융거래세 소액 부과 계획에 반대했다.

관리의 경력을 검토하려면 관리가 공화당원인지 민주당원인지를 따지기보다는 정계로 거금이 쏟아져 들어오기 전인지 후인지를 비교해보아야 한다. 예를 들어 1970년대에는 은퇴하는 국회의원의 약 3%가 워싱턴 로비스트가 되었다.[20] 하지만 최근에는 당적을 불문하고 은퇴 상원의원의 50%, 하원의원의 42%가 로비스트로 활동한다. 이는 최근 은퇴한 의원들이 공직에 있는 동안 쌓은 인맥과 경험을 활용해 돈을 버는 행위에 대해 과거보다 양심의 가책을 적게 느끼기 때문이 아니라, 기업 로비 활동으로 얻는 경제적 보상이 엄청나게 증가했기 때문이다.

월스트리트는 선거 운동에 쏟아 붓는 자금을 늘리면서 당을 가리지 않고 정계에 영향력을 구축하고 있다. 코네티컷 주 민주당 상원의원 크리스 머피Chris Murphy는 2013년 예일대학교에서 선거 후원금 모금의 필요성에 대해 이렇게 하소연했다. "금융 시장에서 일하는 사람들과 전화 통화하느라 많은 시간을 보냅니다.[21] 그러다 보니 코네티컷 주 토마스턴Thomaston의 방앗간에서 일하는 사람이 겪는 문제에 대해 듣기보다는 은행가들이 겪는 문제에 대해 많이 듣습니다." 그사이 공화당과 민주당으로 들어오는 후원금에서 부자가 차지하는 비중은 점점 커진다. 심지어 1980년대를 시작으로 전체 인구의 0.01%에 해당하는 최상위층이 기부한 정치 후원금은 소득 증가 속도보다 빠르게 불어나서,[22] 1980년에는 전체 선거 후원금의 10%를 차지했다.[23] 2012년까지 최상위 가구 0.01%는 국가 전체 소득의 약 5%를 벌어들였고, 전체 연방 선거 후원금의 40%를 냈다.(〈표 9〉 참조[24])

2012년 최대 정치 자금 후원자는 셸던 아델슨Sheldon Adelson과 미리암 아델슨Miriam Adelson 부부로 각각 5,680만 달러와 4,660만 달러를 후원했다.[25] 하지만 아델슨 부부의 후원금은 초부유층이 기부한 금액의 일부일 뿐이다. 2012년 〈포브스〉가 선정한 미국 부자 400명 중 388명이 정치 후원금을 기부했고, 100만 달러 이상 기부한 155건 중

| 표 9 | 전체 가구와 투표연령 인구 중 상위 0.01%의 소득과
선거 후원금 집중 현상

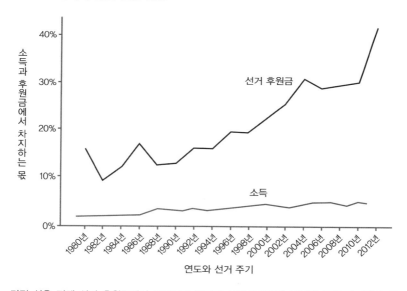

검정 선은 전체 선거 후원금에서 투표연령 인구의 상위 0.01%가 기부한 몫을 가리킨다. 투표연령 인구의 상위 0.01%에 해당하는 후원자의 수는 1980년 1만 6,444명에서 2012년 2만 4,092명으로 증가했다. 같은 기간 동안 상위 0.01%의 최소 후원금은 5,616달러에서 2012년 2만 5,000달러로 늘어났다. 회색 선은 자본 소득을 포함한 전체 소득에서 전체 가구의 상위 0.01%가 벌어들인 몫을 가리킨다. 그래프에는 특별정치활동위원회와 527군데의 조직에 기부한 개인 후원금은 포함시키고 비영리사단법인 코드 501c(4)에 속해 기부자 명단을 공개할 필요가 없는 비영리단체에 기부한 후원금은 제외했다. 후원자 중에는 부유한 개인이 큰 비중을 차지하고 후원금 총액은 2010년 약 1억 4,300만 달러에서 2012년에는 3억 1,800만 달러로 급증했다. 501c(4)에 해당하는 비영리단체에 기부한 후원금을 포함시킨다면 그래프 선은 2010년과 2012년에 1%~2% 포인트 더 높을 가능성이 크다.

출처: A. Bonica, N. McCarty, K. Poole, and H. Rosenthal, "Why Hasn't Democracy Slowed Rising Inequality?" *Journal of Economic Perspectives* 27, no.3(summer 2013): 112; drawn from income data from Piketty and Saez(2013).

40건을 차지했다. 〈포춘〉이 선정한 500대 기업의 CEO와 이사회 이사 4,493명 중 5분의 4 이상이 정치 후원금을 기부했다.(비후원자 중에는 기부가 금지된 외국 국적자가 많았다.[26])

　초부유층의 관심과 태도가 같은 정당을 지지하는 국민 대부분과 일치한다면 초부유층이 획득하는 부가 증가하더라도 문제가 지금처럼 심각하지는 않을 것이다. 상황이 그렇다면 민주당 억만장자가 행사하는 힘이 공화당 억만장자가 행사하는 힘을 상쇄할 수 있기 때문이다. 하지만 부자들은 일반 미국인과 우선순위가 매우 다르므로 대항적 세력이 될 수 없다. 한 가지 예만 들어보자. 2014년 퓨연구센터가 실시한 조사에서 소속 정당과 상관없이 미국인 대다수는 직업을 걱정했다.[27] 하지만 정치 과학자인 벤저민 페이지와 래리 바텔스Larry Bartels가 조사한 결과에 따르면, 순수 재산이 평균 1,400만 달러인 시카고 시민들이 가장 걱정하는 문제는 예산 부족이나 정부의 과도한 지출로서 실업보다 3배나 비중이 컸다.[28] 두 말할 필요도 없이 부자들은 고소득층에 부과하는 세금을 인상해 예산 부족을 메우는 방법을 탐탁하지 않게 생각하고, 사회보장 제도와 노인의료보험 제도에 들어가는 예산을 삭감하고 싶어 한다. 게다가 학교 예산을 늘리고 최저임금을 인상하는 것을 비롯해 대부분의 국민이 찬성하는 계획에 반대한다.

　페이지와 바텔스가 조사한 부자 응답자들이 일반 미국인과 다른 점으로는 정치적 영향력도 있다. 조사를 실시하기 한 해 전에 응답자의 3분의 2는 정치 운동이나 조직에 평균 4,633달러를 기부했다.[29] 응답자의 5분 1은 사람들을 모아 일괄 후원금을 기부했다. 그들은 그 돈으로 일반 미국인은 꿈에 그치고 마는 종류의 정치적 접근을 사는 것이다. 부유층 응답자의 절반가량은 최근 들어 상원의원이나 하원의원을 접촉하기 시작했고, 거의 절반인 44%는 광범위한 국가 관심사보다 상대적으로 범위가 좁은 경제적 사익에 관심을 보였다. 해당 조사는 시카고에 거주하는 부유층만을 대상으로 실시했으므로 미국 전역으로 조사를 확대하면 선출직 의원들이 누구의 말에 어째서 귀를 기울이는지 파악할 수 있다. 하지만 조사 항목에서 제외된 대기업과 월스트리트의 제도화된 부와 경제적 영향력도 고려해야 한다.

부와 소득이 소수에 집중되지 않고 대항적 세력이 쇠퇴하지 않았다면, 2010년 공화당 대법관 지명자 5명이 참여한 시민연대 대 연방선거관리위원회 사건과 2014년 맥커천 대 연방선거관리위원회 사건에 대한 대법원 판결을 지켜보며 그토록 걱정하지는 않았을 것이다. 시민연대 사건의 판결에서는 수정헌법 제1조에 따라 기업은 금전적 기부를 통해 선거에 참가할 자격을 갖춘 인격이라고 선언했다.[30] 뒤이어 연방 항소법원은 스피치나우닷오알지SpeechNow.org 대 연방선거관리위원회 사건에 대한 판결에서 시민연대 사건을 판례로 삼아 '특별정치활동위원회'로 잘 알려진 독자지출위원회에 무한대로 기부할 수 있는 길을 터줬다.[31] 맥커천 사건에 대한 판결로 개인이 연방 선거 입후보자와 정당에 기부할 수 있는 후원금 상한선인 12만 3,200달러가 폐지되면서 대통령 선거 입후보자는 2년의 선거 주기에 후원자 1인당 120만 달러까지 모금할 수 있고, 당수는 230만 달러까지 모금할 수 있게 되었다.[32]

대법원은 선거 자금법의 핵심을 효과적으로 제거하면서 앞에서 언급한 악순환을 부추겼고, 대기업과 부자는 선거 후원금을 기부하는 방식으로 게임의 규칙을 자신에게 유리하게 만들어서 더욱 부유해지고 규칙에 훨씬 큰 영향력을 행사했다. 설상가상으로 선거 후원금 모금 과정은 상당히 비밀리에 진행되었다. 2014년 중간 선거에서 외부 조직이 방송한 광고의 절반 이상은 후원자에 대해 거의 또는 전혀 밝히지 않았다.[33] 일부 조직은 특히 자신에게 기부하는 부자나 기업의 정체를 감출 목적으로 설립되었으며 특별정치활동위원회보다 훨씬 거액을 쏟아 부어 정치 광고를 내보냈다.[34]

이로써 경제적·정치적 힘이 결합되고 있다. 1990년 대법원은 부패에 다음 개념을 포함시켰다. "부패는 기업 형태의 뒷받침으로 축적되고, 기업의 정치적 의도를 대중이 지지하는지 여부와 관계가 거의 또는 전혀 없는 부가 엄청나게 결집해 침해하고 왜곡하는 영향력을 행사한다."[35] 20년 후 법원은 부패를 훨씬 폭 좁게 정의해서, 구체적인 결정을 이끌어낼 목적으로 구체적으로 돈을 주고받는 노골적인 뇌물수수로 한정시켰다. 다수 의견의 판결문을 쓴 앤서니 케네디Anthony Kennedy 대법관은 이렇게 주장했다. "기업의 지출을 포함한 독자 지출은 부패나 외관상의 부패를 유발하지 않는다."[36]

오늘날 정치 기관과 정치인에 대한 신뢰는 계속 쇠퇴하고 있다. 1964년 정부가 "자기 몸만 사리는 소수 거대 이익 집단에 지배당하고 있다"고 믿는 유권자는 29%에 불과했다.[37] 하지만 2013년에 이르자 사회에 불신이 널리 퍼지면서 유권자의 79%가 동의했다.

최근 들어 대중의 신뢰는 특히나 가파르게 약해지고 있다. 2006년 정부의 부패가 널리 퍼졌다고 느낀 미국인은 전체의 59%였지만 2013년에는 79%로 늘어났다.[38] 2014년 가을 라스무센Rasmussen이 실시한 여론조사에서 응답자의 63%는 의원 대부분이 현금이나 선거 후원금을 받는 대가로 자신의 표를 기꺼이 판다고 생각했고, 응답자의

59%는 자기 선거구 의원들이 이미 그렇게 했다고 대답했다.[39] 응답자의 66%는 의원들이 선거구민의 생각에 관심을 기울이지 않는다고 믿었고, 51%는 국회의원들이 자신의 생각에도 신경을 쓰지 않는다고 말했다.[40]

미국 국민의 상당수는 더 이상 투표에 참여하지 않는다. 따라서 미국 최대 정당은 공화당이나 민주당이 아니라 투표 기권자들이다. 2012년 대통령 선거에는 유권자의 58.2%만 투표했다.[41] 중간선거의 투표율은 예외 없이 이것보다 낮지만,[42] 2014년 실시한 중간선거의 투표율은 투표연령 인구의 33.2%에 불과해 2차 세계대전이 한창일 때 실시했던 1942년 중간선거 이래로 최저를 기록했다.[43] 게다가 유권자들은 지배 정당과 통제 정당을 계속 바꾸는 방식으로 불만을 나타내는 경향을 보였다. 2008년 버락 오바마와 민주당은 유권자의 압도적인 지지를 받고 선출되었지만 시류가 갑자기 반대 방향으로 흐르면서 2010년 들어서는 공화당이 하원을 차지하고 2014년에는 상원을 점령했다.

지배적 조직이 경제적 이득을 차지하고 나머지 국민이 경제적으로 불안정한 상태에 빠지는 등 미국과 비슷한 상황에 직면한 다른 국가에서도 유사한 불만의 징후가 나타났다. 2014년까지 세계 주요 국가의 경제에서 분리주의 운동이 시작되었다. 2014년 스코틀랜드는 영국 연방에서 거의 독립할 뻔했고, 카탈루냐Catalonia는 비공식적인 여론조사를 통해 스페인에서 독립하고 싶다는 열망을 드러냈다.[44] 그해 초반 유럽 총선거에서는 초국가주의 정당들이 발판을 마련했다. 글로벌 엘리트와 국제 기관을 반대하는 민족 운동이 러시아·일본·인도·중국에서도 출현했다.

2016년 대통령 선거를 앞두고 몇 년 동안 대기업·월스트리트·부자가 전례 없이 막대한 선거 후원금과 영향력을 투입하고, 상위층에 소득과 부가 기록적으로 집중되는 현상이 전국을 휩쓸면서 미국이 크게 타격을 받고 있다. 대항적 세력은 거의 사라졌다. 국민 대부분이 무기력을 느끼고 정치와 정치인을 경멸하고 있으므로 의미 있는 변화가 일어날 가능성에 회의를 품는 것도 전혀 무리가 아니다. 하지만 무기력은 자기실현적 예언이기도 하다. 다수에게 유익한 민주주의와 경제로 되돌아가는 유일한 길은 다수의 국민이 다시 한 번 정치적으로 적극적인 태도로 무장하고 새로운 대항적 세력을 형성하는 것이다. 부유한 이익 집단은 끊임없이 자신의 특기를 살려 돈을 벌 것이다. 따라서 나머지 국민도 나름대로 특기를 발휘해 자기 목소리를 내고 열정을 쏟으며, 투표를 이용해 경제적·정치적 통제력을 다시 거머쥐어야 한다.

19장

대항적 세력의 회복

'자유 시장'을 정부와 분리시켜 생각하고 근로자가 자기 가치만큼 급여를 받는다는 개념을 버린다면, 사회의 이면에 숨은 선택 사항을 좀 더 분명하게 볼 수 있을 것이다. 우리는 큰 정부냐 작은 정부냐를 선택하지 말고, 끊임없이 부를 축적해가는 부유한 소수의 의견에 반응하는 정부냐 아니면 상대적으로 더욱 빈곤해지고 경제적으로 더욱 불안정해지는 다수의 필요에 반응하는 정부냐를 선택해야 한다. 그러면 정치 우파와 좌파의 에너지를 소진시키는 이념적 다툼을 뛰어넘어 현재 시대가 던지는 핵심 도전, 즉 정치경제 체제에 대항력을 회복해야 하는 과업에 주의를 집중할 수 있다.

부유한 이익 집단은 '자유 시장'의 가면이 벗겨지는 것을 원하지 않는다. 자신들이 자본주의 게임의 규칙에 영향력을 행사하고 있다는 사실이 드러나서 이 영향력을 상쇄할 수 있는 잠재적 연합이 형성될 수 있기 때문이다. 부유한 이익 집단은 소득 하위 90%가 공동의 경제적 명분을 찾기보다는 끊임없이 정부 크기를 놓고 과격한 다툼을 벌이거나 동성 결혼·낙태·총기 소지·인종·종교 같은 비경제적 문제를 놓고 싸우는 데 급급하기를 바랄 것이다.

그러므로 '자유 시장'의 가면을 벗겨야 한다. 국민의 다수는 더욱 가난해지는 반면에 특권을 부여받은 소수는 어느 때보다 부유해지고,

게임의 규칙에 따라 경제 이득이 상향 재분배되면 새 연합과 새 정치가 생겨날 수 있다. 예를 들어 개인 투자자, 가족 사업체 소유주, 사업가, 지방 지역사회 거주자, 백인 근로자 계급 등 전형적인 정치 우파는 일반적으로 좌파라고 생각했던 근로 여성, 소수 민족, 대도시 전문가들과 자신 사이에 공통점이 많다는 것을 발견할지도 모른다. 무엇보다 모든 국민은 대기업이 시장의 규칙을 형성하지 않았을 때보다 약품, 광대역 연결, 식량, 신용카드 부채, 의료보험 등에 더욱 큰 비용을 지불하고 있다.

또한 구제금융을 받고 나서 덩치가 점점 커지고 있는 월스트리트 최대 은행들이 규칙을 만들고 시행하는 금융 체제 때문에 많은 사람이 괴로워하고 있다. 소기업 소유주는 대출을 받을 수 있기라도 하면 상당히 높은 대출 이자를 지불하고, 주택 소유주는 담보대출이 주택가치보다 커지는 바람에 허덕인다. 사업을 시작하려는 일인 사업가, 작품을 감상해줄 관객을 찾는 창의적 예술가, 단순하게 디자인이나 영상을 공유하고 싶어 하는 소비자 등은 진입장벽이 어처구니없이 높은 지적재산권 체제를 상대로 분투한다. 그들은 플랫폼과 네트워크에 접근하기 위해 매우 비싼 비용을 치르고 있다. 기업주가 모두 사용해야 하는 기준을 만들어놓아서 많은 사람이 쓰고 있기 때문이고, 반독점 규제 집행자의 손발을 묶어놓을 수 있기 때문이다.

프랜차이즈 가맹점은 불리한 계약에 묶여 옴짝달싹하지 못한다는 사실을 깨닫는다. 따라서 거대 프랜차이즈 본부는 가맹점이 창출한 이익을 거의 전부 거둬가고, 법원에 호소할 수 있는 방법을 차단하고, 언제라도 일방적으로 계약을 종료할 수 있다. 이와 마찬가지로 소액 채권자, 노조 조합원, 개인 주주, 가족 단위 농부, 소형 하청업자 등은 자신에게 빚을 진 대기업이 파산 절차에 들어가면 프랜차이즈 가맹점과 비슷한 궁지에 몰려 거액 채권자보다 낮은 우선순위를 부여받는다. 은행과 거액 채권자들이 그런 식으로 규칙을 세웠기 때문이다. 국가 총소득에서 개인 투자자, 급여 생활자, 시급 근로자가 차지하는 몫은 점점 줄어드는 반면에 CEO, 고위 임원, 포트폴리오와 헤지펀드 매니저에게 돌아가는 몫은 계속 증가하는 현실을 생각해보라. 후자에게는 내부 정보에 접근하고 이를 분배하는 방식과 시기를 결정할 수 있는 힘이 있다.

경제의 측면에서 소득 하위 90%는 대기업·월스트리트·부자보다 공통점이 훨씬 많다. 소형 사업체 소유주, 근로 빈곤층, 학자금 대출자, 소액 투자자, 주택 소유주를 막론하고 남녀와 인종의 차이 없이 하위 90%가 사회에서 설 자리를 잃어가는 원인은 소득 상위층이 '자유 시장'에 막강한 영향력을 행사해 부를 상향 분배하기 때문이다. 게임을 뛰는 조무래기 선수들이 이러한 사회 역학을 이해한다면, 모르기는 몰라도 큰손과 연합해 영향력을 확대하는 방법을 강구하고 결과적으로 새로운 대항적 세력을 형성할 것이다.

이러한 현상이 언제 어떻게 발생할지 예측할 수는 없지만 움직임이 시작되었다는 정황은 이미 감지되었다. 2014년 들어 월스트리트와 대기업을 향한 강한 반감은 기록적인 수준에 도달했다. 2014년 9월 CNBC와 버슨–마스텔라Burson-Marsteller가 전 세계를 대상으로 조사해 발표한 결과에 따르면, 응답자의 절반 이상(51%)은 "혁신과 성장을 촉진시킨다 하더라도 강하고 영향력 있는 기업은 나쁘다"라는 항목에 동의했다.[1] 한편 대기업과 월스트리트에 대항하는 반체제 공화당원과 그들과 긴밀하게 결탁한 기득권층 공화당원이 격렬하게 다투고 있다. 공화당 상원의원 랜드 폴Rand Paul은 2016년 대통령 선거 경선에서 이렇게 입장을 밝혔다. "우리는 살찐 고양이fat cat(정치자금을 많이 기부하는 부자—옮긴이)와 월스트리트가 판을 치는 정당이 아니다."[2] 역시 대선에 뜻을 품었던 공화당 상원의원 테드 크루즈Ted Cruz는 "권력의 회랑을 걷는 부유하고 막강한 권력의 소유자들은 나날이 살찌고 행복해진다"라고 비판했다.[3] 2014년 6월 버지니아 주 7 선거구 공화당 예비선거에서 다수당 원내대표 에릭 캔터를 무찌른 공화당원 데이비드 브랫David Brat은 캔터를 가리켜 "패거리 자본주의자"라고 비난하고 대기업을 겨냥해서는 "값싼 노동력에만 의존하며 결과적으로 다른 모든 근로자의 임금을 낮추는 결과"를 초래한다고 주장했다.[4]

이러한 주장의 이면에 진심이 담겨 있는지는 확실하지 않지만 진심은 핵심이 아니다. 이러한 주장이 나오는 원인은 자신들이 환심을 얻으려고 노력하는 사람들이 열광하리라 생각하기 때문이다. 공화당 후보자 측 선거 운동 컨설턴트와 여론조사 기관은 "나날이 살찌고 행복해지며" "다른 모든 근로자의 급여를 끌어내리는 결과를 초래한" "부유하고 막강한 권력의 소유자"를 향해 유권자들이 삭힐 수 없는 분노를 품고 있는 경향을 포착했다. 예를 들어 여론조사 결과에 따르면 민주당원뿐 아니라 자칭 공화당원 중에서도 거대 월스트리트 은행의 덩치를 축소시켜 덩치가 지나치게 커서 망할 수 없는 사태에 이르지 못하게 하자는 데 찬성하는 사람들이 있다.[5] 2014년 하원 세입위원회 위원장인 공화당 하원의원 데이비드 캠프David Camp는 거대 월스트리트 은행의 자산에 분기별로 세금을 부과해 덩치를 줄이자고 제안했다.[6] 또한 랜드 폴은 "월스트리트에 구제금융을 제공하자는 것이 결코 보수주의 견해는 아니다"라고 말했다.[7]

이와 비슷하게 민주당원뿐 아니라 일반 공화당원은 글래스-스티걸법을 부활시키자는 계획에 찬성한다. 상업은행과 투자은행을 분리하는 데 사용되었던 글래스-스티걸법은 공화당 의원들과 클린턴 행정부가 합심해 1999년 폐지시켰다. 2013년 민주당 상원의원 엘리자베스 워렌Elizabeth Warren이 글래스-스티걸법류의 법안을 상정하자 공화당 상원의원 존 매케인이 공동발의 했다. 티파티Tea Party(정부의 건전한 재정 운영을 위한 세금감시 운동을 펼치는 미국의 보수단체—옮긴이) 공화당원들은 해당 법안을 강력하게 지지한다는 의사를 밝히면서 기득권층 공화당원들이 적극적으로 지지하지 않는다고 비판했다.[8] 〈티파티 트리뷴 Tea Party Tribune〉은 "재정 후원자들과 기부자들이 고삐 풀린 거래 전략을 중단해야 한다는 점을 기득권층 정당인들은 결코 인정하지 않으려 한다"고 주장했다. 2014년 말 의회에 도드-프랭크 금융개혁법에 역행하는 법안이 상정되자 위와 비슷한 성격의 연합 현상이 짧게 일어났다. 대형 은행이 상업적 예금을 사용해 도박을 할 수 있도록 다시 허용하는 규정을 포함한 일괄 지출 법안에 엘리자베스 워렌을 포함한 진보주의 민주당 상원의원들과 루이지에나 주 티파티 공화당 상원의원인 데이비드 비터가 연합해 반대했다.

또한 거대 석유업체, 거대 농업 관련 산업, 거대 제약회사, 월스트리트, 수출입 은행에 대한 지원을 포함한 '기업 지원 정책'에 종지부를 찍자는 주장이 양당에서 점차 지지를 받고 있다. 좌파 진보주의자들은 오랫동안 이렇게 주장해왔고 2014년까지 많은 우파 인물들도 여기에 합세했다. 데이비드 캠프가 제안한 세금 개혁 법안이 통과되었다면 세금 우대 조치 수십 가지가 폐지되었을 것이다. 테드 크루즈는 의회가 "기업 지원 정책을 중단하고 패거리 자본주의에 종지부를 찍어야 한다"고 주장했다. 마지막으로 앞에서 설명했듯 거대 기업의 손으로 맺은 무역 협정에 대해 일반 국민이 품는 강한 반감이 점차 거세지고 있다. 1990년대 공화당은 민주당과 합세해 북미자유무역협정을 맺고 세계무역기구에 가입했으며 중국의 세계무역기구 가입을 지지했다. 하지만 21세기에 접어들면서 민주당원뿐 아니라 일반 공화당원까지 이러한 협정에 반대하는 입장으로 돌아섰다. 티파티 네이션Tea Party Nation의 회장인 저드슨 필립스Judson Phillips는 "티파티 운동은 환태평양경제동반자협정을 지지하지 않는다"라고 선언하며 이렇게 주장했다. "일반 미국인은 배제된 상태로 특별 이익 집단과 대기업이 협상테이블에 자리를 배정받았다."[9]

앞으로 미국 정계에 형성될 경쟁 구도는 민주당 대 공화당이 아니라 반체제층 대 기득권층이다. 다시 말해 경제 게임이 조작되었다고 생각하는 중산층·근로자층·빈곤층 대 경제 게임을 조작하는 대기업임원·월스트리트 은행가·억만장자들이다. 2014년 말에 접어들면서 대기업과 월스트리트 공화당원은 공화당 반체제 인물보다 민주당 기득권층을 지지한다는 신호를 이미 보냈다. 수십 명에 이르는 공화당 후원자, 월스트리트 공화당원, 기업 로비스트는 뉴스 사이트인 '폴리티코Politico'와 가진 인터뷰에서 공화당이 젭 부시Jeb Bush, 크리스 크리스티, 미트 롬니 등 대기업과 월스트리트를 지지하는 후보를 내보내지 않는다면 힐러리 클린턴을 지지하겠다고 말했다. '폴리티코'의 분석가는 이렇게 결론을 내렸다. "거금이 오가는 공화당 엘리트들의 세계가 쉬쉬하는 가장 우울한 비밀은 텍사스 주 상원의원 테드 크루즈와 켄터키 주 상원의원 랜드 폴을 대체하는 가장 구미 당기는 후보자가 클린턴이 되리라는 것이다."[10] 공화당 성향의 일류 월스트리트 변호사는 '폴리티코'에 이렇게 언급했다. "랜드 폴이나 테드 크루즈가 엘리자베스 워렌 같은 인물과 맞붙는다면 모두에게 최악의 악몽이 될 것이다."[11]

여기서 모두는 월스트리트와 기업에서 임원으로 활동하는 인물들을 가리킨다. 악몽은 설사 2016년에 발생하지는 않더라도 현재의 경제적·정치적 경향이 바뀌지 않는 한 앞으로 10년 안에 발생할 가능성이 높다. 하위 90%는 빈곤의 늪으로 점점 깊이 빠져드는 데 반해 상위 10%가 온갖 경제적 이득을 끊임없이 거머쥐는 한 미국 경제를 유지할 방법이 없다. 또한 국민 대다수의 목소리를 계속 무시하면 미국 민주주의를 지탱할 수 없다.

두 주요 정당이 정치적·경제적 힘의 무게 중심을 이동하지 않는다면 새 대항적 세력이 새 정당의 형태로 출현해, 양 정당에 불만을 품고 반체제적인 인물을 규합하여 기반을 잃은 국민 90%에게 정치적 목소리를 실어줄 수 있다. 그러려면 이 책에서 강조한 대로 '자유 시장'이냐 '정부'냐를 따지면서 피곤하고 부적절한 결정을 내리지 말아야 하고, 대기업·월스트리트·수는 적지만 점점 더 부유해지는 상위층에 유리한 방향으로 시장을 조직하는 수많은 방식을 주시하고 대다수 국민에게 유리하게 시장을 가동시키는 방법을 강구해야 한다. 새 정당이 분명히 추구해야 할 목표는 대부분의 미국인이 혜택을 누릴 수 있도록 자본주의를 구하는 것이다.

제3의 정당을 향한 관심이 나날이 증가하고 있다. 2014년 9월 갤럽이 실시한 조사에서 응답자의 불과 35%가 두 주요 정당이 국민을 대표한다고 믿었고, 58%는 민주당과 공화당이 국민을 제대로 대표하지 못하므로 제3의 정당이 필요하다고 대답했다.[12] 갤럽이 10년 전 제 3의 정당에 대한 요구를 조사한 이래로 최고 기록이었다. 그 전까지 는 2013년 10월 연방 정부가 부분적으로 폐쇄되었던 기간에 실시했 던 조사의 결과가 최고였다. 흥미롭게도 자칭 민주당원 47%는 물론 자칭 공화당원의 46%가 제3의 정당이 필요하다고 생각했다.[13]

제3의 정당이 필요하다는 욕구가 있더라도 해당 정당이 미국 정치 를 휘어잡는 지배적 세력이 되리라는 뜻은 아니다. 미국 정치 제도는 언제든 두 정당이 정계를 지배하며 엄청난 이익을 누리면서 최소한의 비례 대표성을 잃지 않으므로 강력한 제3의 정당이 형성되는 것을 막 는다. 상하원의원 경선과 대통령 선거인단 경선의 승자가 전체 선거 구를 대표하므로, 결과적으로 제3의 정당은 출현해 봤자 이념이나 유 권자 선호에서 자기 정당에 가장 가까운 지배 정당의 표를 빼앗을 뿐 이다.

더욱이 두 지배 정당은 적응력이 매우 크고 기회를 잡는 데 능숙하 므로 변하는 유권자의 견해를 잘 활용한다. 예를 들어 1932년 대통 령 선거에서 민주당은 큰 변화를 꾀해 도시 다인종 유권자, 생산직 노 조 근로자, 백인 남부인, 서부 유권자, 가톨릭 신자, 유대인으로 새 연 합을 형성하여 프랭클린 루스벨트에게 압도적인 승리를 안겼고, 막 시작된 뉴딜 정책을 투표 결과로 강력하게 뒷받침했다. 민주당 하원 의원은 1929년에 전체 하원의원의 37.7%에 불과했지만 1933년에는 72%로 증가했고, 상원의원도 40.6%에서 61.5%로 늘어났다.[14]

두 지배 정당의 적응성을 입증하는 증거는 또 있다. 1896년 대통 령 선거를 시작으로 16년 동안 민주당 후보인 윌리엄 제닝스 브라이 언William Jennings Bryan은 거대 기업에 대항해 서부 농민, 남부인, 동부 노동자를 집결하고, 근로자가 부자에 대항해 일으킨 운동을 재정적으로 지원하려 했다. 반면에 공화당 후보인 윌리엄 매킨리William McKinley는 기업가, 숙련된 공장 근로자, 전문가로 구성된 보수주의 연합을 유지해 대통령에 당선됐다. 하지만 1904년 선거에서 시어도어 루스벨트 대통령과 공화당 지도자들은 거대 트러스트가 휘두르는 경제적 힘의 남용에 대한 대중의 깊은 우려에 반응해야 한다고 느껴서 공화당에 노동자, 도시 이민자, 진보주의 개혁자 등을 포함시키는 개혁을 실시했다. 1912년 실시한 선거에서 루스벨트는 진보당의 기치를 내걸고 대통령 후보로 나섰다.[15] 당시 진보당은 "부패한 재계와 정계의 부정한 유착을 해체하는 것"을 강령으로 정하고 그 수단으로 정치 자금의 더욱 엄격한 제한과 공개, 로비스트 등록, 노인·실직자·장애인을 위한 사회 보험, 여성의 투표권, 여성 근로자의 최저임금 보장, 일일 8시간 노동, 연방증권위원회 설립, 직장에서 상해를 입은 근로자에 대한 보상 등을 채택했다. 민주당 후보인 우드로 윌슨Woodrow Wilson이 대통령으로 당선되어 유권자에게 거부당하기는 했지만 시어도어 루스벨트의 진보당 강령은 대통령에 취임한 그의 친척 프랭클린 루스벨트가 뉴딜 정책을 펼칠 수 있는 길을 닦았다.

앞에서 살펴본 사례에서 두 주요 정당은 변하는 시대의 견해와 필요에 맞춰 적응했다. 독자적으로 생존할 수 있는 제3의 정당은 민주당과 공화당 양당이 대기업과 월스트리트에 상당히 의존해 오늘날처럼 대다수 국민의 변하는 견해와 필요에 반응할 수 없는 경우에만 출범할 것이다. 현재 지배 정당이 시류에 적응하든지 제3의 정당이 새로 출범하든지 대항적 세력이 다시 뿌리 내리는 것이 더욱 중요하다.

이러한 과정이 순탄하거나 쉽게 진행되리라 기대해서는 안 된다.

부유한 이해 집단은 현재 사회에 만연한 소득·부·정치적 힘의 분배에 너무나 많은 이해관계가 걸려 있으므로 대항적 세력이 다시 출현하는 것을 용납할 수 없다. 그들이 더욱 빠르게 성장하는 경제에서 스스로 차지하는 몫을 좀 더 줄여 경제 성장에 참여한 다른 계층에 돌아가는 이득을 늘리면 사회는 더욱 잘 살 수 있을 것이고, 시민이 자신들의 의견을 수용해준다고 생각하는 분위기를 조성하면 사회는 더욱 안정될 것이다. 부유한 이해 집단은 앞에 열거한 온갖 이유로 대항적 세력의 부상을 지지할 만큼 현명하겠지만 여전히 저항할 것이다. 현재의 상황이 자신들에게 지나치게 편안하고, 대항적 세력의 출현 가능성은 너무 위협적이고 예측할 수도 없기 때문이다. 하지만 대항적 세력이 다시 등장하는 것은 현대에 불가피하게 발생할 현상이다. 우리 사회가 현재 향하고 있는 방향으로는 계속 나아갈 수 없기 때문이다.

그렇다면 새로 부상하는 대항적 세력은 무엇을 달성하려 할까? 첫째, 정치에서 거액의 영향력을 제거하기 위해 선거 자금 제도를 개혁할 것이다. 그러려면 시민연대와 맥커천 사건에 대한 대법원 판결을 뒤집어야 한다. 그 방법으로는 다수 의견을 냈던 대법관이 자신의 사고가 어리석었다고 깨닫고 사법절차에 따라 그 결정을 뒤집는 새로운 다수 의견에 합류하거나(1930년대 오웬 로버츠Owen Roberts 대법관은 4명의 동료 법관과 함께 뉴딜 정책에 반대하는 의견을 냈다가 입장을 바꿔 4명의 동료 법관과 함께 뉴딜 정책에 찬성했다), 새로 취임한 대통령이 대법관의 공석을 채워 다수 의견을 이끌어내는 방식으로 기존 판결을 뒤집거나, 가능성은 훨씬 떨어지지만 새로 부상한 대항적 세력이 정치적 영향력을 행사해 의회가 선거 자금 지출을 규제할 수 있도록 헌법을 수정해야 한다.

또한 정치에서 거액의 영향력을 제거하기 위해 모든 정치 지출의 출처를 완전히 공개할 것이다. 아마도 공공 펀드가 소액 기부금을 공동 후원하는 제도를 활용해 선거 자금을 공적으로 지원할 필요가 있을 것이다. 소수 집단에 불균형한 부담을 지우는 투표권 제한은 물론 선거구를 변경해 소수 집단의 투표를 억제하는 정책을 금지해야 한다.

긴밀하게 연결된 일련의 개혁을 실시하면 정부 서비스와 월스트리트, 대기업, 로비 기업 사이에 존재하는 회전문을 줄이거나 제거할 수 있다. 최소한 모든 선출직과 임명직 정부 관리는 공직에 있으면서 감독하거나 규제하는 임무를 수행하는 동안 공적인 관계에 놓인 기업, 동업조합, 로비 기업, 기타 영리 조직에 어떤 형태로든 고용되는 것을 퇴직 후 최소 5년 동안 금지해야 한다.

마지막으로 감정인·학자·두뇌 집단은 공적 영역에 속한 연구·논문·책·진술 등에 외부 자금의 출처를 낱낱이 밝혀야 한다. 그래야 예를 들어 코크 인터스트리즈Koch Industries에서 자금을 후원받은 '전문가'가 인간은 기후 변화에 책임이 없다고 주장하거나, 전미소매업협회에서 자금을 후원받은 교수가 최저임금을 인상하면 일자리가 줄어든다고 주장하더라도 대중이 이러한 주장의 중립성을 평가할 수 있을 것이다.

20장

부와 힘의 상향 분배를
끝내자

대항적 세력은 현재의 시장 규칙에 있는 부와 힘의 상향 분배 현상을
종식시켜야 한다. 예를 들어 특허권과 저작권 보호 기간을 줄이고, 대
부분의 선진국이 그렇듯 역지불합의를 금지하는 것이다. 제품과 과
정에 사소하거나 허울뿐인 변화를 주었을 때 특허권을 연장해주면 안
되고, 과거 규칙이 그랬듯 제약회사가 자사 생산 조제약 상표를 광고
하지 못하도록 해야 한다.

　반독점법은 원래의 취지로 돌아가 시장 효율성을 달성하고 소비자
의 이익을 최대화할 뿐 아니라 경제적 힘을 소유한 주체의 정치적 영
향력을 감소시켜야 한다. 반독점법을 사용해 독점 기업을 해체하고,
현재 신용카드 조항에 있는 것 같은 소수 독점을 금지하고, 거대 병원
체인의 규모를 억제하고, 거대 첨단 기업의 네트워크와 표준 플랫폼
에 대한 시장 지배력을 제한해야 한다. 어떤 기업에도 인간 먹이사슬
의 주요한 유전 형질에 대한 특허권을 인정해주어서는 안 된다. 보험
사는 반독점법 적용 대상에서 더 이상 면제를 받을 수 없어서 가격을
고정할 수도, 시장을 할당할 수도, 조건을 담합할 수도 없어야 한다.
이와 동시에 월스트리트 거대 은행은 국가 은행 자산의 5% 이상을 보
유할 수 없고, 상품의 가격 책정에 참여할 수 없으며, 초기 주식 공모
에서 지배적 역할을 할 수 없어야 한다. 글래스-스티걸법을 부활시켜

서 1933년부터 1999년까지의 기간에 그랬듯 주식과 파생 상품에 대한 투자은행의 베팅을 좀 더 보수적이기는 하나 안전한 상업은행의 저축금 대출에서 분리해야 한다.

한편 기업이 직원·하청업자·프랜차이즈 가맹점에 강제 중재를 강요하지 못하도록 계약법과 계약 규제를 정비해야 한다. 프랜차이즈를 좀 더 비싼 가격으로 새 주인에게 재판매하려고 프랜차이즈 사업본부가 자그마한 위반에도 프랜차이즈 가맹점 계약을 종결할 수 없게 조치해야 한다. 1991년 이전 규칙이 그랬듯 부정 행위를 규정해 기업과 CEO가 주가를 끌어올리거나 스톡옵션과 성과급 주식을 환매해 현금을 마련하는 방법을 포함한 온갖 유형의 내부자 거래를 금지시켜야한다. 기업은 1982년 이전과 마찬가지로 환매 시기와 규모를 주주들에게 알려야 한다. 또한 일반 대중이 입수할 수 없는 정보를 바탕으로 형성되는 주식 매매는 모두 금지해야 한다. 극초단타 주식 매매 기업은 자신들이 사용하는 방법과 기술을 다른 트레이더와 의무적으로 공유해야 한다. 더욱이 오스트레일리아의 현행 법규와 마찬가지로 기업의 주주와 이해당사자의 4분의 1 이상이 2년 연속으로 CEO 급여에 반대하면 기업 이사회 전체에 재선거를 강제할 수 있는 권리를 주주가 행사할 수 있어야 한다. 파산법에서는 다른 채권자와 맺은 협정보다 노동 협정에 더 높은 우선순위를 매겨야 한다. 아울러 학자금 대출금이나 최초 주택에 대한 담보대출금을 갚기 힘든 개인이 채무를 재편성해 좀 더 유리하게 채권자와 협상할 수 있게 해야 한다.

최저임금은 중간 급여의 절반까지 인상하고 그 후에는 인플레이션에 맞춰 조정해야 한다. 소매업 체인, 패스트푸드 체인, 호텔, 병원을 포함해 저임금 산업에서 일하는 근로자는 과반수 표결로 조합을 결성해 급여와 혜택을 놓고 고용주와 계약 협상을 벌일 때 더욱 큰 영향력을 행사할 수 있어야 한다. 국제무역협정에도 더욱 공평한 조건으로 접근해 미국 기업의 지적재산권과 미국 은행의 금융 자산을 보호할 뿐 아니라 위태로울 수 있는 미국 근로자들의 일자리도 보호해야 한다. 예를 들어 미국은 협정 체결 상대국과 협상을 벌여 자국 근로자에게 중간 소득의 절반인 최저임금을 지급하라는 조건을 제시하고, 이로써 무역에 따른 이득을 상대국 근로자와 공유해 미국의 수출품을 구입하는 고객을 새롭게 확보하고, 논쟁의 여지가 있기는 하지만 전반적으로 정치적 안정성을 좀 더 확고하게 구축해야 한다. 한편 국내에서는 무역으로 창출된 이득을 재투자하는 방법으로 급여 보험을 포함한 세계 수준의 재고용 제도를 지원해야 한다. 따라서 새로 일자리를 얻은 사람들이 받는 급여가 예전 일자리에서 받던 급여보다 적은 경우에는 2년 동안 차액의 90%를 보전해주고, 해당 근로자가 풀타임 교육 프로그램을 거쳐 기술을 바꾸거나 향상시키려 할 때는 예전 급여의 90%를 지원해주어야 한다.

모든 법과 규칙을 온전하게 실시하려면 시행 자원이 적절해야 한다. 벌금과 처벌은 법인법이나 금융법을 위반하는 사례를 막을 수 있을 정도로 무거워야 한다. 정부의 시행을 보완하려면 개인 소송과 집단 소송을 제기할 수 있는 길을 터놓아야 한다.

마지막으로 엄격한 의미에서 시장 구조의 일부는 아니지만 사회에 만연한 상향 재분배 체제의 중요한 측면인 교육 자원은 현재와 다른 방식으로 할당되어야 한다. 그래서 빈곤한 지역구 아동이 부유한 지역구 아동보다 학생 한 명당 지원금을 적게 받는 일이 없어야 한다. 거주지가 소득 수준에 따라 분리되고 있는 현실을 고려할 때 학교는 더 이상 지역 재산세에 주요 수입원을 의존하지 말아야 한다.

여러 방식으로 새 대항적 세력은 현재 시장 규칙을 지배하는 상향 분배에 종지부를 찍을 것이다. 하지만 이러한 수수한 방법은 시작에 불과하다. 경제 번영을 좀 더 광범위하게 확산하려면, 국제화와 기술 변화를 주도하는 원심력이 커질수록 더욱 과감한 변화를 추구해야 한다.

21장 ————————

기업의 재구성

대항적 세력은 시장에서 일어나는 상향 분배를 중단시키는 동시에 더욱 공정한 사전 분배 방법을 찾아 세금을 창출해내서 이전지출의 필요성을 줄여야 한다. 그러려면 현대 자본주의의 중심 조직인 대기업을 재구성해야 한다.

앞에서 설명했듯 지난 30년 동안 기업에 적용한 거의 모든 유인책은 일반 근로자의 급여를 낮추고 CEO와 기타 고위 임원의 급여를 높이는 결과를 낳았다. 문제는 어떻게 해야 이러한 유인책을 역전시킬 수 있느냐다.

한 가지 방법은 기업의 중간 근로자가 받는 급여에 대해 CEO가 받는 급여의 비율을 기준으로 법인세율을 결정하는 것이다. 비율이 낮은 기업에는 법인세율을 낮추고 비율이 높은 기업에는 법인세율을 높인다. 2014년 캘리포니아 주 입법부가 제출한 법안이 그 예다.[1] 해당 법안에 따르면 CEO의 급여가 중간 근로자보다 100배 많은 기업에 적용하는 법인세율은 8.8%에서 현재 캘리포니아 소재 기업 전체에 적용하는 8%로 낮아진다. CEO의 급여가 일반 근로자보다 25배 많으면 법인세율은 7%로 감소한다. 하지만 CEO의 급여가 일반 근로자보다 200배 많다면 법인세율은 9.5%로 인상되고, 400배 많은 경우에는 13%로 늘어난다.

캘리포니아 주 상공회의소는 해당 법안에 '일자리 살해 법안job killer'이라는 명칭을 붙였지만 현실은 정반대다.[2] CEO들은 일자리를 창출하지 않는다. 기업이 판매하는 제품을 고객이 더욱 많이 구매해 일자리를 창출하면 기업에는 규모를 늘리고 직원을 더 고용할 명분이 생긴다. 따라서 CEO의 수중에 들어가는 소득을 줄이고 일반 근로자의 수중에 들어가는 소득을 늘리라고 기업을 압박하면 제품 구매자의 구매력이 더욱 커져서 결국 일자리를 더욱 많이 만들어낸다. 법안 반대자들은 법을 시행하려면 계산이 복잡하다고 주장한다. 하지만 도드-프랭크법은 중간 근로자가 받는 급여에 대해 CEO가 받는 급여의 비율을 발표하라는 조건을 이미 포함시켰다.(이 책을 쓰는 시점까지도 증권거래위원회는 해당 조항을 시행하는 규칙을 아직 발효하지 않고 있다.) 따라서 캘리포니아 법은 연방법을 시행할 때 필요한 이상의 조치는 강제하지 않는다. 또한 법안이 규정한 과세 등급은 간격이 넓어 계산하기 쉽다. 캘리포니아 주의 법안은 완벽하지는 않지만 장래성 있는 방향을 제시한다. 미국 최대 주인 캘리포니아 주의 움직임을 주시하면, 미국 기업의 구조가 어떻게 가분수가 되었는지, 어째서 대항적 세력이 없는데도 정치적 뒷받침이 증가하는지 짐작할 수 있다.

브루킹스연구소 소속 윌리엄 갤스턴William Galston은 해당 법안의 변형된 형태를 제안하면서 국가의 연간 생산량 증가율에 비례해 직원의 급여를 인상하는 고용주에게는 세금을 낮춰주고, 그렇지 않은 고용주에게는 세금을 인상하자고 강조했다.[3] 이러한 계획은 국가의 전반적인 경제 이득을 근로자의 소득에 반영하는 데 기여할 것이다. 하지만 기업이 저임금 직업을 다른 기업에 하청 주는 방식으로 체제를 악용할 수 있다는 문제가 따른다. 캘리포니아 주 법안과 갤스턴의 제안 모두 이 문제를 규제하고 있다. 캘리포니아 주 법안에서는 기업이 저임금 일자리를 많이 하청 줄수록 더 높은 세율의 세금을 내야 한다. 갤스턴의 제안에서는 고용주가 직원을 독립 하청업자로 잘못 분류하지 못하도록 막거나, 과거에 사내에서 처리한 저임금 업무를 외부에 위탁하지 못하도록 금지한다.

근로자에게 우리사주 제도를 활용하고 이익을 공유하기 위한 세금 유인책을 추가로 제공하거나 직원 소유 협동조합을 설립하는 방식으로 직원에게 좀 더 직접적인 기업 소유권을 부여하는 방안도 있다. 이는 우리에게 익숙한 개념으로 공화국 초기까지 뿌리가 거슬러 올라간다.[4] 당시 입법부는 "모든 선원과 (……) 어획량 전체를 포함해 이익을 공유한다는 계약을 체결한" 저인망 어선 선주에게 세액 공제 혜택을 제공했다.

앞에서 열거한 제안들은 훨씬 근본적 개혁에 관해 다음처럼 좀 더 기본적인 질문을 던진다. '어째서 주주가 직원보다 우위에 서야 하는가?' 앞에서 설명한 대로 기업은 계약과 재산권으로 똘똘 뭉친 집단일 뿐이다. 따라서 주주는 일반 상품을 소유하는 방식으로 기업을 소유할 수 없다. 대기업의 개인 주주들은 자신이 어떤 기업의 주식을 얼마나 오랫동안 소유하고 있는지 모르는 경우가 허다하다. 주식을 신속하게 이동하면서 투기 이득을 빨리 거두려는 목적의 연금 펀드나 뮤추얼 펀드를 통해 주식을 보유하기 때문이다. 최소한 극초단타 주식 매매는 주식 소유권이 효과적인 기업 거버넌스에 부적절하다는 사실을 입증한다. 따라서 주주 '소유권'은 법률상의 허구다. CEO와 기업 임원에게 기업 주식의 가치를 최대화할 신의성실 의무가 있다는 개념도 마찬가지다. 주 정부가 발행한 기업 설립 인가서에서는 찾아볼 수 없는 사항이다. 주주가 기업 이사를 선택하기는 하지만 이사에게는 주주의 이익을 타인의 이익보다 우선해야 하는 법적 의무가 없다. 앞에서 살펴보았듯 기업의 유일한 목적이 주주의 가치를 최대화하는 것이라는 개념은 1980년대로 거슬러 올라가 상대적으로 새롭다. 2차 세계대전이 끝나고 처음 10년 동안은 기업이 모든 이해당사자에 대해 책임을 진다는 개념이 지배했었다.

게다가 주주는 기업에 투자하고 투자 가치가 떨어질 위험을 감수하는 유일한 부류가 아니다. 여러 해 동안 기업에 몸담은 직원들은 자사에 특유한 기술과 지식을 발달시킨다. 직장을 구하면서 가족과 함께 삶의 터전을 옮기고 직장 근처의 지역사회에 있는 주택을 구입한다. 지역사회는 기업을 유치하려고 도로와 사회기반 시설에 투자한다. 하지만 대기업의 주주들은 대부분 기업의 생산력을 확대하는 데 자기 돈을 투자하지 않는다. 주식 시장의 가치는 새로운 현금 유입과 거의 관계가 없기 때문이다. 오히려 주식 투자는 반복적으로 매매되는 야구카드를 엄청나게 수집하는 행위에 가깝다. 애플은 1980년 첫 상장에서 9,700만 달러를 모았다.[5] 그 후 애플의 주식은 투자자들 사이를 돌아다니며 가격이 올랐지만 그에 따른 부가가치는 애플로 가지 않고

운이 따라 주식을 싸게 샀다가 비싸게 판 투자자에게 돌아갔다. 칼 아이칸Carl Icahn 같은 행동주의 투자자들은 예를 들어 주식 일부를 다시 사들이는 방식으로 주가를 더 높이라고 기업에 요구할 수 있을 정도로 주식을 많이 산다.(앞에서 설명했듯 스티브 잡스의 자리를 승계한 티모시 쿡은 기꺼이 그 요구에 응했다.[6] 결과적으로 2011년과 2012년 CEO로 재직한 첫 2년 동안 3억 8,200만 달러를 손에 넣었고 그중 3억 7,600만 달러는 성과급 주식의 형태였다.) 하지만 이러한 교묘한 술책은 애플이 혁신을 이루거나 진정한 가치를 추구하거나 장기적으로 성공하는 능력과 전혀 관계가 없다.

2014년 뉴잉글랜드 소재 슈퍼마켓 체인인 마켓 바스켓Market Basket의 관리자·직원·고객은 인기 높은 CEO인 아서 데몰래스Arthur T. Demoulas를 축출하려는 이사회의 결정에 합심해 반대했다.[7] 시위와 불매 운동이 벌어지자 매장 70군데가 대부분 텅 비었다. 외부에 알려진 대로 아서 데몰래스의 사업 모델은 특별했다. 그는 경쟁사보다 제품 가격을 낮추고 직원에게는 급여를 인상해주고 직원과 관리자에게 더 많은 권한을 위임했다. 축출되기 직전에는 고객에게 4% 추가 할인을 제공하면서 고객이 주주 이상으로 혜택을 누릴 수 있다고 주장했다. 즉, 데몰래스는 기업을 주주뿐 아니라 고객 모두가 이익을 취해야 하는 공동 기업으로 보았고, 결국 이러한 태도 때문에 이사회에 의해 해고당했다. 궁극적으로는 소비자와 직원이 승리했다. 불매 운동으로 막대한 손해를 입은 마켓 바스켓의 이사회는 기업을 데몰래스에게 매각하기로 결정했다.

마켓 바스켓이 주식을 상장하기 전이었지만 데몰래스의 사업 모델이 사회 곳곳에서 구체화되고 있었다. 예를 들어 캘리포니아 주 벤추라Ventura에 본사가 있는 대형 의류 제조업체인 파타고니아Patagonia는 자사를 '사회적 기업benefit corporation'으로 만들었다. 사회적 기업은 이익추구 집단이지만 주주는 물론 근로자·지역사회·환경의 이익을 고려해야 한다는 조항을 법인설립정관으로 규정한다. 또한 정부의 인가를 받고 성과는 비 랩B Lab 같은 제삼자 비영리 단체에 의해 정기적으로 검토 받는다. 2014년 27개 주는 사회적 기업 형식으로 법인을 설립할 수 있는 법을 제정해 이사들이 자신을 선출해준 주주만이 아니라 모든 이해당사자의 이익을 고려하도록 법적으로 분명하게 보호해 주었다.[8] 당시까지 세븐스 제너레이션Seventh Generation 같은 가정용품 제조사를 포함해 121개 산업에 속한 1,165개 기업이 사회적 기업으로 인가를 받았다.[9]

지금 우리는 60년 전 미국에서 당연하게 여겼던 이해당사자 자본주의의 한 형태가 복귀하기 시작하는 현상을 목격하고 있는지도 모른다. 하지만 일부 경제학자는 주주 자본주의가 더욱 효율적이라고 주장한다. 그러면서 기업은 주주들에게 압박을 받을 때 매우 생산적인 방향으로 경제 자원을 움직여 경제 전체를 더욱 빠르게 성장시킬 수 있기 때문이라고 역설한다. 그들이 생각하기에 이해당사자 자본주의는 비생산적 방식으로 자원을 폐쇄하고, CEO를 지나치게 현실에 안주시키고, 기업에 불필요한 근로자를 고용하면서 지나치게 많은 급여를 지불하고, 지역사회와 지나치게 밀착되어 있다.

하지만 1980년대 뿌리를 내린 주주 자본주의가 어떤 결과를 초래했는지 냉정하게 살펴볼 필요가 있다. 경제적 불안정성과 업무의 외부 하청이 늘어나고, 버려지는 지역사회가 증가했으며, CEO의 급여는 하늘 높은 줄 모르고 치솟았다. 기업은 분기별 수입에만 근시안적으로 집중했고, 2008년 거의 붕괴될 뻔했던 금융 부문은 카지노와 흡사해 국민 대부분에게 부수적 손해를 입혔을 뿐 아니라 대부분의 미국인이 받는 급여는 제자리걸음을 하거나 쇠퇴했다. 이러한 결과를 고려하면 주주 자본주의가 실제로 효과가 있는지 의심스럽다. 국민의 일부만 기업의 주주이고, 부자 중에서도 극히 소수가 증권거래소에서 거래되는 주식의 대부분을 소유하고 있다. 미국 경제의 이해당사자인 일반 국민이 주식 시장에서 누리는 혜택은 정작 별로 없다. 아마도 주주 자본주의가 사회에 자리 잡을수록 주주의 다양성은 축소될 것이다.

독일이 기업 거버넌스를 규정한 법과 규칙을 살펴보자. 독일 법인법은 '공동 결정codetermination' 조항을 포함시켜 경영 이사회에는 일일 업무를 감독하고, 감사회에는 좀 더 높은 차원의 결정을 내리는 임무를 부여한다.[10] 기업의 규모에 따라 감사회 이사의 절반까지 주주가 아닌 직원을 대표한다. 또한 노동자 협의체도 현장 직원을 대표한다. 폭스바겐을 포함한 주요 독일 기업은 이러한 체제로 운영되며 근로자의 권리를 미국보다 훨씬 민감하게 보장한다.(2014년 폭스바겐 근로자들이 테네시 주 채터누가 소재 공장에서 노조를 결성하려 했던 경우가 좋은 사례였다.[11] 폭스바겐은 반대하지 않았지만 미국의 주와 시 정치인은 노조 결성이 주 경제에 손해를 초래할까 봐 우려했다.) 또한 독일은 CEO의 급여를 제한하고 많은 숙련직 직업을 보존한 덕택에 중산층에게 미국보다 높은 중간 급여와 훨씬 안정된 번영을 안기고 있다.

미국 기업은 효과적인 대항력으로 무장해서 생각을 전환하고 다시 조직되어야 한다. 법은 기업이 근로자를 대표하고 근로자가 이해관계에 비례해 투표권을 행사하는 동시에 개인이나 이해당사자가 대부분의 투표권을 보유하지 않도록 보장해야 한다. 유한책임과 영속성, 계약을 체결하고 헌법상 권리를 누리는 법인격처럼 미국 기업이 누리는 법률상 특권은 성장에 따른 이득을 직원과 공유하고 지역사회와 환경을 배려하는 실체에만 주어야 한다.

대항적 세력을 형성하기 위한 장기 계획은 여기서 멈추지 않는다. 기업을 재조직하면 좀 더 균형 잡힌 경제를 향해 유일하게 뻗은 길을 걸을 수 있다. 기업을 재조직해야 하는 이유는 미래의 기업에서 일할 근로자의 수가 훨씬 줄어들기 때문이다. 앞으로는 로봇이 근로자의 일자리를 차지할 것이므로 이러한 상황에서 경제적 이득을 분배할 새 시장 규칙을 개발하는 숙제를 풀어야 한다.

22장

로봇이 근로자의 일자리를
차지할 때

산업화 시대의 동이 튼 이후로 기술 변화는 많은 예언을 낳았지만 모두 사실로 입증되지는 않았다. 1928년 존 메이너드 케인스는 〈손자 세대의 경제적 가능성Economic Possibilities for Our Grandchildren〉이라는 제목의 글에서 한 세기 안에 발생할 일을 예언했다. "노동력의 새로운 사용법을 발견하는 속도를 뛰어넘어 노동력을 효율적으로 이용하는 수단을 발견할 것이다."[1] 그리고 2028년이 되면 유럽과 미국의 '생활수준'이 눈에 띄게 향상되어 아무도 돈을 버는 것을 걱정하지 않는 풍요의 시대가 오리라 내다봤다. "세상에 창조되고 처음으로 인간은 참되고 영구적인 문제에 직면할 것이다. 그래서 긴박한 경제적 불안에서 벗어나 자유를 어떻게 누릴지, 복합적인 이익과 과학으로 획득한 여가를 어떻게 보내야 현명하고 유쾌하고 훌륭하게 생활할 수 있을지 고민할 것이다."

2028년은 아직 오지 않았지만 우리는 케인스가 예언한 사회로 향하는 길목에 서 있지 않은 것 같다. 심지어 미국 같은 선진 경제에서도 사람들은 긴박한 경제적 불안에서 벗어나 자유를 느끼지 못한다. 대부분의 사람이 돈에 대해 걱정할 필요가 없는 풍요의 시대가 찾아오기는커녕 노동력 절감 기술이 등장하면서 엄청난 부를 손에 넣은 소수와 나날이 가난해지는 대다수로 이루어진 이중 사회를 형성해가고 있다.

나도 나름대로 앞날을 예언했었다. 1991년 출간한 《국가의 일 *The Work of Nations*》에서 현대의 거의 모든 직업을 세 범주로 나누고 각 범주에서 어떤 현상이 벌어질지 예측했다.[2] 첫째 범주는 '단순 생산직'으로 20세기 내내 미국 자본주의의 오랜 보병步兵들이 조립라인이나 사무실에서 업무를 반복 수행한다. 전통적인 단순 노동이 대부분이라 생각하지만 부하직원의 업무를 점검하는 단순 감독, 표준 작업절차의 시행, 자료의 단순 접근과 검색에 관여하는 단순 감독직도 여기에 포함된다. 나는 '단순 생산직'이 당시에 전체 직업의 약 4분의 1에 해당하지만 노동 절감 기술이 발달하는 데다가 개발도상국 근로자들이 훨씬 낮은 임금으로 기꺼이 노동을 제공할 것이므로 꾸준히 감소하리라 추정했다. 또한 미국에 남을 단순 생산직을 수행하는 근로자의 임금도 비슷한 이유로 감소하리라 예측했다.

내 판단은 틀리지 않았다. 당시 내가 사용했던 것과 똑같은 방법론을 사용했을 때 2014년까지 단순 생산직은 전체 직업의 5분의 1을 넘지 않았고, 중간 임금은 인플레이션을 감안했을 때 20년 전보다 15% 낮았다.[3] 소프트웨어로 부호화할 수 있는 업무는 모두 소프트웨어로 대체되었거나 곧 대체될 것이다. 텍스트 마이닝 프로그램Text-mining

program(대규모의 문서에서 의미 있는 정보를 추축해내는 프로그램—옮긴이)
이 많은 법률 관련 직업을 대신한다. 영상 처리 소프트웨어를 활용
하면 연구실 기술자가 필요 없다. 세금 소프트웨어는 회계사를 대체
한다.

내가 언급한 둘째 범주의 직업은 '대인 서비스직'이다. 이 직업은
인간적 접촉이 필수적이므로 개인적으로 서비스를 제공한다. 여기에
는 소매 판매원, 호텔과 레스토랑의 근무자, 양로원 직원, 부동산 중
개업자, 보육 교사, 가정 치료 간호사, 비행기 승무원, 물리치료사, 보
안요원 등이 포함된다. 해당 범주의 핵심은 제품을 일대일로 판매하
거나, 타인의 개인적 안전을 지켜주거나, 타인을 보살펴주고 행복하
고 편안하게 해주는 것이다. 내 추산에 따르면 1990년에 서비스직 근
로자는 전체 근로자의 약 30%를 차지했고 이 비율은 증가할 것이다.[4]
근로자가 직접 서비스를 제공해야 하므로 기술이 발달하더라도 외국
근로자로 대체할 수 없기 때문이다. 하지만 나는 두 가지 근거를 들어
서비스직 종사자들의 임금도 감소하리라 예측했다.[5] 첫째, 서비스직
근로자는 과거에 단순 생산직에서 일했지만 이제는 대인 서비스 분
야에서만 일자리를 구할 수 있는 근로자 다수와 경쟁할 것이다. 둘째,
서비스직 근로자는 현금자동입출금기, 자동계산기, 자동세차기, 자판
기, 셀프 주유기처럼 노동력을 절감해주는 기계와 경쟁할 것이다. 심
지어 소매 판매직 근로자는 '텔레비전 화면과 연결된 개인 컴퓨터'를
상대로 경쟁할 것이다. "미래의 소비자는 거실에 앉아 가구·기구·온
갖 종류의 전자제품을 모든 각도에서 살펴보고 색깔·크기·특별 사양
등을 선택해 구매할 수 있다. 가격이 합당하면 상품 보관소로 주문서
를 즉시 보내 집으로 직접 배송시킨다. 그래서 비행기와 호텔의 예약,

렌트카 계약 등은 금융거래를 통해 집에 있는 소비자와 세계 여기저기 흩어져 있는 컴퓨터 은행 사이에서 성사될 것이다."

다시 한 번 내 예언은 크게 벗어나지 않았다. 2014년까지 대인 서비스직은 미국 전체 직업의 거의 절반이자 새로 생긴 직업의 대부분을 차지했다. 더욱이 인플레이션을 고려했을 때 서비스직의 중간 임금은 1990년보다 낮았다.[6] 하지만 나는 첨단 기술이 서비스직에 얼마나 빨리 침투하기 시작할지는 예측하지 않았다. 2014년에 들어서면서 아마존은 소매업종 일자리를 부지런히 없애고, 자사 창고에서 직원을 쓰지 않는 방법을 연구하고, 심지어 앞으로는 로봇 드론을 동원해 제품을 배달할 계획을 세우고 있다.[7] 상업용 운전도 일자리를 위협 당하기는 마찬가지다. 경제학자 프랭크 레비Frank Levy와 리처드 머넌Richard Murnane은 2004년 발표한 저서 《노동의 새로운 분업 The New Division of Labor》에서 트럭 운전을 예로 들면서 복잡한 패턴을 인식해야 하므로 컴퓨터가 결코 수행할 수 없다고 주장했다.[8] 하지만 2014년 구글이 선보인 자율주행 자동차는 450만 명에 이르는 택시 운전기사, 버스 운전기사, 트럭 운전기사, 환경미화원의 직업을 심각하게 위협하고 있다.[9]

셋째 범주의 직업은 '상징 분석직symbolic-analytic service'이다. 나는 여기에 자료, 단어, 언어와 시각의 표현 등 상징을 조작하는 전략적 사고, 문제 해결, 문제 감별을 포함시켰다. 이 범주에 속하는 직업은 엔지니어, 시스템 분석가, 광고와 마케팅 전문가, 저널리즘과 영화 제작 같은 창의적인 분야에서 활동하는 전문가, 대학교 교수 등이다. 이들은 고학력 전문가로 대부분 팀 단위로 일하거나 컴퓨터 화면을 들여다보며 일한다. 이 직업의 핵심은 수학적 알고리즘, 법률 논쟁, 금융

상의 책략, 과학 원칙, 강력한 단어와 구절, 시각적 패턴, 심리적 통찰력, 개념적인 수수께끼를 푸는 기술을 포함해 다양한 분석적·창의적 도구를 사용하여 추상적인 상징을 재배열하는 것이다. 이러한 조작은 임무를 좀 더 정확하고 신속하게 달성하는 효율성을 향상시키거나, 인간의 정신을 즐겁게 해주거나 계발하거나 매혹시킨다.[10]

나는 1990년에 상징 분석가가 전체 근로자의 20%를 차지한다고 추산하고 그 비율은 소득과 마찬가지로 계속 증가하리라 예상했다. 이러한 종류의 직업에 종사할 사람을 찾는 수요가 지속적으로 공급을 앞설 것이기 때문이었다. 또한 다른 두 주요 범주에 속하는 직업과 상징 분석직의 차이가 불평등을 확산시키는 주요 원인으로 작용하리라 예측했다. 내 판단은 옳았지만 이러한 현상이 얼마나 신속하게 발생할지, 차이가 얼마나 클지, 불평등과 경제적 불안정이 얼마나 큰 피해를 발생시킬지는 예상하지 못했다. 예를 들어 고등학교 졸업장이 없는 미국 백인 여성의 기대수명이 1990년에서부터 2008년까지의 사이에 5년 줄어들 것이라고는 전혀 예측하지 못했다.[11]

디지털 기술과 거대 네트워크 효과가 결합해 얼마나 빠른 속도로 직원 대 고객의 비율을 엄청나게 낮출지도 예상하지 못했다. 인기 있는 사진 공유 사이트인 인스타그램이 2012년 약 10억 달러로 페이스북에 매각되었을 때 직원은 13명에 불과했지만 고객은 3,000만 명이었다.[12] 이러한 상황을 몇 달 전 파산을 신청한 코닥과 비교해보라.[13] 최전성기에 코닥의 직원은 14만 5,000명이었다.[14]

직원 대 고객의 비율은 계속 떨어진다. 2014년 초 페이스북이 190억 달러에 인수했을 당시 왓츠앱WhatsApp의 직원은 젊은 두 창업자를 포함해 55명이었고 고객은 4억 5,000만 명이었다.[15] 디지털화에는 직원이 많이 필요하지 않다. 많은 근로자를 고용해 생산하거나 유통시킬 필요 없이 새 아이디어를 수억 명에게 판매하는 것도 가능하다. 한 친구는 투손Tucson에 있는 집에서 작업해 공중에 존재하는 특정 요소를 추적하는 기계를 고안하고, 3D 프린터를 사용해 해당 기계를 수백 대 복사하고 나서 인터넷으로 전 세계 고객에게 판매하고 있다. 그가 필요한 것이라고는 제품을 배달할 드론 한 대이고, 사업을 운영하는 주체는 단 한 사람이다.

1964년에 평균 시가총액이 1,800억 달러(2011년 화폐가치로)인 미국 최대 4대 기업이 평균 43만 명을 고용했었다는 사실을 생각해보라. 47년 후 해당 기업들은 과거의 기업들보다 시가총액은 2배 이상이지만 직원 수는 4분의 1 미만이었다.[16]

우리는 노동력을 대체하는 기술만이 아니라 지식을 대체하는 기술에도 직면해 있다.[•] 첨단 센서, 음성 인식, 인공 지능, 빅데이터, 텍스트 마이닝, 패턴 인식 알고리즘은 인간의 행동을 신속하게 배우고 심지어 서로 배울 수 있는 스마트 로봇을 만들어내고 있다. 생명과학 분야에서도 환자의 특정 상태와 게놈에 맞춰 약품을 제조하는 혁명이 이미 일어나고 있다.

현재의 경향이 지속된다면 앞으로 훨씬 많은 상징 분석가들이 대체될 것이다. 미국에서 전문가들이 가장 많이 집중해 있는 의료·교육

[•] 공식적인 생산성 자료에는 새 기술로 인한 성장세가 아직 나타나지 않는다. 공식적인 자료가 이러한 현상을 제대로 측정하지 못하거나(예를 들어 오픈소스 소프트웨어는 자유롭게 사용할 수 있으므로 결과의 일부로 나타나지 않는다), 더 오래된 기술이 워낙 깊이 스며들어 있으므로 획기적으로 발전된 기술이 경제 전체에 스며들기까지는 종종 몇 년이 걸리기 때문이다.

부분은 비용을 절감하라는 압력이 증가하고 전문 기계가 점차 늘어나면서 특히나 영향을 받을 것이다. 요즈음은 열량부터 혈압에 이르기까지 본인이 직접 측정하는 모바일 건강 애플리케이션의 물결이 밀려들어오려는 찰나에 있다. 또한 소프트웨어 프로그램을 이용하면 의료 기술자가 작동하는 값비싼 의료 장비(초음파, CT 스캔, 심전도 등)와 같은 기능을 개인을 위해 수행할 수 있고, 진단 소프트웨어를 사용하면 검사 결과가 무슨 뜻인지 앞으로 무엇을 해야 하는지 알 수 있다. 교직원들은 완전히 질색하겠지만 대학교를 포함한 교육 기관도 스마트 기계를 중심으로 재조직될 것이다. 다수의 교사와 대학교 교수는 이미 온라인 대중공개 강좌massive open online course, MOOC와 쌍방향 온라인 교과서 등의 소프트웨어와 학생의 학습을 보조하는 지도사로 대체되고 있다.

이러한 현상은 어느 지점에서 끝날까? 작은 상자가 하나 놓여 있어서 마치 알라딘의 램프처럼 자신이 원하는 물건을 무엇이든 만들어낼 수 있다고 상상하고 전자만물상iEverything이라는 이름을 붙여보자. 그저 말만 하면 원하는 것이 짜잔! 나타난다. 이때 유일한 문제는 전자만물상이 무엇이든 척척 만들어낼 것이므로 아무도 돈을 벌 수단이 없어서 정작 해당 물건을 살 수 없다는 것이다. 이것은 분명히 상상이기는 하지만 점점 소수의 사람이 점점 다수의 일을 하기 시작하면 그에 따른 이익은 임원과 소유주 투자자로 구성된 어느 때보다 작은 집단으로 돌아갈 것이고, 나머지 사람들은 실직하거나 저임금 직업에 종사하므로 소득이 점점 줄어 제품을 살 수 없을 것이다. 20세기를 지배했던 경제 모델은 다수의 대량 소비를 충족시키기 위한 다수의 대량 생산이었다. 이제 이 모델은 더 이상 유효하지 않다. 미래의 경제 모델은 누구든 경제적 여유가 있는 사람의 소비를 충족시키기 위한 소수의 무한한 생산일 것 같다.

근본적인 문제는 일자리의 수가 아니라 소득과 부의 분배다. 크게 성공한 아이디어를 생각해내거나 여기에 투자한 사람은 전례 없이 엄청난 소득을 벌어들이고 있다. 왓츠앱의 젊은 공동설립자이자 CEO인 얀 쿰Jan Koum은 주식지분을 45% 소유했고, 페이스북에 회사를 매각하면서 68억 달러를 손에 넣었다. 공동설립자로 주식지분을 20% 소유했던 브라이언 액턴Brian Acton은 30억 달러를 벌었다.[17] 외부에 알려진 대로 초기 직원들이 주식지분을 1%씩 소유하고 있었다면 각자 1억 6,000만 달러를 벌었을 것이다.

현재의 경향이 계속된다면 크게 성공한 아이디어를 생각해내는 행운아들은 훨씬 커다란 부를 움켜쥘 것이다. 그렇게 되면 그들은 무엇에도 비교할 수 없을 정도로 막강한 정치적 힘을 획득할 것이다. 이와는 대조적으로 대부분의 국민은 금전적 이득을 공유하지 못하고, 정치적 힘을 잃을 것이다. 신기술 덕택에 탄생한 휘황찬란한 제품과 서비스를 두 눈으로 보면서도 구입할 수 없을 것이다. 기술이 그들의 노동력을 대체하고 보수를 깎아내리기 때문이다.

나는 거의 25년 전에 미래를 예측하면서 현대 기술의 출현으로 저학력 노동력에 대한 수요는 줄어들지만 고학력 노동력에 대한 수요는 계속 증가하리라 예상했다. 그래서 일자리 상실과 임금 감소를 구제하는 방법은 좀 더 많은 사람에게 좀 더 질 좋은 교육을 제공하고, 특히 고등 교육을 받을 길을 터주는 것이라 추측했다. 하지만 내 생각은 부분적으로만 옳았다. 대학 졸업자의 생활수준은 비졸업자보다 계속 높았다. 2013년 4년제 대학교를 졸업한 미국인의 시급은 비졸업자보다 평균 98% 많았다. 이는 5년 전 89%와 1980년대 초 64%에서 증가한 수치다.[18]

하지만 대학교 학위가 있으면 꾸준히 더 높은 급여를 받고 경제 성장에 따른 이득에서 더 큰 몫을 차지하리라 믿었던 내 생각은 틀렸다. 실제로 미국 고학력 근로자에 대한 수요는 2000년경 정점을 찍었고, 그 후 공급은 계속 늘어나는데도 수요는 감소하고 있다. 앞에서 설명했듯 2000년 이후 대다수의 대학 졸업자들이 소득 이익을 거의 또는 전혀 누리지 못하고 있다. 심지어 대학 졸업자의 상위 90%가 획득한 누적 소득은 2000년부터 2013년까지 불과 4.4%만 증가했다. 같은 기간 대학 졸업자의 초봉은 실제로 감소해 여성 졸업자의 초봉은 8.1%, 남성은 6.7% 감소했다.[19] 달리 표현하자면 대학 교육은 국민이 중산층에 진입하는 전제조건이었지만 과거와 달리 더 이상 확실한 성공 수단은 아니라는 뜻이다. 전체 경제 이득에서 중산층이 차지하는 몫은 계속 줄어드는 반면에 상위층에 돌아가는 몫은 계속 커지고 있다.

시장 규칙을 지배하는 부와 힘의 상향 분배 경향을 뒤집고, 정치에 거금이 흘러들어가지 못하게 막고, 기업을 재조직하고, 교육의 기회와 질을 확대하면 유용할 것이다. 대항적 세력은 이러한 변화를 추구할 때 타협해서는 안 된다. 물론 변화를 추구한다고 해서 기술적 진보가 사회를 이끄는 흐름을 바꾸지는 못할 것이다. 하지만 소득과 이익이 극히 소수에게 집중적으로 흘러들어가는 생산 체제를 가동시켜서는 어떤 경제도 사회도 유지될 수 없다. 그렇다면 이 문제에 대한 해답은 무엇일까?

일부 사람은 소수 승리자의 소득과 부에 더 많은 세금을 부과하고,

이에 따른 수입을 나머지 사람에게 재분배해야 한다고 주장한다. 이것은 대항적 세력이 나타나 최고 한계 소득 세율을 높여야 가능한 일이다. 2차 세계대전이 끝나고 나서 30년 동안 대기업과 월스트리트가 대항력을 갖추면서 최고 한계 소득 세율은 한 번도 70% 이하로 떨어진 적이 없었다.[20] (그리고 모든 세금 공제와 세액 공제를 포함해 실질 세율은 단 한 번도 50% 이하로 떨어지지 않았다.) 하지만 현재의 경향이 계속된다고 가정하면, 지금부터 40년~50년 동안 번영을 널리 공유하기 위해 부를 직접적으로 재분배하려면 최고 한계 소득 세율을 인상하는 것 이상의 조치를 취해야 한다. 소수가 소유한 지식 대체 기술이 거의 만능인 상황에서는 토마 피케티가 제안한 것처럼 재산에 글로벌 세금을 부과하는 방법도 충분한 조치가 되지 못할 것이다. 그렇다면 어떤 조치가 필요할까? 어떻게 해야 시장을 재조직할 수 있을까?

23장 ────────

시민의 유산

소수의 소득이나 부에 직접 과세하는 방법으로 창출한 수입을 다수에게 재분배하는 것보다 좀 더 합리적인 방법은 미래의 부를 좀 더 폭넓게 공유하는 것이다. 앞에서 살펴보았듯 현재 존재하는 부는 시장 규칙의 산물이다. 아마도 왓츠앱 설립자들은 대박을 터뜨리겠다고 희망했으므로 크게 성공할 제품을 만들기 위해 노력했을 것이다. 하지만 포상의 규모와 유인책 제도는 지적재산권 규칙의 지배를 받는다. 열거하자면 특허와 저작권의 기간, 기준 플랫폼이 반독점법을 위반한 경우처럼 시장 지배력에 관한 규칙, 파산을 선고하고 채무를 재구성할 수 있는 주체에 관한 규칙의 지배를 받는다. 또한 기업의 힘이 매우 강력해져서 소비자와 직원과 맺은 협정이 강제성을 띠거나 이해관계가 충돌하거나 내부 정보를 이용해 부정 행위가 발생할 때처럼 계약에 관한 규칙의 지배를 받는다.

규칙이 달랐다면, 예를 들어 특허국이 '새롭고 유용한'이라는 특허허가 기준을 매우 엄격하게 정의해서 다른 메시징 서비스보다 충분히 새롭거나 유용하지 않다는 이유를 들어 왓츠앱의 특허 출원을 기각했다면, 의회가 특허권 존속 기간을 20년이 아니라 3년으로 결정했다면, 페이스북 같은 주요 플랫폼이나 거대 네트워크를 통제하는 기업이 왓츠앱 같은 다른 네트워크를 통제하는 기업을 인수할 수 없도록 반독점법으로 막았다면, 특허의 시행이 매우 미온적이어서 누구나 왓츠앱의 메시징 서비스를 자유롭게 사용할 수 있었다면, 왓츠앱의 가치가 190억 달러에 달하지는 않았을 것이다. 왓츠앱의 가치는 훨씬 낮거나 전무했을 것이고, 창업자는 그동안 기울인 노력에 비해 상대적으로 적은 보상을 받았거나 아무 대가도 받지 못했을 것이다. 이것은 좋은 결과일까?

이 질문은 왓츠앱의 설립자 같은 혁신가에게 적절한 유인책을 제공하는 문제를 포함해 소득과 부를 분배하는 기본 규칙과 관계가 있다. 앞에서 지적했듯 현행 시장 규칙에 따르면 자본 자산의 소유주가 차지하는 소득은 점점 많아지고, 생계를 유지하려고 일하는 대다수 근로자가 받는 소득은 계속 적어진다. 대항적 세력을 충분히 갖춘 사회는 소수에게 엄청난 보상을 제공하지 않으면서도 혁신자에게는 계속 발명할 수 있도록 충분한 유인책을 주는 규칙을 만들어낼 수 있다.

발명과 투자의 균형을 어떻게 맞춰야 소수의 수중에 지나치게 많은 부가 집중되지 않고 나머지 사람들을 빈곤에 빠지지 않게 구하는 동시에 수많은 사람이 누리는 삶의 질을 향상시킬 수 있을까? 이 질문에 꼭 들어맞는 대답은 없다. 하지만 적절한 대항적 세력을 갖춘다면 정치경제 체제의 능력을 더욱 신뢰할 수 있다. 이때 발생하는 소득과 부의 분배는 사회가 추구하는 균형을 반영한다.

문제는 여기서 끝나지 않는다. 본래의 발명과 투자에 아무 기여도 하지 않은 미래 세대에 부가 상속되면서 균형이 틀어지기 때문이다. 왓츠앱의 두 설립자에게 후하게 보상하는 방향으로 시장을 조직하더라도, 설립자에게 유인책을 충분히 주기 위해 후손에게까지 보상할 필요는 없다. 설립자들은 설사 자기 자녀의 미래를 염려하더라도, 자신이 전혀 알지 못하고 많은 선조의 유전자로 계속 희석될 이후 세대에 대한 염려는 훨씬 적을 것이다. 부와 소득에 장기간 영향을 미치는 시장 규칙에 따르면 원래의 발명자의 의욕을 억제하지 않으면서 발명자의 상속인 세대에 돌아가는 수입을 더욱 줄여도 무방하다는 뜻이다. 그러면 상위층에 부가 집중되는 현상이 줄어들고 경제적 이득이 확대되는 방향으로 균형이 잡힐 것이다.

지적재산권도 비슷한 예로서 창작자에게 적절한 유인책을 주는 것과 유인책이 더 이상 필요하지 않은 즉시 창작물을 대중의 손, 즉 '공공 영역'으로 넘기는 것 사이에 비슷한 균형이 존재한다. 따라서 미래의 부를 지배하는 규칙은 기술 진보 과정 전체와 그 이면에 내재한 모든 시장 규칙까지 확대되어야 한다. 지적재산권과 마찬가지로 부도 일정 시점에 이르면 공공 영역으로 환원해야 한다.

하지만 우리 사회는 대항적 세력이 없는 탓에 반대 방향으로 나아간다. 거듭 설명하자면 2014년까지 미국인 최대 부자 10명 중 6명은 막대한 재산을 상속받았다.[1] 월마트의 상속인 6명이 소유한 재산은 미국인 하위 42%의 재산을 모두 합한 것보다 많다.(2007년 30.5%에서 증가했다.[2]) 정치경제학자 피터 반스Peter Barnes에 따르면, 이자·배당금·자본 소득·상속은 미국인이 받은 소득 3달러당 1달러에 해당하고 전체 인구 중 최상위 부유층 1%에 거의 전부가 돌아갔다.[3] 하지만 법은 부부의 유산이 1,068만 달러를 초과하지 않으면 상속세를 부과하지 않고, 꽤나 영리한 상속 담당 변호사가 신탁 펀드로 훨씬 많은 재산을 묶어둘 수 있는 충분한 기회를 제공한다. 게다가 주택·주식·채권·보석·그림·골동품·땅처럼 평생 동안 가치가 증가하는 자산은 가치 증가분에 대해 자본 소득세를 내지 않고 상속될 수 있다. 따라서 상속인은 사는 동안 해당 자산에서 소득을 얻고 다시 상속인에게 물려줄 수 있으며 그래도 자본 소득세를 전혀 내지 않는다.

앞에서 설명했듯 다수의 실질 임금은 감소하는 반면에 점점 더 소수가 더욱 많은 가치를 손에 넣는다. 게다가 미국인 부자가 소유한 재산의 약 36조 달러가 앞으로 반세기 동안 상속인에게 넘어간다는 현실을 고려하면,[4] 위쪽이 무거운 가분수인 탓에 계속 유지될 수 없는 자본주의 쪽으로 사회가 기울고 있는 이유를 알 수 있다.

대항적 세력은 이러한 경향을 반전시킬 뿐 아니라 앞으로 경제 성장의 몫을 국민 전체에게 확실하게 분배하는 방법으로 내가 제안한 시장 규칙의 변화를 활용할 수 있을 것이다.

한 가지 직접적인 분배 방식은 모든 미국인에게 18세가 되는 달부터 매달 지속적으로 기본 최저 소득을 지원해 경제적으로 자급자족할 수 있게 돕는 것이다.[5]

이 방법은 생각만큼 급진적이지 않으며, 1979년 보수주의 경제학자 프리드리히 하이에크Friedrich A. Hayek가 실시하자고 주장했던 제도도 이와 같았다.

모든 국민에게 특정 최저 소득을 보장하거나 국민이 자급자족할 수 없을 때에 더 이상 바닥으로 떨어지지 않도록 일종의 최저 소득을 보장해 주는 것은 모든 국민에게 일어날 수 있는 위험에 대비해 전적으로 합법적인 보호 장치로 보일 뿐 아니라 개인은 더 이상 자신이 태어난 특정 소집단의 구성원이 아니라 위대한 사회Great Society(미국 존슨 대통령이 1960년대 추구한 빈곤 추방정책 및 경제 번영 정책 이념—옮긴이)의 필요한 일부로 보인다.●6

　자칭 자유의지론자도 전 국민에게 기본 최저 소득을 제공하자는 안을 지지한다. 정부가 빈곤층에게 복지나 다른 형태의 이전지출을 제공하면 지원금 사용 방법을 지시하게 되고 빈곤층의 품위를 떨어뜨리거나 빈곤층에게 낙인을 찍을 수 있는데, 전 국민에게 기본 최저 소득을 제공하면 그럴 가능성을 피할 수 있기 때문이다. 또한 사설 고용주에 대한 의존성을 감소시켜 근로자가 보복을 당할까 봐 두려워하지 않고 자기 의견을 자유롭게 표현할 수 있다.

　이러한 제도가 사회의 노동 윤리를 저해하고, 노동이 제공하는 구조와 의미를 시민에게서 빼앗는다는 이유를 들어 반대하는 사람도 있을 것이다. 하지만 기본 최저 소득은 수혜자와 그 가족이 최소한으로 품위 있는 생활수준을 유지할 정도만 지급하고, 이를 보충하고 싶은 사람은 누구라도 일할 수 있다.

　기본 최저 소득을 받은 국민은 예술이나 의미 있는 활동을 추구할

●　비슷한 예로 스위스 국민 전체에게 매달 2,800달러를 지급하자는 법안이 2013년 10월 스위스 유권자들에 의해 상정되었다.(2016년 6월 국민투표 결과 부결되었다.)

수 있고, 사회는 개인의 예술 활동이나 자발적인 노력의 결실을 누릴 수 있다. 기본 최저 소득을 받는다고 해서 국민 대다수가 육체적이고 정신적인 활동을 하지 않고 놀고 지내는 편을 선택하지는 않을 것이다. 오히려 직업을 '소명'으로 여기고 단순히 돈을 버는 수단이 아니라 깊은 헌신의 대상으로 생각했던 시대로 복귀할 것 같다. 나는 그동안 자기 직업을 이러한 시각으로 보는 교사, 사회사업가, 의사, 간호사, 심지어 정치인을 많이 만났다. 그렇게 생각하는 투자 은행가는 아직 만나보지 못했지만 아마도 약간은 있을 것이다.

장래가 촉망되는 예술가들도 자유롭게 작업을 추구할 것이다. 과거에는 T. S. 엘리엇Thomas Stearns Eliot도 시를 쓰지 않을 때는 땅을 측량했고, 월트 휘트먼Walt Whitman은 군대 급여 담당 사무실에서 복사 담당자로 일했으며, 젊은 시절 앨버트 아인슈타인Albert Einstein은 특허국 심사관으로 근무하면서 상대성 이론을 개발할 수 있었다. 하지만 최근 수십 년 동안 대부분의 사람에게 직업은 사생활을 더욱 깊이 침해해 깨어 있는 시간뿐 아니라 수면 시간까지도 침범한다. 먹고살 정도로 벌려면 직업에 거의 온종일 매달려 있어야 하므로 자신의 재주를 발전시킬 수 없는 시인·예술가·과학이론가는 얼마나 될까? 기본 최저 소득을 지급하면 그들에게 재주를 펼칠 기회를 줄 수 있을 것이다.

그러면 로봇이 대부분의 일을 하고 국민은 혜택을 누리는 미래를 창출할 수 있다. 이는 1928년 존 메이너드 케인스가 예언했던 종류의 사회다.[7] 케인스는 한 세기 안에 기술적 진보가 일어나 아무도 돈을 벌 걱정을 하지 않고 그 결과 얻은 자유와 여가를 최대로 활용하는 풍요의 시대가 열리리라 주장했다. 하지만 케인스는 거의 모두에게 혜택이 돌아가도록 기술 진보로 인한 이익을 분배하는 매우 중대한 구조를 언급하지 않았다. 획기적인 기술 발명권을 소유한 사람의 미래 상속인이 보유한 재산권을 제한하는 방식으로 재원을 확보해 전 국민에게 기본 최저 소득을 제공하면 케인스가 꿈꾼 미래를 실현할 수 있을 것이다.

하지만 이 영역에서 진정한 선구자는 1776년 《상식론Common Sense》을 펴낸 토마스 페인Thomas Paine이다. 다른 저서들도 이에 버금갈 정도로 중요하고 통찰력이 돋보이지만 가장 인상 깊은 책은 단연 《상식론》이다. 1797년 발표한 《토지분배의 정의Agrarian Justice》에서 페인은 모든 미국인 남녀에게 21세가 되는 달에 기본 최저 소득 명목으로 15파운드를 지급하고 재원은 토지 상속세를 거둬 마련하자고 제안했다. 그렇게 하면 경제적 독립성도 북돋울 수 있어서 막 싹트고 있던 민주주의에 결정적으로 중요하게 작용하리라 생각했다. 페인은 자신의 제안에 담긴 논리를 펼쳐 보이면서 사유재산은 인간이 억지로 고안해낸 장치라고 주장했다. 인간이 수렵과 채집으로 생활하던 당시에 지구는 '공유 재산'이었다. 하지만 농업이 도래하면서 재산은 타인을 몰아내는 권리의 형태로 자리 잡았다. 페인은 이러한 토지 점유가 유용하고 불가피하다고 생각했다.[8] 땅의 소유와 개발을 분간하기 어렵기 때문이었다. 하지만 모든 시민에게 일종의 '정당한 보상'으로 몫을 떼어주는 것은 적절했으며 필요한 조치였다.

내가 시도한 유추는 완벽하지 않다. 다른 비약적 기술과 더불어 미래의 로봇은 시민이 보상받아야 하는 '공동 재산'을 빼앗지는 않을 것이다. 하지만 이미 수가 줄어들고 있는 좋은 일자리를 빼앗고 이미 부족해지고 있는 기회를 가로챌 것이다. 간단히 말해서 우리 경제와 사회의 주요 특징으로 이미 축소 현상을 보이고 있는 중산층을 대체할 것이다. 이러한 운명을 피하는 유일한 방법은 부의 창출과 아무 관계가 없는 미래 세대에게 부를 물려주지 말고 궁극적으로 공공 영역으로 되돌릴 수 있는 시장 규칙을 새로 마련하는 것이다.

특허국이 모든 지적재산권의 작은 일부를 시민 모두에게 제공하고 정부가 보호하는 것도 대안이 될 수 있다. 국가의 지적자본 주식의 가치가 증가하면 모든 시민이 배당금을 받을 수 있기 때문이다. 또는 새로 태어나는 모든 아이들에게 기본적으로 최저 가치의 주식과 채권을 제공하는 것도 대안이 될 수 있다. 이는 미래 경제의 '몫'을 아이들에게 보장해주는 방법으로 경제가 성장해 해당 주식과 채권의 가치가 쌓이면 기본 최저 소득을 창출할 수 있는 종자돈이 될 것이다.

이 방법이 성사되든 성사되지 못하든 경제 규칙은 좀 더 포괄적인 경제를 구축하는 방향으로 수정되어야 한다. 자칫하면 소수와 그들의 상속인들에게 귀속될 막대한 부를 공유할 수 있는 수단이 없고, 로봇과 관련 기술에 대한 소유권을 주장할 수 없다면, 중산층은 사라질 것이고 자본주의는 살아남지 못할 것이다.

24장 ————

새로운 경제 규칙

내가 분명하게 밝혔으리라 바라지만 미래를 낙관할 만한 명분은 많다. 현대는 삶을 엄청나게 향상시킬 수 있는 발명과 혁신의 첨단에 서있다. 미국과 다른 선진국에서 이미 시작한 과정으로서 발명과 혁신이 무수한 일자리를 대체하고 결과적으로 방대한 다수의 임금을 축소시키겠지만 우리에게는 자본주의를 재조직해 이익을 널리 보급할 능력이 있다.

미래를 낙관할 수 있는 좀 더 확실한 근거는 우리가 비인격적인 '시장 지배력'의 피해자가 될 필요가 없다는 사실이다. 시장은 인간이 만들어낸 것으로 인간이라는 존재가 고안해낸 규칙의 지배를 받는다. 이때 중심 질문은 이 규칙을 누가 무슨 목적으로 만드느냐이다. 지난 30년 동안 대기업·월스트리트·부자가 국가 전체 소득에서 거대한 몫을 차지하기 위해 규칙을 형성해왔다. 만약 그들이 거침없이 지속적으로 규칙에 영향력을 행사하고 혁신이라는 파도의 중심이 서서 자산에 대한 통제력을 획득한다면, 결국 거의 모든 부와 소득과 정치적 힘을 장악할 것이다. 그렇게 되면 결과는 더 이상 그들에 국한되지 않고 나머지 국민의 이해관계에 영향을 미친다. 이러한 조건으로는 경제도 사회도 견뎌내지 못한다.

우리 사회가 앞으로 직면할 도전은 기술이나 경제에 대한 것이 아니라 민주주의에 대한 것이다. 미래에 대한 중요한 논쟁거리는 정부의 크기가 아니라 정부의 주체다. 우리가 선택해야 하는 것은 '자유 시장'이냐 '정부'냐가 아니다. 광범위하게 번영을 분배하도록 조직된 시장이냐, 아니면 거의 모든 소득을 상위 소수에게 쥐어주도록 조직된 시장이냐이다. 부자에게 얼마나 세금을 부과해서 부유하지 않은 사람들에게 재분배하느냐가 아니라, 사후에 대대적으로 재분배할 필요성이 발생하지 않도록 대부분의 사람이 공정하다고 생각하는 재분배를 달성하는 방향으로 시장 규칙을 어떻게 고안하느냐를 놓고 논쟁을 벌여야 한다.

국민 대다수에게는 자신의 필요를 충족하기 위해 시장의 규칙을 수정할 힘이 있다. 하지만 그 힘을 행사하려면 현재 무슨 현상이 벌어지고 있는지, 자신의 이익이 어디에 있는지 파악하고 서로 힘을 합해야 한다. 우리는 과거에도 그렇게 했었다. 역사가 지침이 되고 상식이 통한다면 우리는 다시 해낼 수 있다.

감사의 글

이 책은 많은 사람의 통찰력이 곳곳에 스며들어 있으며 그들과 함께 몇 년에 걸쳐 연구하고 관찰하고 토론한 결과물이다. 그 많은 사람 모두에게 합당할 정도로 감사하는 것은 불가능하다. 캘리포니아대학교 버클리캠퍼스 산하 골드만공공정책대학에 몸담고 있는 동료들은 내게 지적인 자극과 양분을 공급해주는 원천이었다. 특히 초기 원고를 읽고 소중한 의견을 들려준 헨리 브래디Henry Brady, 숀 퍼행Sean Farhang, 알렉스 겔버Alex Gelber, 힐러리 호인스Hilary Hoynes, 데이비드 커프David Kirp, 에이미 러맨Amy Lerman, 제시 로스스타인Jesse Rothstein, 유진 스몰렌스키Eugene Smolensky에게 많은 빚을 졌다. 솔직하고 건설적인 비판을 그치지 않아 내가 긴장의 끈을 놓지 않도록 도와준 몇몇 친구와 예전 동료들에게도 감사한다. 리처드 파커Richard Parker, 제이콥 콘블루스, 존 아이잭슨John Isaacson, 스티브 실버스틴Steve Silberstein, 마이클 퍼츄크Michael Pertschuk, 폴 스타Paul Starr, 로라 타이슨Laura Tyson, 에릭 타로프Erik Tarloff에게 특히 감사한다. 귀중한 관점을 제시해준 저명한 정치경제학자 찰스 린드블롬Charles Lindblom에게 각별히 감사한 마음을 전하고 싶다. 세 명의 탁월한 대학원생 리즈 그로스Liz Gross, 소냐 피텍Sonja Petek, 테일러 스마일리Taylor Smiley는 찾기 힘든 사실과 사례를 추적하며 내 연구를 훌륭하게 보조해주었다. 마뉴얼 카스트릴로Manuel

Castrillo와 세르게이 세브첸코Sergey Shevtchenko는 능숙한 솜씨로 기술을 지원해주었다. 언제나 쾌활하고 놀랍도록 효율적인 조수 레베카 보울스Rebecca Boles는 일일이 거론할 수 없을 정도로 내게 큰 힘이 되어주었다. 연구를 후원해준 골드만스쿨과 블룸경제발달센터에 감사한다. 저작 대리인인 레이프 새걸린Rafe Sagalyn은 예전에도 여러 번 그랬듯 귀중한 조언을 아끼지 않았고, 편집자인 조나단 시걸Jonathan Segal은 늘 그렇듯 지혜와 상식의 원천이었다. 이에 못지않게 아내이자 삶의 동반자인 페리언 플래허티Perian Flaherty에게 감사한다. 진정성과 사회적 진리를 향한 아내의 열정에서 끊임없이 영감을 받았다.

미주

서론

1 참조. Lawrence Mischel and Alyssa Davis, CEO Pay Continues to Rise as Typical Workers Are Paid Less, Issue Brief #380, Economic Policy Institute website, 2014.

2 참조. A. Atkinsin, T. Piketty, and E. Saez, "Top Incomes in the Long Run of History," *Journal of Economic Literature* 49, no.1(2011): 3-71.

3 2001년 갤럽이 실시한 여론조사에서 미국인의 76%는 열심히 일해서 잘살 수 있는 기회에 만족한다고 대답했고 22%만 불만이라고 대답했다. 하지만 2013년 들어서는 54%만 만족한다고 대답했고 45%가 불만이라고 대답했다. 참조. Rebecca Riffkin, "In U.S., 67% Dissatisfied with Income, Wealth Distribution," Gallup website, January 20, 2014(http://www.gallup.com/poll/166904/dissatisfied-income-wealth-distribution.aspx).

4 퓨연구센터의 조사 결과에 따르면, 열심히 일하면 대부분 성공할 수 있다고 믿는 미국인의 비율이 2000년 이후 15% 감소했다. 참조. See Pew Research Center for the People and the Press/USA Today, "January 2014 Political Survey, Final Topline," Pew Research Center website, January 15 - 19, 2014(http://www.people-press.org/files/legacy-questionnaires/1-23-14%20Poverty_Inequality%20topline%20for%20release.pdf).

5 미국인의 63%는 대부분의 국회의원이 금전이나 선거 후원금을 받고서 기꺼이 표를 찍어주리라 믿는다. 그리고 59%는 자기 선거구의 국회의원이 이미 그랬을 가능성이 있다고 생각한다. 또한 63%는 대부분의 국회의원이 선거구민의 생각에 그다지 신경 쓰지 않는다고 생각한다. 참조. "Americans Don't Think Incumbents Deserve Reelection," Rasmussen Reports website, October 2, 2014.

6 참조. "Views of Government: Key Data Points," Pew Research Center website, October 22, 2013(http://www.pewresearch.org/key-data-points/views-of-government-key-data-points/).

7 참조. European Commission, Standard Eurobarometer 81, Spring 2014: Public Opinion in the European Union, First Results, European Commission website, July 2014.

1장 사회의 지배적 견해

1 참조. Thomas Hobbes, *Leviathan, or the Matter, Forme, and Power of a Common-wealth, Ecclesiastical and Civil*(1651), chapter 13, "Of the Natural Condition of Mankind as Concerning Their Felicity, and Misery."
2 참조. Karl Polanyi, *The Great Transformation: The Political and Economic Origins of Our Time*(New York: Farrar & Rinehart, 1944).

2장 자본주의를 구축하는 다섯 가지 구성요소

1 참조. John Rawls, *A Theory of Justice*, Revised Edition(Cambridge, MA: Belknap Press, 1999), pp.102-168.

3장 자유와 힘

1 Citizens United v. Federal Election Commission, 558 U.S. 310(2010).
2 같은 판결.
3 Carter v. Carter Coal Co. et al., 298 U.S. 238(1936), p.311.
4 참조. United States v. Darby, 312 U.S. 100(1941).
5 참조. Nick Russo and Robert Morgus with Sarah Morris and Danielle Kehl, The Cost of Connectivity 2014, Open Technology Institute at New America website, October 30, 2014; Claire Cain Miller, "Why the U.S. Has Fallen Behind in Internet Speed and Affordability," *New York Times*, October 30, 2014.
6 참조. "Why Do Americans Spend So Much on Pharmaceuticals?," PBS NewsHour website, February 7, 2014.

4장 새 재산

1 Garrett Hardin, "The Tragedy of the Commons," *Science* 162, no.3859 (1968): 1243-1248.
2 Adam Hochschild, *Bury the Chains*(New York: Houghton Mifflin Company, 2005), p.2.
3 참조. Heather Cox Richardson, *To Make Men Free: A History of the Republican Party*(New York: Basic Books, 2014), pp.6-12.

4 Hochschild, *Bury the Chains*, p.3.

5 Constance Johnson, "Mauritania; United Nations: Plan to End Slavery Expected," The Law Library of Congress website, March 11, 2014.

6 참조. Shared Hope International, National Colloquium 2012 Final Report, Shared Hope International website, May 2013, p.80.

7 "Teaching with Documents: The Homestead Act of 1862," National Archives website.

8 Henry George, *Progress and Poverty*, 25th ann. ed.(Garden City, NY: Doubleday, Page & Company, 1912), p.9.

9 같은 책, p.x.

10 참조. Julian L. Simon, "The Airline Oversales Auction Plan: The Results," *Journal of Transport Economics and Policy* 28, no.3(1994): 319-323.

11 U.S. Constitution, art. I, sec.8.

12 Patent Act of 1790, 1 Stat. 109-112(1790).

13 The Patent Act of 1793 said patents could be obtained for "any new and useful art." See Patent Act of 1793, 1 Stat. 318-323(1793).

14 U.S. Patent and Trademark Office, Performance and Accountability Report Fiscal Year 2009, Patent and Trademark Office website, p.11.

15 참조. Administrative Office of the U.S. Courts, "Caseload Statistics 2014: Caseload Analysis," table "Federal Circuit Filings, Percent Change Over Time," U.S. Courts website(http://www.uscourts.gov/Statistics/FederalJudicial CaseloadStatistics/caseload-statistics-2014/caseload-analysis.aspx). Pricewater houseCoopers LLP, 2013 Patent Litigation Study, PricewaterhouseCoopers website, 2013, p.6.

16 Peri Hartman, Jeffrey P. Bezos, Shel Kaphan, and Joel Spiegel, Method and System for Placing a Purchase Order via a Communications Network, U.S. Patent 5,960,411, filed September 12, 1997, and issued September 28, 1999.

17 Casey Maureen Dougherty and Melissa Breglio Hajj, Embedding an Autograph in an Electronic Book, U.S. Patent 8,880,602, filed March 23, 2012, and issued November 4, 2014.

18 참조. Timothy B. Lee, "Software Patent Reform Just Died in the House, Thanks to IBM and Microsoft," *Washington Post*, November 20, 2013.

19 참조. Phillip Elmer DeWitt, "Is Google Buying Motorola for Its 24,000 Patents?" *Forbes*, August 15, 2011.

20 Colleen Chien, "Reforming Software Patents," *Houston Law Review* 50,

no.2 (2012): 323-388.

21 OECD, Health at a Glance 2013: OECD Indicators(OECD Publishing, 2013), pp.160-161. Valerie Paris, "Why Do Americans Spend So Much on Pharmaceuticals?" PBS NewsHour website, February 7, 2014.

22 National Center for Health Statistics, Health, United States, 2013: With Special Feature on Prescription Drugs, National Center for Health Statistics website, 2014, tables 112 and 114.

23 Robert Pear, "Bill to Let Medicare Negotiate Drug Prices Is Blocked," *New York Times*, April 18, 2007.

24 Elisabeth Rosenthal, "The Price of Prevention: Vaccine Costs Are Soaring," *New York Times*, July 2, 2014.

25 같은 기사.

26 Ed Silverman, "Actavis is Ordered to Continue Selling the Namenda Alzheimer's Pill," *Wall Street Journal*, December 11, 2014.

27 C. Lee Ventola, "Direct-to-Consumer Pharmaceutical Advertising: Therapeutic or Toxic?" *Pharmacy & Therapeutics* 36, no.10(2011): 669-684.

28 "Food and Drug Administration Safety and Innovation Act(FDASIA)," U.S. Food and Drug Administration website.

29 Sara R. Collins, Ruth Robertson, Tracy Garber, and Michelle M. Doty, Insuring the Future: Current Trends in Health Coverage and the Effects of Implementing the Affordable Care Act, The Commonwealth Fund website, April 2013, pp.9-10.

30 Katie Thomas, Agustin Armendariz, and Sarah Cohen, "Detailing Financial Links of Doctors and Drug Makers," *New York Times*, September 30, 2014.

31 같은 기사.

32 "Pay-for-Delay: When Drug Companies Agree Not to Compete," Federal Trade Commission website.

33 Marc-André Gagnon and Joel Lexchin, "The Cost of Pushing Pills: A New Estimate of Pharmaceutical Promotion Expenditures in the United States," *PLoS Med* 5, no.1(2008): 0029-0033.

34 Center for Responsive Politics, "Influence and Lobbying: Pharmaceuticals/ Health Products: Industry Profile: Summary, 2013," OpenSecrets.org website (https://www.opense-crets.org/lobby/indusclient.php?id=H04&year=2013).

35 Center for Responsive Politics, "Pharmaceuticals/Health Products Summary," OpenSecrets.org website(https://www.opensecrets.org/industries/indus.

php?cycle=2014&ind=H04).

36 Copyright Act of 1790, 1 Stat. 124(1790).

37 미국의 저작권 역사를 살펴보려면 다음을 참조하라. "United States Copyright Office, A Brief Introduction and History," U.S. Copyright Office website.

38 디즈니 사례를 살펴보려면 다음을 참조하라. Timothy B. Lee, "15 Years Ago, Congress Kept Mickey Mouse out of the Public Domain. Will They Do It Again?" *Washington Post*, October 25, 2013.

5장 새 독점

1 Ian Hathaway and Robert E. Litan, "Declining Business Dynamism in the United States: A Look at States and Metros," Brookings Institution website, p.1.

2 같은 글.

3 같은 글, 표 1.

4 Akamai Technologies, Akamai's State of the Internet, Akamai Technologies website, 2014, figures 12 and 22.

5 2013년 가정에서 광대역 인터넷 서비스를 이용하는 비율은 연소득 7만 5,000달러 이상인 가구가 91%인 반면에 연소득 3만 달러 이하인 가구는 52%에 불과하다. Pew Research Internet Project, "Broadband Technology Fact Sheet," Pew Research Center website, data from 2013.

6 참조. Susan Crawford, *Captive Audience: The Telecom Industry and Monopoly Power in the New Gilded Age*(New Haven, CT: Yale University Press, 2013), p.65.

7 속도를 살펴보려면 다음을 참조하라. "Global Broadband: Household Download Index," Ookla website. 사용 비용에 대해서는 다음을 참조하라. "OECD Broadband Portal," section 4.01, "Range of Broadband Prices per Megabit per Second of Advertised Speed," OECD website, figure 7.17.

8 Susan Crawford, "Government Should Invest in Fiber Optics," *New York Times*, July 14, 2014.

9 Allan Holmes, "How Big Telecom Smothers City-Run Broadband," The Center for Public Integrity website, August 28, 2014, updated September 15, 2014.

10 David Lieberman, "Liberty Media's John Malone Says Cable Is 'Pretty Much a Monopoly' in Broadband," *Deadline Hollywood*, May 6, 2011.

11 Prepared remarks of FCC Chairman Tom Wheeler, "The Facts and Future of

Broadband Competition," 1776 Headquarters, Washington, D.C., September 4, 2014.

12 Susan Crawford, "Let America's Cities Provide Broadband to Their Citizens," *Bloomberg View*, February 14, 2012.

13 Stephen Seufert, "Chattanooga v. Kabletown," Philly.com, June 29, 2014.

14 Center for Responsive Politics, "Influence and Lobbying: Lobbying: Top Spenders, 2014." See also "Comcast Corp.: Profile for 2014 Election Cycle," OpenSecrets.org website(https://www.opensecrets.org/orgs/summary.php?id=D0 00000461&lname=Comcast+Corp).

15 참조. "Michael Powell," National Cable and Telecommunications Association website.

16 Center for Responsive Politics, "Influence and Lobbying: Lobbying: Top Spenders, 2014," OpenSecrets.org website(https://www.opensecrets.org/lobby/ top.php?indexType=s&showYear=2014).

17 Center for Responsive Politics, "Comcast Corp.: Lobbyists Representing Comcast Corp., 2014." OpenSecrets.org website(http://www.opensecrets.org/ lobby/clientlbs.php?id=D000000461&year=2014).

18 "Tying up the cable business," *The Economist*, October 4, 2014.

19 참조. Alex Rogers, "Comcast Has About 76 Lobbyists Working Washington on the Time-Warner Cable Merger. This Is Why," *Time*, April 29, 2014.

20 Food and Water Watch, Monsanto: A Corporate Profile, Food and Water Watch website, April 2013.

21 몬산토가 생산하는 씨앗에 대해 살펴보려면 다음을 참조하라. Donald L. Barlett and James B. Steele, "Monsanto's Harvest of Fear," *Vanity Fair*, May 2008.

22 같은 글.

23 참조. William Neuman, "Rapid Rise in Seed Prices Draws U.S. Scrutiny," *New York Times*, March 11, 2010.

24 참조. Center for Food Safety & Save Our Seeds, Seed Giants v. U.S. Farmers, Center for Food Safety website, 2013. See also Rachel Tepper, "Seed Giants Sue U.S. Farmers over Genetically Modified Seed Patents in Shocking Numbers: Report," *Huffington Post*, February 13, 2013.

25 Richard Schiffman, "Seeds of the Future," Truthout website, December 4, 2014. See also Center for Food Safety & Save Our Seeds, Seed Giants v. U.S. Farmers.

26 Center for Food Safety & Save Our Seeds, Seed Giants v. U.S. Farmers, p.5.

27 Kristina Hubbard, "Monsanto's Growing Monopoly," *Salon*, May 30, 2013.

28 Mina Nasseri and Daniel J. Herling, "Ho Ho Ho GMO! The 2014 GMO Legislation Scorecard," *National Law Review*, December 23, 2014. See also Connor Adams Sheets, "GMO Labeling Debate Headed to Congressional Committee," *International Business Times*, December 4, 2014.

29 참조. Barlett and Steele, "Monsanto's Harvest of Fear."

30 참조. Union of Concerned Scientists, "Eight Ways Monsanto Fails at Sustainable Agriculture," no.7, "Suppressing Research," Union of Concerned Scientists website.

31 참조. Monsanto, "Monsanto Notified that U.S. Department of Justice Has Concluded Its Inquiry," Monsanto website, November 16, 2012. See also Tom Philpott, "DOJ Mysteriously Quits Monsanto Antitrust Investigation," *Mother Jones*, December 1, 2012.

32 Center for Responsive Politics, "Agricultural Services/Products: Summary, 2012," OpenSecrets.org website (https://www.opensecrets.org/lobby/indusclient.php?id=A07&year=2012).

33 참조. Center for Responsive Politics, "Monsanto Co.: Lobbyists Representing Monsanto Co., 2014," OpenSecrets.org website (https://www.opensecrets.org/lobby/clientlbs.php?id=D000000055&year=2014), and Janie Boschma, "Monsanto: Big Guy on the Block When It Comes to Friends in Washington," OpenSecrets.org website, February 19, 2013. See also Food and Water Watch, Monsanto: A Corporate Profile, figure 3, p.10. See also Janice Person, "I Heard Monsanto Employees Control USDA, FDA, etc.," Beyond the Rows blog, February 15, 2012.

34 애플은 이렇게 주장했다. "자사의 사업 전략은 자체 운용 체계, 하드웨어, 애플리케이션 소프트웨어와 서비스를 설계하고 발달시키는 특유한 능력을 활용하여 고객에게 혁신적인 디자인, 월등히 쉽고 원활하게 통합하여 사용할 수 있는 제품과 솔루션을 제공한다." 참조. U.S. Securities and Exchange Commission, Apple Inc. Proxy Statement, part 1, item 1, "Business Strategy," p.1 (http://files.shareholder.com/downloads/AAPL/3750879716x0x789040/ed3853da-2e3f-448d-adb4-34816c375f5d/2014_Form_10_K_As_Filed.PDF).

35 United States v. Microsoft Corporation, U.S. District Court for the District of Columbia, civil action no.98-1232(CKK), 2002.

36 Center for Responsive Politics, "Client Profiles: Summary, 2013" for Apple, Amazon, Facebook, Microsoft, and Google, and "Influence and Lobbying:

Lobbying: Top Spenders, 2013," OpenSecrets.org website(https://www.opensecrets.org/lobby/top.php?showYear=2013&indexType=s).

37 Brody Mullins, Rolfe Winkler, and Brent Kendall, "Inside the U.S. Antitrust Probe of Google," *Wall Street Journal*, March 19, 2015.

38 Tom Hmaburger and Matea Gold, "Google, Once Disdainful of Lobbying, Now a Master of Washington Influence," *Washington Post*, April 12, 2014.

39 Frédéric Filloux, "Do the Media Really Have an Alternative to Distribution via Facebook and Google?" *Quartz*, October 20, 2014.

40 같은 기사.

41 "Fifty Favorite Retailers(2013)," National Retail Federation website.

42 참조. Astra Taylor, *The People's Platform: Taking Back Power and Culture in the Digital Age*(Toronto: Random House Canada, 2014), p. 37.

43 Nick Statt, "Amazon Facing United Front of Authors in Hachette E-book Dispute," *CNET*, July 25, 2014.

44 David Streitfeld, "Amazon, a Friendly Giant as Long as It's Fed," *New York Times*, July 12, 2014.

45 David Streitfeld, "Amazon and Hachette Resolve Dispute," *New York Times*, November 13, 2014.

46 Jeremy Greenfield, "How the Amazon–Hachette Fight Could Shape the Future of Ideas," *The Atlantic*, May 28, 2014.

47 David Streitfeld, "Amazon Is Not Holding Back on Paul Ryan," *New York Times*, September 30, 2014.

48 Elaine Sciolino, "The French Still Flock to Bookstores," *New York Times*, June 10, 2012.

49 Pamela Druckerman, "The French Do Buy Books. Real Books," *New York Times*, July 9, 2014.

50 Center for Responsive Politics, "Amazon.com, Client Profile: Summary, 2008," OpenSecrets.org website(https://www.opensecrets.org/lobby/clientsum.php?id=D000023883&year=2008), and "Summary, 2012" OpenSecrets.org website(https://www.opensecrets.org/lobby/clientsum.php?id=D000023883&year=2012).

51 Paul Farhi, "Washington Post Closes Sale to Amazon Founder Jeff Bezos," *Washington Post*, October 1, 2013.

52 Federal Deposit Insurance Corporation, "Top 100 Banks and Thrifts, Nationally by Asset Size," December 31, 2000 and September 30, 2014, and

"FDIC—Statistics on Depository Institutions Report," *Assets and Liabilities*, December 31, 2000 and September 30, 2014.

53 Thomas M. Hoenig, "Statement by Thomas M. Hoenig, Vice Chairman, FDIC on the Credibility of the 2013 Living Wills Submitted by First Wave Filers," Federal Deposit Insurance Corporation website, August 4, 2014.

54 Center for Responsive Politics, Contributions to Presidential Candidates, "Barack Obama(D): Top Industries, 2008," OpenSecrets.org website(https:// www.opensecrets.org/pres08/indus.php?cycle=2008&cid=N00009638).

55 Center for Responsive Politics, Contributions to Presidential Candidates, "John McCain(R): Top Industries, 2008," OpenSecrets.org website(https:// www.opensecrets.org/pres08/indus.php?cycle=2008&cid=N00006424).

56 Center for Responsive Politics, Contributions to Presidential Candidates, "Barack Obama(D): Top Contributors, 2008," OpenSecrets.org website (https://www.opensecrets.org/pres08/contrib.php?cycle=2008&cid=N00009638).

57 Center for Responsive Politics, Contributions to Presidential Candidates, "Mitt Romney(R): Top Industries, 2012," OpenSecrets.org website(https:// www.opensecrets.org/pres12/indus.php?cycle=2012&id=N00000286).

58 CBS Investigates, "Goldman Sachs' Revolving Door," CBS News website, April 8, 2010. See also Eric Dash and Louise Story, "Rubin Leaving Citigroup; Smith Barney for Sale," *New York Times*, January 9, 2009.

59 Center for Responsive Politics, Employment History, "Geithner, Timothy, Bio," OpenSecrets.org website(http://www.opensecrets.org/revolving/rev_ summary.php?id=78265).

60 Josh Israel, "After 30 Years of Fighting for Wall Street, Eric Cantor Will Make Millions at an Investment Bank," *ThinkProgress*, September 2, 2014.

61 참조. U.S. Securities and Exchange Commission, Moelis & Company, Form 8-K, September 2, 2014, Item 5.02(d)(http://www.sec.gov/Archives/edgar/ data/1596967/000110465914064087/a14-20284_18k.htm).

62 Dana Cimilluca and Patrick O'Connor, "Eric Cantor to Join Wall Street Investment Bank," *Wall Street Journal*, September 2, 2014.

63 Moelis & Company, "Moelis & Company Announces the Appointment of Eric Cantor as Vice Chairman and Member of the Board of Directors," press release, September 2, 2014.

64 William Alden, "K.K.R., Blackstone and TPG Private Equity Firms Agree to Settle Lawsuit on Collusion," *New York Times*, August 7, 2014.

65 같은 기사.

66 Halah Touryalai, "Libor Explained: How Manipulated Rates Could Be Hurting(Or Helping) You," *Forbes*, July 9, 2012.

67 "Timeline: Libor-fixing scandal," BBC News website, February 6, 2013.

68 같은 글.

69 의료 부문의 지출은 GDP의 17.9%로 추산된다. 참고. Global Health Observatory Data Repository, "United States of America Statistics Summary(2002 – present)," World Health Organization website.

70 McCarran-Ferguson Act of 1945, 15 U.S.C. §§1011-1015(2011).

71 H. W. Brands, *American Colossus: The Triumph of Capitalism, 1865–1900*(New York: Anchor Books, 2011), p.8.

72 Jack Beatty, *Age of Betrayal: The Triumph of Money in America, 1865–1900*(New York: Vintage Books, 2008), p.192.

73 수석 재판관 에드워드 라이언은 제임스 트루슬로우 애덤스가 쓴 《미국의 서사시*The Epic of America*》(New York: Triangle Book, 1931), pp.297-298에서 인용했다.

74 메리 리스는 브루스 레빈Bruce Levine이 쓴 《누가 미국을 세웠는가?*Who Built America?*》(New York: Harper & Bros., 1947) p.147에서 인용했다.

75 Henry Demarest Lloyd, *Wealth Against Commonwealth*(New York: Harper & Bros., 1902), pp.2, 494.

76 Winfield Scott Kerr, *John Sherman: His Life and Public Services*, vol.2(Boston: Sherman, French, & Co., 1908), p.215.

77 Sherman's Antitrust Act passed the Senate: Sherman Antitrust Act, 15 U.S.C. §§1-7(1890). See also Kerr, John Sherman, p.204.

78 Kathleen Dalton, *Theodore Roosevelt: A Strenuous Life*(New York: Vintage Books, 2004), pp.208, 224-226, 253.

79 Doris Kearns Goodwin, *The Bully Pulpit: Theodore Roosevelt, William Howard Taft, and the Golden Age of Journalism*(New York: Simon & Schuster, 2013), p.299.

80 Marc Winerman, "The Origins of the FTC: Concentration, Cooperation, Control, and Competition," *Antitrust Law Journal* 71, no.1(2003): 1-97.

81 같은 기사, p.12.

82 Woodrow Wilson, *The New Freedom*(BiblioBazaar, 2007).

83 참조. Spencer Weber Waller, *Thurman Arnold: A Biography*(New York: New York University Press, 2005), ch.6.

84 "AT&T Breakup Ⅱ: Highlights in the History of a Telecommunications

Giant," *Los Angeles Times*, September 21, 1995.

6장 새 계약

1   The National Organ Transplant Act of 1984, 1984 Pub. L.98 – 507; see Title Ⅲ — Prohibition of Organ Purchases, sec.301.

2   Laura Meckler, "Kidney Shortage Inspires a Radical Idea: Organ Sales," *Wall Street Journal*, November 13, 2007.

3   U.S. Food and Drug Administration, "CPG Sec. 230.150 Blood Donor Classification Statement, Paid or Volunteer Donor," U.S. Food and Drug Administration website, last updated September 18, 2014.

4   Tamar Lewin, "Coming to U.S. for Baby, and Womb to Carry It," *New York Times*, July 5, 2014. See also Surrogacy Arrangements Act 1985, 1985 ch.49.

5   참조. Heather J. Clawson, Nicole Dutch, Amy Solomon, and Lisa Goldblatt Grace, Human Trafficking Into and Within the United States: A Review of the Literature, Office of the Assistant Secretary for Planning and Evaluation, U.S. Department of Health and Human Services website, August 2009.

6   Office of Public Affairs, "GlaxoSmithKline to Plead Guilty and Pay $3 Billion to Resolve Fraud Allegations and Failure to Report Safety Data," U.S. Department of Justice website, July 2, 2012.

7   Fair Sentencing Act of 2010, Pub. L. No. 111 – 220, 124 Stat. 2372(2010). See also Gary G. Grindler, "Memorandum for All Federal Prosecutors," U.S. Department of Justice website, August 5, 2010.

8   Ruth Levush, "Firearms-Control Legislation and Policy: Comparative Analysis," The Law Library of Congress website, last updated September 16, 2014. See also Philip Alpers, Amélie Rossetti, Daniel Salinas, and Marcus Wilson, "United States—Gun Facts, Figures and the Law," Sydney School of Public Health, The University of Sydney, GunPolicy.org website, August 20, 2014.

9   Zephyr Teachout, *Corruption in America: From Benjamin Franklin's Snuff Box to Citizens United*(Cambridge, MA: Harvard University Press, 2014), p.154.

10 Trist v. Child, 88 U.S. 441(1874).

11 같은 판결문, p.451.

12 Citizens United v. Federal Election Commission, 558 U.S. 310(2010).

13 Beth Akers, "How Income Share Agreements Could Play a Role in Higher Ed Financing," Brookings Institution website, October 16, 2014.

14 Joe Coscarelli, "The Uber Hangover: That Bar Tab Might Not Be the Only Thing You'll Regret in the Morning," *New York Magazine*, December 27, 2013.

15 Bart Chilton, "No Need to Demonize High-Frequency Trading," *New York Times*, July 7, 2014.

16 Securities Exchange Act of 1934, Pub.L. 73-291, 48 Stat. 881.

17 "Insider Trading," U.S. Securities and Exchange Commission website.

18 Floyd Norris, "Loosening the Rules on Insider Trading," *New York Times*, April 24, 2014.

19 Anya Kamenetz, "Is Your 401(k) Plan Is [sic] Ripping You Off?" *Chicago Tribune*, July 8, 2014.

20 "Commission on the Future of Worker-Management Relations," ch.4, "Employment Litigation and Dispute Resolution," U.S. Department of Labor website.

21 Alexander Colvin, "An Empirical Study of Employment Arbitration: Case Outcomes and Processes," Cornell University, Digital Commons@ILR website, February 2011. See also David Benjamin Oppenheimer, "Verdicts Matter: An Empirical Study of California Employment Discrimination and Wrongful Discharge Jury Verdicts Reveals Low Success Rates for Women and Minorities," *U.C. Davis Law Review 37*(2003): 511-566.

22 온라인 서비스 조건의 약정에 대해 좀 더 살펴보려면 다음을 참조하라. Jeremy B. Merrill, "One-Third of Top Websites Restrict Customers' Right to Sue," *New York Times*, October 23, 2014. See also "In re. Online Travel Company(OTC) Hotel Booking Antitrust Litigation," Consol. Civil Action No. 3:12-cv-3515-B(http://s3.amazonaws.com/cdn.orrick.com/files/Order-re-Motion-for-Leave-to-Amend.pdf).

23 American Express Co. et al. v. Italian Colors Restaurant et al., 570 U.S.(2013).

24 같은 판결문.

25 같은 판결문.

26 Aleecia M. McDonald and Lorrie Faith Cranor, "The Cost of Reading Privacy Policies," *I/S: A Journal of Law and Policy for the Information Society* 4, no.3(2008): 540-565.

27 "iCloud Terms and Conditions," Apple website, last revised October 20, 2014.

28 Michael Corkery, "States Ease Interest Rate Laws That Protected Poor

Borrowers," *New York Times*, October 21, 2014.

29 같은 기사.

30 같은 기사.

31 Steven Greenhouse, "Non-compete Clauses Increasingly Pop Up in Array of Jobs," *New York Times*, June 8, 2014.

32 David Streitfeld, "Court Rejects Deal on Hiring in Silicon Valley," *New York Times*, August 8, 2014.

33 같은 기사.

34 같은 기사.

7장 새 파산법

1 "Trump Plaza : 4th Atlantic City casino shutdown," *Associated Press*, September 16, 2014.

2 "Trump Plaza to Close, Costing Atlantic City 1,000 Jobs," *Bloomberg News*, July 14, 2014.

3 Vicki Hyman, "Donald Trump Crows about Casino Woes : Atlantic City 'Lost Its Magic after I Left,'" NJ.com website, September 16, 2014.

4 Todd Zywicki, "The Auto Bailout and the Rule of Law," *National Affairs*, no.7(2011): 66 – 80.

5 U.S. Constitution, art. I, sec.8, cl.4. See also "The Evolution of U.S. Bankruptcy Law : A Timeline," Federal Judicial Center(http://www.rib.uscourts.gov/newhome/docs/the_evelution_of_bankruptcy_law.pdf).

6 Timothy Egan, "Newly Bankrupt Raking in Piles of Credit Offers," *New York Times*, December 11, 2005.

7 "The last great American airline merger (⋯) and the last great American airline bankruptcy?" *The Economist*, January 12, 2013.

8 Richard Finger, "Why American Airlines Employees Loathe Management," *Forbes*, April 29, 2013.

9 Gregory Karp, "American Airlines Parent Will Freeze, Not Terminate, Pensions," *Chicago Tribune*, March 7, 2012.

10 아메리칸 항공이 파산에서 벗어난 사례를 살펴보려면 다음을 참조하라. Jack Nicas, "American Airlines Delivers Rich Payout," *Wall Street Journal*, April 8, 2014.

11 Nick Brown, "American Airlines–US Airways Merger Gets Court Approval," *Reuters*, March 27, 2013.

12 Finger, "Why American Airlines Employees Loathe Management."

13 U.S. Financial Crisis Inquiry Commission, The Financial Crisis Inquiry Report(Washington, DC: U.S. Government Printing Office, 2011).

14 참조. Robert Reich, "The Coming Bailout of All Bailouts: A Better Alternative," Robert Reich blog, September 18, 2008.

15 Jon Hilsenrath, Deborah Solomon, and Damian Paletta, "Paulson, Bernanke Strained for Consensus in Bailout," Wall Street Journal, November 10, 2008.

16 Bob Ivry, "Fed Gave Banks Crisis Gains on Secretive Loans Low as 0.01%," Bloomberg News, May 26, 2011.

17 James C. Duff, Bankruptcy Basics, rev. 3rd ed., Administrative Office of the U.S. Courts, April 2010(http://www.uscourts.gov/uscourts/FederalCourts/BankruptcyResources/bank-basics.pdf).

18 Helping Families Save Their Homes in Bankruptcy Act of 2008, S. 2136(110th).

19 Dick Durbin, "Durbin's Bankruptcy Amendment to Help Homeowners in Foreclosure," remarks delivered on the floor of the U.S. Senate, April 29, 2009(http://www.durbin.senate.gov/public/index.cfm/statementscommentary?ID=5f256057-e6ed-442b-a866-396a16735b0a).

20 참조. Anne Flaherty, "Senate Votes Down Foreclosure Mortgage Relief Bill," USA Today, April 30, 2009.

21 Federal Reserve Bank of New York, "Quarterly Report on Household Debt and Credit," August 2014, p.3(http://www.newyorkfed.org/householdcredit/2014-q2/data/pdf/HHDC_2014Q2.pdf).

22 Josh Mitchell, "Trying to Shed Student Debt," Wall Street Journal, May 3, 2012.

23 Annamaria Andriotis, "Student Debt Takes a Bite Out of More Paychecks," Wall Street Journal, June 13, 2014.

24 같은 기사.

25 Federal Student Aid, "Forgiveness, Cancellation, and Discharge: Discharge in Bankruptcy," Federal Student Aid website.

26 Tim Donovan, "Student Loan Debt Should Be Treated Like Detroit's," Salon, July 24, 2013.

27 같은 기사.

28 디트로이트의 파산 사례를 좀 더 살펴보려면 다음을 참조하라. Monica Davey and Mary Williams Walsh, "Plan to Exit Bankruptcy Is Approved for Detroit,"

New York Times, November 7, 2014.

29 "Detroit: Economy; Major Industries and Commercial Activity," City-Data. com website, 2009. See also Automation Alley, Automation Alley's 2013 Technology Industry Report, Anderson Economic Group website.

30 U.S. Census Bureau, 2008-12 American Community Survey, Detroit-Warren-Livonia, MI, Metro Area, table DP-03 5-Year Estimates, American FactFinder website.

31 U.S. Census Bureau, 2009-13 American Community Survey, Birmingham and Bloomfield Hills, 5-Year Estimates, "Community Facts," American FactFinder website.

32 U.S. Census Bureau, "Profile of General Population and Housing Characteristics: 2010 Demographic Profile," table DP-1, and "Profile of General Demographic Characteristics: Census 2000 Summary File 1(SF 1) 100-Percent Data," table DP-1, Detroit, MI, American FactFinder website.

33 디트로이트 시민의 64%는 연방 빈곤 수준의 200%보다 낮았다. 참고. U.S. Census Bureau, 2009-13 American Community Survey, Detroit, MI, 5-Year Estimate, "Poverty Status in the Past 12 Months," table S1701, American FactFinder website.

34 U.S. Census Bureau, 2009-13 American Community Survey, Detroit, MI, 5-Year Estimate, "Community Facts," American FactFinder website.

35 디트로이트 아동의 55%가 연방 빈곤 수준보다 낮았다. 참조. U.S. Census Bureau, 2009-13 American Community Survey, Detroit, MI, 5-Year Estimate, "Children Characteristics," table S0901, American FactFinder website.

36 "Proposal for Creditors," City of Detroit website, June 14, 2013, p.12.

37 같은 글, p.15.

38 Rick Cohen, "UN Declares Detroit Water Shutoffs Violate Human Rights," *Nonprofit Quarterly*, June 26, 2014.

39 "Now, all of a sudden, they're having problems": Paige Williams, "Drop Dead, Detroit!" *New Yorker*, January 27, 2014.

8장 시행 메커니즘

1 미국의 백신상해보상프로그램의 역사를 살펴보려면 다음을 참조하라. "Vaccine Injury Compensation Programs," College of Physicians of Philadelphia, History of Vaccines website. 백신상해보상프로그램을 수립하라고 촉구했던 제약회사의 주장을 살펴보려면 다음을 참조하라. "History of Vaccine

Safety," Centers for Disease Control and Prevention website, last updated November 4, 2014.

2 참조. Gregg Lee Carter, *Gun Control in the United States*(Santa Barbara : ABC-CLIO Inc., 2006), pp.193–194.

3 Protection of Lawful Commerce in Arms Act, House Report 109–124, June 14, 2005.

4 Tom Zeller Jr., "Experts Had Long Criticized Potential Weakness in Design of Stricken Reactor," *New York Times*, March 15, 2011. See also "U.S. Boiling Water Reactors with 'Mark 1' and 'Mark 2' Containments," U.S. Nuclear Regulatory Commission website.

5 Zeller, "Experts Had Long Criticized Potential Weakness in Design of Stricken Reactor."

6 Paul Gunter, "Hazards of Boiling Water Reactors in the United States," Nuclear Information and Resource Service website, last updated March 2011.

7 Center for Responsive Politics, "General Electric: Profile for 2012 Election Cycle," OpenSecrets.org website(https://www.opensecrets.org/orgs/summary.php?id=D000000125&cycle=2012).

8 Center for Responsive Politics, "Influence and Lobbying: Lobbyists Representing General Electric, 2012," OpenSecrets.org website(http://www.opensecrets.org/lobby/clientlbs.php?id=D000000125&year=2012).

9 참조. National Commission on the BP Deepwater Horizon Oil Spill and Offshore Drilling, Deep Water: The Gulf Oil Disaster and the Future of Offshore Drilling, U.S. Government Publishing Office website, January 2011. See also Stephen Power and Ben Casselman, "White House Probe Blames BP, Industry in Gulf Blast," *Wall Street Journal*, January 6, 2011.

10 Stephen Power, "Regulators Accepted Gifts from Oil Industry, Report Says," *Wall Street Journal*, May 25, 2010.

11 "Chronology: A Regulatory Free Ride? NHTSA and the Hidden History of the SUV," PBS website(http://www.pbs.org/wgbh/pages/frontline/shows/rollover/unsafe/cron.html).

12 참조. "The Secret Recordings of Carmen Segarra," radio broadcast, This American Life, Chicago Public Media, September 26, 2014.

13 Daniel Gilbert, Alexandra Berzon, and Nathan Koppel, "Deadly Explosion Prompts Fresh Look at Regulation," *Wall Street Journal*, April 19, 2013.

14 "Statement of David Michaels, PHD, MPH, Assistant Secretary Occupational

Safety and Health Administration U.S. Department of Labor Before the Committee on Education and the Workforce Subcommittee on Workforce Protections," October 5, 2011(https://www.osha.gov/pls/oshaweb/owadisp.show_ document?p_table=TESTIMONIES&p_id=1482).

15 NHTSA 예산을 살펴보려면 다음을 참조하라. "National Highway Traffic Safety Administration Budget Information: Fiscal Year 2015 Budget Overview," NHTSA website, p.14. 바그다드 소재 대사관을 보호하는 비용을 살펴보려면 다음을 참조하라. U.S. Department of State and the Broadcasting Board of Governors, Inspection of Embassy Baghdad and Constituent Posts, Iraq, U.S. State Department, Office of Inspector General website, May 2013.

16 John Koskinen, speech at the National Press Club, April 2, 2014(https:// www.youtube.com/watch?v=MuIMC7syoX0&feature=youtu.be).

17 "IRS Releases FY 2012 Data Book," Internal Revenue Service website, March 25, 2013.

18 Rob Nixon, "Funding Gap Hinders Law for Ensuring Food Safety," *New York Times*, April 8, 2015.

19 Commissioner Michael V. Dunn, "Opening Statement, Public Meeting on Final Rules Under the Dodd-Frank Act," U.S. Commodities Futures Trading Commission website, October 18, 2011.

20 SIFMA v. U.S. CFTC, 1:11-cv-02146-RLW(2011)(http://www.scribd.com/ doc/74545374/Financial-industry-groups-lawsuit-against-the-C-F-T-C).

21 Business Roundtable and Chamber of Commerce v. U.S. Securities and Exchange Commission, U.S. Chamber Litigation Center website. See also Christopher Doering, "Wall St. Sues CFTC Over Commodity Trading Crackdown," Reuters, December 2, 2011.

22 U.S. Senate Permanent Subcommittee on Investigations, "JP Morgan Chase Whale Trades: A Case History of Derivatives Risks and Abuses," U.S. Senate Committee on Homeland Security and Government Affairs website, March 15, 2013, p.1.

23 Jessica Silver-Greenberg and Ben Protess, "JP Morgan Caught in Swirl of Regulatory Woes," *New York Times*, May 2, 2013.

24 "Form 10-Q, Quarterly Report," JPMorgan, Filed August 07, 2013, pp.198– 206(http://investor.shareholder.com/jpmorganchase/secfiling.cfm?filingID=19617- 13-354). See also Stephen Gandel, "JP Morgan's Legal Problems Continue to Mount," *Fortune*, August 19, 2013.

25 Floyd Norris, "The Perils When Megabanks Lose Focus," *New York Times*, September 5, 2013.

26 Francesco Guerrera, "The J.P. Morgan Settlement: Misconceptions Debunked," *Wall Street Journal*, November 25, 2013.

27 Michael Korkery, "Citigroup Settles Mortgage Inquiry for $7 Billion," *New York Times*, July 14, 2014.

28 Christina Rexrode and Andrew Grossman, "Record Bank of America Settlement Latest in Government Crusade," *Wall Street Journal*, August 21, 2014.

29 "Bank of America to Pay $16.65 Billion in Historic Justice Department Settlement for Financial Fraud Leading Up to and During the Financial Crisis," U.S. Department of Justice website, August 21, 2014.

30 Bank of America Corporation 2013 Annual Report, Bank of America website, table 2, p.23.

31 James Kwak, "Why Is Credit Suisse Still Allowed to Do Business in the United States?" *The Atlantic*, May 20, 2014.

32 "Credit Suisse Pleads Guilty, Pays $2.6 Billion to Settle U.S. Tax Evasion Charges," *Forbes*, May 20, 2014.

33 Katharina Bart, Karen Freifeld, and Aruna Viswanatha, "Credit Suisse Guilty Plea Has Little Immediate Impact as Shares Rise," *Reuters*, May 20, 2014.

34 John Cassidy, "Credit Suisse Got Off Lightly," *New Yorker*, May 20, 2014.

35 Jonathan Berr, "GM's Pain Will Exceed That $35 Million Fine," CBS News website, June 1, 2014.

36 Clifford Krauss, "Halliburton Pleads Guilty to Destroying Evidence After Gulf Spill," *New York Times*, July 25, 2013.

37 Halliburton, "Halliburton Announces Fourth Quarter Income," press release, January 21, 2014, p.1.

38 "Court-Appointed Lehman Examiner Unveils Report," *New York Times*, March 11, 2010.

39 Adam Liptak, "Rendering Justice with One Eye on Reelection," *New York Times*, May 25, 2008.

40 같은 기사.

41 Alicia Bannon, Eric Velasco, Linda Casey, and Lianna Reagan, *The New Politics of Judicial Elections 2011–12*, New York University, Brennan Center for Justice, October 2013, p.5(http://newpoliticsreport.org/report/2012–

report/).

42 Joanna Shepherd, "Justice at Risk: An Empirical Analysis of Campaign Contributions and Judicial Decisions," American Constitution Society for Law and Policy website, June 2013.

43 Billy Corriher, "No Justice for the Injured," Center for American Progress website, May 2013.

44 Eric Lipton, "Lobbyists, Bearing Gifts, Pursue Attorneys General," *New York Times*, October 28, 2014.

45 같은 기사.

46 AT&T Mobility LLC v. Concepcion et ux., 563 U.S. 321(2011).

47 Jeremy B. Merrill, "One-Third of Top Websites Restrict Customers' Right to Sue," *New York Times*, October 23, 2014.

48 Comcast v. Behrend, 569 U.S.(2013).

9장 요약: 전체로서 시장 메커니즘

1 Floyd Norris, "Corporate Profits Grow and Wages Slide," *New York Times*, April 4, 2014.

2 "Corporate Profits After Tax with Inventory Valuation Adjustment(IVA) and Capital Consumption Adjustment(CCAdj)," Federal Reserve Bank of St. Louis Economic Research website, updated December 23, 2014.

3 Robert J. Samuelson, "Robert Samuelson: Capitalists Wait, While Labor Loses Out," *Washington Post*, September 8, 2013.

4 같은 기사.

5 Thomas Piketty, *Capital in the Twenty-First Century*, trans. Arthur Gold-hammer(Cambridge, MA: Harvard University Press, 2014), p.25.

10장 실력주의에 뿌리 내린 사회 통념

1 참조. *Inequality for All*, dir. Jacob Kornbluth, 72 Productions, 2014.

2 참조. Agustino Fontevecchia, "Steve Cohen Personally Made $2.3B in 2013 Despite Having to Shut Down SAC Capital," *Forbes*, March 13, 2014.

3 인용. Joshua Rhett Miller, "Ex-Clinton Official Robert Reich Delivers Lecture on Greed While Earning $240G to Teach One Class," FoxNews.com website, August 10, 2014.(공개적으로 말하자면 폭스뉴스에 보도된 이 발언은 과거에도 거짓이었고 지금도 거짓이다.)

4 참조. U.S. District Court Southern District of New York, sealed indictment,

United States of America v. SAC Advisors L.P., et al., July 25, 2013(http://www.justice.gov/usao/nys/pressreleases/July13/SACChargingAndSupportingDocuments.php).

5 참조. John Cassidy, "The Great Hedge Fund Mystery: Why Do They Make So Much?" *New Yorker*, May 12, 2014.

6 참조. Stephen J. McNammee and Robert K. Miller, Jr., *The Meritocracy Myth* (Lanham, MD: Rowman & Littlefield, 2009).

7 참조. Herbert Simon, "Public Administration in Today's World of Organizations and Markets," *PS: Political Science & Politics* 33, no.4(2000): 749–756.

8 참조. Anthony B. Atkinson, Thomas Piketty, and Emmanuel Saez, "Top Incomes in the Long Run of History," *Journal of Economic Literature* 49, no.1(2011): 3–71.

9 참조. Edward N. Wolff, "The Asset Price Meltdown of the Middle Class," Panel Paper, 2012 APPAM Fall Research Conference, presented November 10, 2012, National Bureau of Economic Research website.

10 참조. "Getting Paid in America 2014," American Payroll Association, 2014(http://www.nationalpayrollweek.com/documents/2014GettingPaidInAmericaSurveyResults_FINAL_000.pdf).

11 참조. Raj Chetty, John N. Friedman, and Jonah E. Rockoff, "Measuring the Impacts of Teachers II: Teacher Value Added and Student Outcomes in Adulthood," NBER Working Paper 19424, National Bureau of Economic Research website, September 2013.

12 참조. Amy J. Binder, "Why Are Harvard Grads Still Flocking to Wall Street?," *Washington Monthly*, September 2014.

13 참조. Catherine Rampell, "Out of Harvard, and into Finance," *New York Times*, December 21, 2011.

14 참조. Thomas Piketty and Emmanuel Saez, "Income Inequality in the United States, 1913–1998," *Quarterly Journal of Economics* 118, no.1(2003): 1–39(tables and figures updated to 2012, September 2013, table A6).

15 참조. Lawrence Mischel and Alyssa Davis, CEO Pay Continues to Rise as Typical Workers Are Paid Less, Issue Brief #380, Economic Policy Institute website, 2014.

16 상위 0.1%의 직업을 좀 더 살펴보려면 다음을 참조하라. on Bakija, Adam Cole, and Bradley Heim, "Jobs and Income Growth of Top Earners and the

Causes of Changing Income Inequality: Evidence from U.S. Tax Return Data," Department of Economics Working Papers 2010-22, Williams College, Department of Economics website, 2008, revised January 2012.

11장 CEO가 받는 급여에 숨겨진 메커니즘

1 참조. Lawrence Mischel and Alyssa Davis, CEO Pay Continues to Rise as Typical Workers Are Paid Less, Issue Brief #380, Economic Policy Institute website, 2014.

2 참조. William Lazonick, Taking Stock: Why Executive Pay Results in an Unstable and Inequitable Economy, white paper, Roosevelt Institute website, June 5, 2014.

3 참조. Comcast Corporation, Schedule 14A Definitive Proxy Statement, April 5, 2013, p.42(http://www.sec.gov/Archives/edgar/data/1166691/000119312513144100/d496632ddef14a.htm). See also Karl Russell, "Executive Pay by the Numbers," *New York Times*, June 29, 2013.

4 Lucian A. Bebchuk and Yaniv Grinstein, "The Growth of Executive Pay," *Oxford Review of Economic Policy* 21, no.2(2005): 283 – 303.

5 참조. Scott Klinger and Sarah Anderson, Fleecing Uncle Sam, Center for Effective Government and Institute for Policy Studies websites, 2014.

6 참조. N. Gregory Mankiw, "Yes, the Wealthy Can Be Deserving," *New York Times*, February 16, 2014.

7 Jeff Green and Hideki Suzuki, "Board Director Pay Hits Record $251,000 for 250 Hours," *Bloomberg News*, May 29, 2013.

8 U.S. Securities and Exchange Commission, "SEC Adopts Rules for Say-on-Pay and Golden Parachute Compensation as Required Under Dodd-Frank Act," press release, January 25, 2011.

9 Aaron Ricadela, "Oracle Investors Reject CEO Ellison's Pay at Annual Meeting," *Bloomberg Business*, October 31, 2013.

10 참조. Julie Walker, "Australia Has Had Three Years with the Two-Strikes Law and Executive Pay Pain Won't Go Away," *Business Insider Australia*, October 17, 2013.

11 Trevor Chappell, "Pay Packets for Top Bosses Hit $4.8m," *The Australian*, September 18, 2014.

12 참조. Kevin J. Murphy, "Executive Compensation: Where We Are, and How We Got There," *Handbook of the Economics of Finance*, ed. George

Constantinides, Milton Harris, and René Stulz(Oxford: Elsevier Science North Holland, 2013), pp.211–356.

13 참조. Lazonick, *Taking Stock*, p.5.

14 같은 책, p.8.

15 같은 책, p.9.

16 참조. Steven Balsam, Taxes and Executive Compensation, Briefing Paper # 344, Economic Policy Institute website, August 14, 2012.

17 William Lazonick, "Profits Without Prosperity," *Harvard Business Review*, September 2014.

18 "The Repurchase Revolution," *The Economist*, September 13, 2014.

19 Lazonick, "Profits Without Prosperity."

20 IBM, What Will We Make of This Moment? 2013 IBM Annual Report, IBM website, 2013, p.7.

21 Andrew Ross Sorkin, "The Truth Hidden by IBM's Buybacks," *New York Times*, October 20, 2014.

22 Lazonick, *Taking Stock*, p. 12.

23 William Lazonick, "Innovative Enterprise and Shareholder Value," AIR Working Paper #14-03/01, The Academic-Industry Research Network website, March 2014, p.16.

24 Lazonick, *Taking Stock*, p.12.

25 Charles Mead and Sarika Gangar, "Apple Raises $17 Billion in Record Corporate Bond Sale," *Bloomberg News*, April 30, 2013.

26 Gary Strauss, Barbara Hansen, and Matt Krantz, "Millions by Millions, CEO Pay Goes Up," *USA Today*, April 4, 2014; see chart "2013 CEO Compensation, Realized Compensation."

27 Murphy, "Executive Compensation," pp.211 –356.

28 William Launder, "Time-Warner CEO Bewkes's 2013 Compensation Up 26%," *Wall Street Journal*, April 21, 2014.

29 Facebook, Inc., Schedule 14A Definitive Proxy Statement, March 31, 2014, pp.21, 32(http://www.sec.gov/Archives/edgar/data/1326801/000132680114000016/facebook2014proxystatement.htm).

30 On the relationship between CEO pay and performance, see Michael J. Cooper, Huseyin Gulen, and P. Raghavendra Rau, "Performance for Pay? The Relation Between CEO Incentive Compensation and Futur Stock Price Performance," working paper series, Social Science Research Network

website, October 1, 2014. See also Susan Adams, "The Highest-Paid CEOs Are the Worst Performers, New Study Says," *Forbes*, June 16, 2014.

31 Gavin J. Blair, "Sony CEO, Top Execs to Return $10 Million in Bonuses Amid Electronics Unit Losses," *Hollywood Reporter*, May 13, 2014.

32 Michael B. Dorff, *Indispensable and Other Myths: How the CEO Pay Experiment Failed and How to Fix It*(Berkeley and Los Angeles: University of California Press, 2014), pp.1-2.

33 Gary Rivlin, "New Study Shows How Golden Parachutes Are Getting Bigger," *Daily Beast*, January 11, 2012.

34 Liz Moyer, "Supersize That Severance!," *Forbes*, October 31, 2007.

35 Richard Finger, "Why American Airlines Employees Loathe Management," *Forbes*, April 29, 2013.

36 Paul Hodgson and Greg Ruel, Twenty-One U.S. CEOs with Golden Parachutes of More Than $100 Million, GMI Ratings website, January 2012.

37 Sarah Anderson and Marjorie Wood, Restaurant Industry Pay: Taxpayers' Double Burden, Institute for Policy Studies website, April 22, 2014, pp.5.

38 Backdating to the Future/Oversight of Current Issues Regarding Executive Compensation Including Backdating of Stock Options: and Tax Treatment of Executive Compensation, Retirement and Benefits," closing statement, Finance Committee hearing, September 6, 2006(http://www.finance.senate. gov/newsroom/chairman/release/?id=fa3baac7-174f-4e3e-b16d-2eda0b6cec87).

39 Steven Balsam, Taxes and Executive Compensation, Briefing Paper # 344, Economic Policy Institute website, August 14, 2012.

40 "Topic 409—Capital Gains and Losses," Internal Revenue Service website, August 19, 2014.

12장 월스트리트가 받는 보상에 가려진 속임수

1 Hester Peirce and Robert Greene, "The Decline of US Small Banks(2000-2013)," Mercatus Center website, February 24, 2014.

2 Kenichi Ueda of the International Monetary Fund: Kenichi Ueda and Beatrice Weder di Mauro, "Quantifying Structural Subsidy Values for Systemically Important Financial Institutions," IMF Working Paper no.12/28, International Monetary Fund website, May 2012, p.4.

3 "Why Should Taxpayers Give Big Banks $83 billion a Year?" Editorial, *Bloomberg View*, February 20, 2013.

4 참조. International Monetary Fund, "Global Financial Stability Report: Moving from Liquidity-to Growth-Driven Markets," World Economic and Financial Surveys, International Monetary Fund website, April 2014, p.104; U.S. Government Accountability Office, Large Bank Holding Companies: Expectations of Government Support, GAO-14-621, U.S. Government Accountability website, July 2014, pp.50-51.

5 참조. Viral V. Acharya, Deniz Anginer, A. Joseph Warburton, "The End of Market Discipline? Investor Expectations of Implicit State Guarantees," Minneapolis Federal Reserve Bank, Social Science Research Network website, June 2014.

6 "Why Should Taxpayers Give Big Banks $83 billion a Year?"

7 Board of Governors of the Federal Reserve System and Federal Deposit Insurance Corporation, "Agencies Provide Feedback on Second Round Resolution Plans of 'First-Wave' Filers," joint press release, August 5, 2014.

8 Statement by Thomas M. Hoenig, Vice Chairman, Federal Deposit Insurance Corporation, "Credibility of the 2013 Living Wills Submitted by First Wave Filers," FDIC website, August 5, 2014, p.2.

9 Sarah Anderson, "Wall Street Bonuses and the Minimum Wage," Institute for Policy Studies website, March 12, 2014.

10 "Rewarding Work Through State Earned Income Tax Credits," policy brief, Institute on Taxation and Economic Policy website, April 2014.

11 Nathan Vardi, "The 25 Highest-Earning Hedge Fund Managers and Traders," *Forbes*, February 26, 2014.

12 Brendan Conway, "Entry Level Hedge Fund Pay: $353,000," *Barron's*, October 31, 2013.

13 Eric Falkenstein, "Righteous Bonuses," Falkenblog, February 2, 2009.

14 SAC Capital 사례를 살펴보려면 다음을 참조하라. Marcia Vickers, "The Most Powerful Trader on Wall Street You've Never Heard Of," *Bloomberg Businessweek*, July 20, 2003.

15 Agustino Fontevecchia, "Steve Cohen Personally Made $2.3B in 2013 Despite Having to Shut Down SAC Capital," *Forbes*, March 13, 2014.

16 Peter H. Stone and Michael Isikoff, "Hedge funds Bet Heavily on Republicans at End of Election," Center for Public Integrity website, January 5, 2011.

17 Floyd Norris, "Loosening the Rules on Inside Trading," *New York Times*,

April 24, 2014.

18 참조. Monica Vendituoli, "Hedge Funds: Background," OpenSecrets.org website, updated September 2013.

13장 중산층의 협상력 쇠퇴

1 참조. Susan Fleck, John Glaser, and Shawn Sprague, "The Compensation-Productivity Gap: A Visual Essay," *Monthly Labor Review*, January 2011.

2 U.S. Census Bureau, "Historical Income Tables: Households," table H-6(https://www.census.gov/hhes/www/income/data/historical/household/).

3 참조. Henry S. Farber, "Job Loss and the Decline in Job Security in the United States," in *Labor in the New Economy*, ed. Katharine G. Abraham, James R. Spletzer, and Michael Harper(Chicago: University of Chicago Press, 2010). See also U.S. Bureau of Labor Statistics, "Seasonally Adjusted Employment-Population Ratio"(http://data.bls.gov/timeseries/LNS12300000).

4 U.S. Census Bureau, "Historical Income Tables: Households," table H-6.

5 Drew DeSilver, "For Most Workers, Real Wages Have Barely Budged for Decades," Fact Tank, Pew Research Center website, October 9, 2014.

6 David Leonhardt, "The German Example," *New York Times*, June 7, 2011.

7 Heidi Shierholz, Six Years from Its Beginning, the Great Recession's Shadow Looms Over the Labor Market, Issue Brief #374, Economic Policy Institute website, January 9, 2014.

8 Heidi Shierholz, Alyssa Davis, and Will Kimball, The Class of 2014: The Weak Economy Is Idling Too Many Young Graduates, Briefing Paper #377, Economic Policy Institute website, May 1, 2014.

9 Jaison R. Abel and Richard Deitz, "Are the Job Prospects of Recent College Graduates Improving?" Liberty Street Economics, Federal Reserve Bank of New York website, September 4, 2014.

10 Jennifer 8. Lee, "Generation Limbo: Waiting It Out," *New York Times*, August 31, 2011.

11 Walter Lippmann, *Drift and Mastery*(Englewood Cliffs, NJ: Prentice Hall, 1914; reprinted 1961), pp.22, 23.

12 Adolf A. Berle and Gardiner C. Means, *The Modern Corporation and Private Property*(New York: Macmillan, 1932), p.302.

13 같은 책. p.312.

14 Frank Abrams, "Management's Responsibilities in a Complex World,"

Harvard Business Review 29, no.3(1951): 29-34.

15 참조. *Fortune* 40, no.4(October 1951): 98-99.

16 제너럴 일렉트릭과 기업 청지기 정신에 관해 살펴보려면 다음을 참조하라.
Rick Wartzman, "Whatever Happened to Corporate Stewardship?,"
Harvard Business Review, August 29, 2014. See also "Business: The New
Conservatism," *Time*, November 26, 1956.

17 참조. Michael McCarthy, "Why Pension Funds Go to Risky Investments,"
Washington Post, October 19, 2014.

18 참조. See Garn-St. Germain Depository Institutions Act of 1982, Pub. L.
No.97-320. See also Marcia Millon Cornett and Hassan Tehranian, "An
Examination of the Impact of the Garn-St. Germain Depository Institutions
Act of 1982 on Commercial Banks and Savings and Loans," *Journal of
Finance* 45, no.1(March 1990): 95-111.

19 Timothy Curry and Lynn Shibut, "The Cost of the Savings and Loan Crisis:
Truth and Consequences," *FDIC Banking Review* 13, no.2(2000): 26-35.

20 Tim Opler and Sheridan Titman, "The Determinants of Leveraged Buyout
Activity: Free Cash Flow v. Financial Distress Costs," *Journal of Finance* 48,
no.5(1993): 1985-1999.

21 참조. Jesse Kornbluth, *Highly Confident: The Crime and Punishment of
Michael Milken*(New York: William Morrow, 1992).

22 Ian Somerville and D. Quinn Mills, "Leading to a Leaderless World," *Leader
to Leader 1999*, no.13(1999): 30-38.

23 참조. Jack Welch, *Jack: Straight from the Gut*(New York: Warner, 2001).

24 John Byrne, *Chainsaw: The Notorious Career of Al Dunlap in the Era of
Profit-at-Any-Price*(New York: HarperBusiness, 2003).

25 같은 책.

26 Josh Bivens, Elise Gould, Lawrence Mishel, and Heidi Shierholz, Raising
America's Pay: Why It's Our Central Economic Policy Challenge, Briefing
Paper #378, Economic Policy Institute website, June 4, 2014.

27 Lawrence Mishel, The Wedges Between Productivity and Median
Compensation Growth, Issue Brief #330, Economic Policy Institute website,
April 26, 2012.

28 U.S. Bureau of Labor Statistics, The Employment Situation—November 2014,
U.S. Bureau of Labor Statistics website, December 5, 2014.

29 American Payroll Association, "2013 Getting Paid in America Survey

Results," 2013 (http://www.nation-alpayrollweek.com/documents/2013GettingPaidIn
AmericaSurveyResults2_JW_001.pdf).

30 Employee Benefit Research Institute, "EBRI Databook on Employee
Benefits," ch.4, "Participation in Employee Benefit Programs," table 4.1a,
Employee Benefit Research Institute website, March 2011.

31 Ruth Helman, Nevin Adams, and Jack VanDerhei, The 2014 Retirement
Confidence Survey: Confidence Rebounds—For Those with Retirement
Plans, Issue Brief No.397, Employee Benefit Research Institute website,
March 2014, p.18.

32 Rebecca Thiess, The Future of Work: Trends and Challenges for Low-Wage
Workers, Briefing Paper #341, Economic Policy Institute website, April 27,
2012.

33 MetLife, Benefits Breakthrough: How Employees and Their Employers Are
Navigating an Evolving Environment, 2014 (https://benefittrends.metlife.com/
assets/downloads/benefits-breakthrough-summaries-2014.pdf).

34 Jacob S. Hacker, *The Great Risk Shift: The New Economic Insecurity and
the Decline of the American Dream* (New York: Oxford University Press, 2008),
p.31.

35 같은 책.

36 같은 책, p.32.

37 Brianna Cardiff-Hicks, Francine Lafontaine, and Kathryn Shaw, "Do Large
Modern Retailers Pay Premium Wages?" NBER Working Paper No.20313,
National Bureau of Economic Research website, July 2014, p.9.

38 Shelly Banjo, "Pay at Wal-Mart: Low at the Checkout But High in the
Manager's Office," *Wall Street Journal*, July 23, 2014.

39 참조. David Madland and Keith Miller, "Latest Census Data Underscore
How Important Unions Are for the Middle Class," Center for American
Progress Action Fund website, September 17, 2013.

40 U.S. Bureau of Labor Statistics, "Union Members Summary," economic
news release, January 24, 2014, p.1.

41 David Leonhardt, "The German Example," *New York Times*, June 7, 2011.

42 참조. Anthony B. Atkinson, Thomas Piketty, and Emmanuel Saez, "Top
Incomes in the Long Run of History," *Journal of Economic Literature* 49,
no.1 (2011): 41-42.

43 참조. Robert E. Weir, *Workers in America* (Santa Barbara, CA: ABC-CLIO, 2013),

p.365.

44 U.S. Strike Commission, *Report on the Chicago Strike of June–July 1894*, 53rd Congress, 3rd sess., Sen. exec. doc. no.4(Washington, DC: Government Printing Office, 1895), pp.18, 19.

45 인용. "Facing the Issue," editorial, *Public Policy* 8, no.24(2013): 376; D. M. Perry, "Labor Unions Denounced," *Public Policy* 8, no.20(1903): 319.

46 15 U.S. Code §17, "Antitrust Laws Not Applicable to Labor Organizations," October 15, 1914.

47 참조. "Labor and the Sherman Act," *Yale Law Journal* 49, no.3(January 1940): 518–537.

48 참조. Frank Levy and Peter Temlin, "Inequality and Institutions in 20th Century America," NBER Working Paper 13106, National Bureau of Economic Research website, June 27, 2007, p.16.

49 같은 글.

50 참조. Harold Meyerson, "Class Warrior," *Washington Post*, June 9, 2004.

51 Greg J. Bamber, Jody Hoffer Gittell, Thomas A. Kochan, and Andrew von Nordenflycht, *Up in the Air: How Airlines Can Improve Performance by Engaging Their Employees*(Ithaca, NY: Cornell University Press, 2009), p.125.

52 참조. Peter Rachleff, "Workers Rights and Wrongs," *Dallas Morning News*, November 4, 2007.

53 같은 기사.

54 "Court OKs UAL Wage Cuts," *LA Times*, February 1, 2005.

55 참조. Elise Gould and Heidi Shierholz, The Compensation Penalty of "Right-to-Work" Laws, Issue Brief #299, Economic Policy Institute website, February 17, 2011.

56 참조. "2012 Right-to-Work Legislation," National Conference of State Legislatures website.

57 국가노동관계위원회의 영향력 약화에 관해 살펴보려면 다음을 참조하라. Dean Baker, *The End of Loser Liberalism: Making Markets Progressive*(Washington, DC: Center for Economic and Policy Research, 2011), p.29.

58 Madland and Miller, "Latest Census Data Underscore How Important Unions Are for the Middle Class."

14장 근로 빈곤층의 부상

1 참조. Paul Krugman, "Those Lazy Jobless," *New York Times*, September 21,

2014.

2 U.S. Bureau of Labor Statistics, A Profile of the Working Poor, 2010, U.S. Bureau of Labor Statistics website, March 2012.

3 Rebecca Thiess, The Future of Work: Trends and Challenges for Low-Wage Workers, Briefing Paper #341, Economic Policy Institute website, April 27, 2012, p.4.

4 Jesse Bricker, Lisa J. Dettling, Alice Henriques, Joanne W. Hsu, et al., "Changes in U.S. Family Finances from 2010 to 2013: Evidence from the Survey of Consumer Finances," *Federal Reserve Bulletin* 100, no.4(September 2014): 9, 12.

5 Oxfam America, From Paycheck to Pantry: Hunger in Working America, Oxfam America website, p.3.

6 National Employment Law Project, The Low-Wage Recovery: Industry Employment and Wages Four Years into the Recovery, Data Brief, National Employment Law Project website, April 2014, p.1.

7 같은 글.

8 U.S. Department of Labor, "History of Federal Minimum Wage Rates Under the Fair Labor Standards Act, 1938-2009," U.S. Department of Labor website. Figures were adjusted for inflation using the CPI.

9 같은 글.

10 Elias Isquith, "Koch Brothers' Top Political Strategist: The Minimum Wage Leads to Fascism!" *Salon*, September 3, 2014.

11 같은 글.

12 Antoine Gara, "Would Killing the Minimum Wage Help?" *Bloomberg Business week*, June 30, 2011.

13 Arindrajit Dube, T. William Lester, and Michael Reich, Minimum Wage Effects Across State Borders: Estimates Using Contiguous Counties, IRLE Working Paper No.157-07, Institute for Research on Labor and Employment website, November 2010.

14 같은 글.

15 Arindrajit Dube, T. William Lester, and Michael Reich, Minimum Wage Shocks, Employment Flows and Labor Market Frictions, IRLE Working Paper No.149-13, Institute for Research on Labor and Employment website, October 2014.

16 Sylvia Allegretto, Marc Doussard, Dave Graham-Squire, Ken Jacobs, et al.,

Fast Food, Poverty Wages: The Public Cost of Low-Wage Jobs in the Fast-Food Industry, U.C. Berkeley Labor Center website, October 15, 2013, p.1.

17 William Finnegan, "Dignity: Fast-Food Workers and a New Form of Labor Activism," *New Yorker*, September 15, 2014.

18 National Employment Law Project, "Big Business, Corporate Profits, and the Minimum Wage," National Employment Law Project website, July 2012, p.1.

19 같은 글.

20 Catherine Ruetschlin, Fast Food Failure: How CEO-to-Worker Pay Disparity Undermines the Industry and the Overall Economy, Demos website, 2014, p.2.

21 Jessica Wohl, "Wal-mart CEO's Pay Jumps 14.1 Percent to $20.7 Million," *Reuters*, April 22, 2013.

22 Josh Bivens, "Inequality, Exhibit A: Walmart and the Wealth of American Families," The Economic Policy Institute Blog, July 17, 2012.

23 Josh Bivens, "Poverty Reduction Stalled by Policy, Once Again: Unemploy-ment Insurance Edition," The Economic Policy Institute Blog, September 16, 2014.

24 참조. Dorothy Rosenbaum, The Relationship Between SNAP and Work Among Low-Income Households, Center on Budget and Policy Priorities website, January 2013.

25 Office of the Assistant Secretary for Planning and Evaluation, "Information on Poverty and Income Statistics: A Summary of 2014 Current Population Survey Data," ASPE Issue Brief, U.S. Department of Health and Human Services website, September 16, 2014, p.3.

26 "Piketty v. Mankiw on Economic Challenges and Inequality," On Point with Tom Ashbrook, radio broadcast, April 29, 2014.

27 중산층의 대응 기제를 깊이 살펴보려면 다음을 참조하라. Robert B. Reich, *Supercapitalism: The Transformation of Business, Democracy, and Every-day Life*(New York: Alfred A. Knopf, 2007).

28 참조. Daniel Aaronson and Bhashkar Mazumder, "Intergenerational Economic Mobility in the U.S., 1940 to 2000," *Journal of Human Resources* 43, no.1(2005): 139-172.

29 Pew Charitable Trusts, "Moving On Up: Why Do Some Americans Leave the Bottom of the Economic Ladder, but Not Others?" Pew Charitable

Trusts website, November 2013, p.1.

30 Sean F. Reardon, "No Rich Child Left Behind," *New York Times*, April 27, 2013.

31 Program for International Student Assessment, "Reading Literacy: School Poverty Indicator," National Center for Education Statistics website, 2012.

32 Kelsey Hill, Daniel Moser, R. Sam Shannon, and Timothy St. Louis, Narrowing the Racial Achievement Gap: Policy Success at the State Level, University of Wisconsin-Madison, Robert M. La Follette School of Public Affairs website, May 2013.

33 Richard Fry and Paul Taylor, "The Rise of Residential Segregation by Income," Pew Research Center Social and Demographic Trends website, August 1, 2012.

34 Mark Dixon, Public Education Finances: 2012, U.S. Census Bureau website, May 2014, p.xi.

35 참조. Michael Leachman and Chris Mai, "Most States Funding Schools Less Than Before the Recession," Center on Budget and Policy Priorities website, revised May 20, 2014.

36 참조. Andrew Ujifusa and Michele McNeil, "Analysis Points to Growth in Per Pupil Spending—and Disparities," *Education Week*, January 22, 2014.

37 The Equity and Excellence Commission, For Each and Every Child—A Strategy for Education Equity and Excellence, U.S. Department of Education website, 2013, p.18.

38 "Keeping Schools Local," *Wall Street Journal*, August 24, 1998.

39 Eduardo Porter, "In Public Education, Edge Still Goes to Rich," *New York Times*, November 5, 2013.

40 같은 기사.

41 같은 기사.

15장 비근로 부유층의 부상

1 참조. "Forbes 400," *Forbes*, September 12, 2014. See also "America's Richest Families: 185 Clans with Billion Dollar Fortunes," *Forbes*, last edited July 8, 2014.

2 Josh Bivens, "Inequality, Exhibit A: Walmart and the Wealth of American Families," The Economic Policy Institute Blog, July 17, 2012.

3 John J. Havens and Paul G. Schervish, A Golden Age of Philanthropy Still

Beckons: National Wealth Transfer and Potential for Philanthropy Technical Report, Boston College, Center on Wealth and Philanthropy website, May 28, 2014(http://www.bc.edu/content/dam/files/research_sites/cwp/pdf/A%20Golden%20Age%20of%20Philanthropy%20Still%20Bekons.pdf).

4 U.S. Trust, "Insights on Wealth and Worth," Key Findings, U.S. Trust website, 2013, p.4.

5 같은 글.

6 Thomas Piketty, *Capital in the Twenty-First Century*(Cambridge, MA: Harvard University Press, 2014).

7 참조. Emmanuel Saez and Gabriel Zucman, "Wealth Inequality in the United States Since 1913: Evidence from Capitalized Income Tax Data," NBER Working Paper no.20625, National Bureau of Economic Research website, October 2014.

8 Supplementary data provided with Congressional Budget Office, The Distribution of Household Income and Federal Taxes, 2011, table 7, "Sources of Income for All Households, by Market Income Group, 1979 to 2011," Congressional Budget Office website, November 2014.

9 같은 자료.

10 Andy Nicholas, "Richest 1 percent get 75 percent of all capital gains," Washington State Budget and Policy Center, Schmudget Blog, January 17, 2012.

11 참조. Ray D. Madoff, "America Builds an Aristocracy," *New York Times*, July 11, 2010.

12 Curtis S. Dubay, "The Bush Tax Cuts Explained: Where Are They Now?" Issue Brief no.3855, Heritage Foundation website, February 20, 2013, pp. 1-2.

13 Roberton Williams, "Resurrecting the Estate Tax as a Shadow of Its Former Self," Tax Policy Center, TaxVox blog, December 14, 2010.

14 같은 글.

15 Representative Paul D. Ryan, "A Roadmap for America's Future: Version 2.0," January 2010(http://paulryan.house.gov/uploadedfiles/rfafv2.0.pdf).

16 Chye-Ching Huang and Nathaniel Frentz, "Myths and Realities About the Estate Tax," Center on Budget and Policy Priorities website, August 29, 2013.

17 "Federal Capital Gains Tax Rates, 1988-2013," Tax Foundation website, June 13, 2013.

18 Huang and Frentz, "Myths and Realities About the Estate Tax."

19 Rob Reich, "What Are Foundations For?" *Boston Review*, March 1, 2013.

20 같은 글.

21 U.S. Office of Management and Budget, *Analytical Perspectives: Budget of the U.S. Government*(Washington, DC: U.S. Government Printing Office, 2012), pp.309, 320, 326.

22 Center on Philanthropy at Indiana University, summer 2007, p.28(http://www.philanthropy.iupui.edu/files/research/giving_focused_on_meeting_needs_of_the_poor_july_2007.pdf).

23 참조. Jenny Anderson, "Fund Managers Raising the Ante in Philanthropy," *New York Times*, August 3, 2005.

24 University of California, Berkeley, "Pell Grant Awards as a Peer Metric," May 2013(http://opa.berkeley.edu/sites/default/files/2011-12PellGrantComparison.pdf).

25 Private university endowments: "NACUBO-Commonfund Study of Endowments," National Association of College and University Business Officers website.

26 National Association of College and University Business Officers and Commonfund Institute, U.S. and Canadian Institutions Listed by Fiscal Year 2013 Endowment Market Value and Change in Endowment Market Value from FY 2012 to FY 2013, February 2014, p.2(http://www.nacubo.org/Documents/EndowmentFiles/2013NCSEEndowmentMarket%20ValuesRevisedFeb142014.pdf).

27 Alvin Powell, "Harvard Kicks Off Fundraising Effort," *Harvard Gazette*, September 21, 2013.

28 Richard Vedder, "Princeton Reaps Tax Breaks as State Colleges Beg," *Bloomberg View*, March 18, 2012.

29 같은 기사.

30 참조. Sandy Baum, Jennifer Ma, and Kathleen Payea, Trends in Public Higher Education: Enrollment, Prices, Student Aid, Revenues, and Expenditures, College Board Advocacy & Policy Center, College Board website, May 2012, p.1.

31 Eduardo Porter, "Why Aid for College Is Missing the Mark," *New York Times*, October 7, 2014.

32 같은 기사.

33 "Undergraduate Enrollment," National Center for Education Statistics website, May 2014.

16장 총정리

1 참조. International Monetary Fund, Fiscal Policy and Income Inequality, policy paper, figure 6, January 23, 2014(http://www.imf.org/external/np/pp/eng/2014/012314.pdf).

17장 자본주의가 받는 위협

1 Samuel Tyler, *Memoir of Roger Brooke Taney, LL.D.: Chief Justice of the Supreme Court of the United States*(Baltimore: J. Murphy & Co., 1872), p.212.

2 참조. Irving Dillard, Mr. Justice Brandeis, *Great American: Press Opinion and public Appraisal*(St. Louis: The Modern View Press, 1941), p.42.

3 Theodore Roosevelt, "Address of President Roosevelt on the Occasion of the Laying of the Corner Stone of the Pilgrim Memorial Monument," Provincetown, MA, August 20, 1907(Washington, DC: Government Printing Office, 1907), p.47.

4 Theodore Roosevelt, "State of the Union Message," December 5, 1905(http://www.theodore-roosevelt.com/images/research/speeches/sotu5.pdf).

5 Franklin D. Roosevelt, address at Madison Square Garden, New York City, October 31, 1936. See Gerhard Peters and John T. Woolley, The American Presidency Project website.

6 참조. Carmen Denavas-Walt, Bernadette D. Proctor, and Jessica C. Smith, Income, Poverty, and Health Insurance Coverage in the United States: 2012, U.S. Census Bureau Current Population Reports P60-245(Washington, DC: Government Printing Office, Sept. 2013), figure 1, p.5.

7 참조. Alberto Chong, "Inequality and Institutions," *The Review of Economics and Statistics* 89, no.3(September 22, 2014): 2.

8 참조. Emmanuel Saez, "Striking It Richer: The Evolution of Top Incomes in the United States(Update with 2007 Estimates)," University of California, Department of Economics, August 5, 2009(http://escholarship.org/uc/item/8dp1f91x). 이는 세전 금액으로 계산한 결과이고 자본 이득을 포함한다.

9 참고. Lawrence Mishel, Josh Bivens, Elise Gould, and Heidi Shierholz, *The State of Working America*, 12th ed.(Ithaca, NY: Cornell University Press, 2014).

10 같은 책.

11 참조. Janet L. Yellin, "Perspectives on Inequality and Opportunity from the Survey of Consumer Finances," speech at the Conference on Economic Opportunity and Inequality, Federal Reserve Bank of Massachusetts, Boston, October 17, 2014.

12 참조. A. Bonica, N. McCarty, K. Poole, and H. Rosenthal, "Why Hasn't Democracy Slowed Rising Inequality," *Journal of Economic Perspectives* 27, no.3(summer 2013): 103-124.

13 참조. Drew DeSilver, "For Most Workers, Real Wages Have Barely Budged for Decades." Fact Tank, Pew Research Center website, October 9, 2014.

14 참조. Thomas Piketty, *Capital in the Twenty-First Century*(Cambridge, MA: Harvard University Press, 2014).

15 참조. Pavlina R. Tchernev, "Growth for Whom," Levy Economics Institute of Bard College, October 6, 2014, figure "Distribution of Average Income Growth During Expansions"(http://www.levyinstitute.org/pubs/op_47.pdf).

16 참조. Rebecca Riffkin, "In U.S. 67% Dissatisfied with Income, Wealth Distribution," Gallup website, January 20, 2014(http://www.gallup.com/poll/166904/dissatisfied-income-wealth-distribution.aspx).

17 참조. Pew Research Center for the People and the Press/USA Today, "January 2014 Political Survey, Final Topline," January 15-19, 2014(http://www.people-press.org/files/legacy-questionnaires/1-23-14%20Poverty_Inequality%20topline%20for%20release.pdf).

18 참조. Hart Research Associates, "National Survey on Fast-Track Authority for TPP Trade Pact," January 27, 2014(http://fasttrackpoll.info/docs/Fast-Track-Survey_Memo.pdf).

19 "TransPacific Partnership(TPP) Poll: Only the Strongest Obama Supporters Want Him to Have Fast-Track Authority," *International Business Times*, January 30, 2014.

20 참조. Tom Orlik and Bob Davis, "China Falters in Effort to Boost Consumption," *Wall Street Journal*, July 16, 2013. Also see Yu Xie and Xiang Zhou, "Income Inequality in Today's China," *Proceedings of the National Academy of Sciences*, May 13, 2014.

18장 대항적 세력의 쇠퇴

1 참조. Martin Gilens and Benjamin Page, "Testing Theories of American Politics: Elites, Interest Groups, and Average Citizens," Perspectives on

Politics 12, no.3(2014): 564 −581.

2 같은 글. p.575.

3 참조. Walter Lippmann, *Public Opinion*(New York: Harcourt, Brace and Company, 1922).

4 같은 책, pp.248 −249.

5 David Truman, The Governmental Process(New York: Alfred A. Knopf, 1951), p.535.

6 참조. Robert A. Dahl, *A Preface to Democratic Theory*(Chicago: University of Chicago Press, 1956).

7 참조. Theda Skocpol, *Diminished Democracy*(Norman: University of Oklahoma Press, 2003).

8 참조. John Kenneth Galbraith, *American Capitalism: The Concept of coutervailing power*(Boston: Houghton Mifflin, 1952).

9 같은 책, p.122.

10 같은 책, p.147.

11 참조. Gilens and Page, "Testing Theories of American Politics," pp.564-581.

12 참조. Robert D. Putnam, *Bowling Alone: The Collapse and Revival of American Community*(New York: Simon and Schuster, 2000).

13 참조. Matea Gold, "Koch-Backed Political Network, Built to Shield Donors, Raised $400 Million in 2012 Elections," *Washington Post*, January 5, 2014.

14 참조. Center for Responsive Politics, "Heavy Hitters: Top All Time Donors, 1989-2014," OpenSecrets.org website.

15 참조. Lee Drutman, *The Business of America Is Lobbying*(New York: Oxford University Press, 2015), p.17.

16 Adam Bonica, Nolan McCarty, Keith T. Poole, and Howard Rosenthal, "Why Hasn't Democracy Slowed Rising Inequality?" *Journal of Economic Perspectives* 27, no.3(2013): 113.

17 Gregg Easterbrook, "The Business of Politics," The Atlantic, October 1986.

18 참조. Federal Reserve Bank of St. Louis, "Dow Jones Industrial Average," Federal Reserve Economic Data website(http://research.stlouisfed.org/fred2/series/DJIA/).

19 참조. Floyd Norris, "Corporate Profits Grow and Wages Slide," *New York Times*, April 4, 2014.

20 Elliot Gerson, "To Make America Great Again, We Need to Leave the Country," *The Atlantic*, July 10, 2012.

21 다음 영상으로 크리스 머피 상원의원의 발언을 들어보라. "Purchasing Power: Money, Politics, and Inequality: Post-Conference," Yale Institution for Social and Policy Studies(http://isps.yale.edu/node/21022#.VJIBCYrF92c).

22 Bonica, McCarty, Poole, and Rosenthal, 앞의 글, p.112.

23 같은 글.

24 같은 글.

25 같은 글, pp.112-113.

26 같은 글, p.113.

27 "Economy, Jobs, Terrorism Rank High across Partisan Groups," Pew Research Center website, January 24, 2014.

28 Benjamin I. Page, Larry M. Bartels, and Jason Seawright, "Democracy and the Policy Preferences of Wealthy Americans," *Perspectives on Politics* 11, no.1(March 2013): 55.

29 같은 글, p.54.

30 Citizens United v. Federal Election Commission, 558 U.S. 310(2010).

31 참조. Speechnow.org v. FEC, 599 D.C. Cir. F.3d 686(D.C. Cir. 2010). See also "Recent Developments in the Law," Federal Election Commission website.

32 McCutcheon et al. v. Federal Election Commission, 572 U.S.(2014).

33 Nicholas Confessore, "Secret Money Fueling a Flood of Political Ads," *New York Times*, October 10, 2014.

34 같은 기사.

35 Austin v. Michigan Chamber of Commerce, 494 U.S. 652(1990).

36 Citizens United v. Federal Election Commission, 558 U.S. 310(2010), p.5.

37 참조. "The ANES Guide to Public Opinion and Electoral Behavior," American National Election Studies website. See also Thomas B. Edsall, "The Value of Political Corruption," *New York Times*, August 5, 2014.

38 Jon Clifton, "Americans Less Satisfied with Freedom"(http://www.gallup.com/poll/172019/americans-less-satisfied-freedom.aspx).

39 "Voters Think Congress Cheats to Get Reelected," Rasmussen Reports website, September 3, 2014.

40 "Americans Don't Think Incumbents Deserve Reelection," Rasmussen Reports website, October 2, 2014.

41 Drew DeSilver, "Voter Turnout Always Drops Off for Midterm Elections, but Why?" Pew Research Center website, July 24, 2014.

42 "2014 November General Election Turnout Rates," U.S. Election Project

website, updated December 16, 2014.

43 Philip Bump, "We Probably Just Saw One of the Lowest-Turnout Elections in American History," *Washington Post*, November 11, 2014.

44 Raphael Minder, "Catalonia Overwhelmingly Votes for Independence from Spain in Straw Poll," *New York Times*, November 9, 2014.

19장 대항적 세력의 회복

1 Donald A. Baer, "The West's Bruised Confidence in Capitalism," *Wall Street Journal*, September 22, 2014.

2 Rand Paul, speech at the Freedom Summit, Manchester, April 12, 2014.

3 "The Tea Party's New Koch-Flavored Populism," *Daily Beast*, April 15, 2014.

4 Michael Laris and Jenna Portnoy, "Meet David Brat, the Man Who Brought Down House Majority Leader Eric Cantor," *Wall Street Journal*, June 10, 2014.

5 참조. "2013 Lake Poll Questions and Data," Americans for Financial Reform website, 2013.

6 Jim Nunns, Amanda Eng, and Lydia Austin, Description and Analysis of the Camp Tax Reform Plan, Urban-Brookings Tax Policy Center website, July 8, 2014, p.18.

7 Rand Paul, speech at the Conservative Political Action Conference, Washington, D.C., March 6, 2014.

8 참조. "Repeal of Glass-Steagall and the Too Big to Fail Culture," *Tea Party Tribune*, April 23, 2014.

9 Judson Philips, "Trade and the Tea Party: Washington Insiders Remain Clueless," *The Hill*, February 24, 2014.

10 Ben White and Maggie Haberman, "Wall Street Republicans' Dark Secret: Hillary Clinton 2016," Politico, April 28, 2014.

11 같은 글.

12 Jeffrey M. Jones, "Americans Continue to Say a Third Political Party Is Needed," September 24, 2014(http://www.gallup.com/poll/177284/americans-continue-say-third-political-party-needed.aspx).

13 같은 글.

14 "Party Division in the Senate, 1789-Present," U.S. Senate website: also see "Party Divisions of the House Representatives, 1789-Present," U.S. House

of Representatives website.

15 Theodore Roosevelt, Progressive Covenant with the People, motion picture, Broadcasting and Recorded Sound Division, Library of Congress, August 1912.

21장 기업의 재구성

1 참조. Corporation Taxes: Tax Rates: Publicly Held Corporations: Credits, Cal. SB-1372, February 21, 2014.

2 참조. "CalChamber Releases 2014 Job Killer List," CalChamber Advocacy website, April 10, 2014.

3 William A. Galston, "Closing the Productivity and Pay Gap," *Wall Street Journal*, February 18, 2014.

4 참조. Joseph R. Blasi, Richard B. Freeman, and Douglas L. Kruse, *The Citizen's Share: Putting Ownership Back into Democracy*(New Haven, CT: Yale University Press, 2013), p.5.

5 William Lazonick, Marina Mazzucato, and Öner Tulum, "Apple's Changing Business Model: What Should the World's Richest Company Do with All Those Profits?" *Accounting Forum* 37, no.4(2013): 249-267.

6 U.S. Security and Exchange Commission, "Definitive Proxy Statement Apple Corporation," Summary Compensation Table—2012, 2011, and 2010, p.31(http://www.sec.gov/Archives/edgar/data/320193/000119312513005529/d450591ddef14a.htm).

7 Jena McGregor, "An Ousted CEO So Popular Employees Are Protesting to Get His Job Back," *Washington Post*, July 22, 2014.

8 참조. "State by State Legislative Status," Benefit Corporation website.

9 참조. B Corps Fellows(http://www.bcorporation.net/).

10 참조. Rebecca Page, "Codetermination in Germany—A Beginner's Guide," *Arbeitspapier* 33(June 2009).

11 Amanda Becker, "Auto Union Forms Branch for Workers at VW Plant in Tennessee," *Reuters*, July 10, 2014.

22장 로봇이 근로자의 일자리를 차지할 때

1 John Maynard Keynes, *Essays in Persuasion*(New York: W.W. Norton & Co., 1963), pp.358-373.

2 참조. Robert B. Reich, *The Work of Nations: Preparing Ourselves for 21st*

Century Capitalism(New York: Vintage Books, 1992).

3 참조. U.S. Department of Commerce, Bureau of Labor Statistics, various issues.

4 Reich, 앞의 책, p.177.

5 대인 서비스직이 받는 급여에 대한 예측을 읽으려면 Reich, 앞의 책, pp.215-216을 참조하라.

6 U.S. Department of Commerce, Bureau of Labor Statistics, various issues.

7 Greg Bensinger, "Amazon Robots Get Ready for Christmas," *Wall Street Journal*, updated November 19, 2014. See also Stacy Mitchell, "The Truth About Amazon and Job Creation," *Huffington Post*, July 30, 2013.

8 Frank Levy and Richard J. Murnane, *The New Division of Labor: How Computers Are Creating the Next Job Market*(Princeton: Princeton University Press, 2004), p.48.

9 Alex Davies, "Google's Self-Driving Car Hits Roads Next Month—Without a Wheel or Pedals," *Wired*, December 23, 2014. See also U.S. Bureau of Labor Statistics, "Occupational Outlook Handbook, 2014-15 Edition," U.S. Bureau of Labor Statistics website, January 8, 2014.

10 상징 분석가에 관해 살펴보려면 다음을 참조하라. Reich, 앞의 책, pp.170-240.

11 S. Jay Olshansky et al., "Differences in Life Expectancy Due to Race and Educational Differences Are Widening, and Many May Not Catch Up," *Health Affairs* 31, no.8(2012): 1803-1813.

12 참조. Shayndi Raice and Spencer E. Ante, "Insta-Rich: $1 Billion for Instagram," *Wall Street Journal*, April 10, 2012. See also Steve Cooper, "Instagram's Small Workforce Legitimizes Other Small Start-Ups," *Forbes*, April 7, 2012.

13 참조. Eric Savitz, "Kodak Files Chapter 11," *Forbes*, January 19, 2012.

14 Dana Mattioli, "Their Kodak Moments," *Wall Street Journal*, January 6, 2012.

15 Adam Hartung, "Three Smart Lessons from Facebook's Purchase of WhatsApp," *Forbes*, February 24, 2014.

16 Derek Thompson, "This Is What the Post-Employee Economy Looks Like," *The Atlantic*, April 20, 2011.

17 Parmy Olson, "Exclusive: The Rags-to-Riches Tale of How Jan Koum Built WhatsApp into Facebook's New $19 Billion Baby," *Forbes*, February 19, 2014.

18 David Leonhardt, "Is College Worth It? Clearly, New Data Says," *New York Times*, May 27, 2014.

19 2000년 이후 대학 졸업생의 급여가 정체되고 있는 현상을 살펴보려면 다음을 참조하라. Josh Bivens, Elise Gould, Lawrence Mishel, and Heidi Shierholz, Raising America's Pay: Why It's Our Central Economic Policy Challenge, Briefing Paper #378, Economic Policy Institute website, June 4, 2014.

20 Tax Foundation, "US Federal Individual Income Tax Rates History, 1862–2013 (Inflation-Adjusted 2013 Dollars)," Tax Foundation website, October 17, 2013. See also Andrew Fieldhouse, Rising Income Inequality and the Role of Shifting Market-Income Distribution, Tax Burdens, and Tax Rates, Issue Brief #365, The Economic Policy Institute website, June 14, 2013.

23장 시민의 유산

1 참조. "Forbes 400," *Forbes*, September 12, 2014. See also "America's Richest Families: 185 Clans with Billion Dollar Fortunes," *Forbes*, last edited July 8, 2014.

2 Josh Bivens, "Inequality, Exhibit A: Walmart and the Wealth of American Families," The Economic Policy Institute Blog, July 17, 2012.

3 Peter Barnes, "Why You Have the Right to a $5K Dividend from Uncle Sam," PBS NewsHour website, August 27, 2014.

4 예상되는 부의 이전 현상을 살펴보려면 다음을 참조하라. John J. Havens and Paul G. Schervish, A Golden Age of Philanthropy Still Beckons: National Wealth Transfer and Potential for Phillanthropy Technical Report, Boston College, Center on Wealth and Philanthropy website, May 28, 2014.

5 Variations on this suggestion have been made by several thoughtful researchers. See, for example, Bruce Ackerman and Anne Alstoff, *The Stakeholder Society*(New Haven, CT: Yale University Press, 1999), and Peter Barnes, *With Liberty and Dividends for All*(Oakland, CA: Berrett-Koehler, 2014).

6 Friedrich. A. Hayek, *Law, Legislation, and Liberty*, vol.3: The Political Order of a Free People(Chicago: University of Chicago Press, 1979), p.55.

7 John Maynard Keynes, 앞의 책(1963).

8 Thomas Paine, *The Writings of Thomas Paine*, vol.3, ed. Moncure Daniel Conway(New York: G. P. Putnam's Sons, 1895).

찾아보기